ESCOLARIZAR NO ES EDUCAR

Una respuesta bíblica a la crisis de la educación

ESCOLARIZAR NO ES EDUCAR

Una respuesta bíblica a la crisis de la educación

DARROW L. MILLER

Editor General

Con contribuciones de Scott y Kimberly Allen, Thomas A. Bloomer, Vishal Mangalwadi, Darrow L. Miller, Christian Overman, y Elizabeth L. Youmans

EDITORIAL JUCUM

P.O. Box 1138 Tyler, TX 75710-1138

Editorial JUCUM forma parte de Juventud con una Misión, una organización de carácter internacional.

Si desea un catálogo gratuito de nuestros libros y otros productos, solicítelo por escrito o por teléfono a:

Editorial JUCUM
P.O. Box 1138, Tyler, TX 75710-1138 U.S.A.
E-Mail: info@editorialjucum.com
Teléfono: (903) 882-4725
www.editorialjucum.com

Escolarizar no es educar

Traducción a la versión española: Antonio Pérez
Edición: Miguel Peñalosa
Diseño de portada: Joshua Hernández

Publicado por Editorial JUCUM
P.O. Box 1138, Tyler, TX 75710-1138 U.S.A.

Primera edición 2022

Originalmente publicado en inglés: *Don't Let Schooling Stand In The Way Of Education*
Publicado en los Estados Unidos de América por Credo House Publishers,
una división de Credo Communications LLC, Grand Rapids, Michigan.
www.credohousepublishers.com

ISBN 978-1-64836-064-0

Impreso en los Estados Unidos.

OTROS LIBROS PUBLICADOS POR DARROW L. MILLER

El servicio: la vocación de todos los cristianos

Discipulando naciones: El poder de la verdad para transformar culturas, con Stan Guthrie

El plan singular de Dios para las naciones, con Scott Allen y Bob Moffitt

El reino inconmovible de Dios, con Scott Allen y Bob Moffitt

La cosmovisión del Reino de Dios, con Scott Allen y Bob Moffitt

Against All Hope: Hope for Africa, con Scott Allen y the African Working Group of Samaritan Strategy Africa

On Earth as It Is in Heaven: Making it Happen, con Bob Moffitt

The Forest in the Seed, con Scott Allen

Opresión de la mujer, pobreza y desarrollo: Vindicación de la dignidad de la mujer para construir naciones sanas, con Stan Guthrie

Vida, trabajo y vocación: Una teología bíblica del quehacer cotidiano, con Marit Newton

La liberación del mundo: Una respuesta cristiana al islamismo radical y al fundamentalismo ateo

Recovering Our Mission: Making the Invisible Kingdom Visible

Sabiduría, guía para prosperar, with Gary Brumbelow

A Toxic New Religion: Understanding the Postmodern, Neo-Marxist Faith that Seeks to Destroy the Judeo-Christian Culture of the West, con Scott Allen

ÍNDICE

Los proverbios de Salomón, hijo de David, rey de Israel.

> Para entender sabiduría y doctrina, Para conocer razones pruden-
> tes,
> Para recibir el consejo de prudencia, Justicia, juicio y equidad;
> Para dar sagacidad a los simples, Y a los jóvenes inteligencia y
> cordura.
> Oirá el sabio, y aumentará el saber, Y el entendido adquirirá
> consejo,
> Para entender proverbio y declaración, Palabras de sabios, y sus
> dichos profundos.
> El principio de la sabiduría es el temor de Jehová; Los insensatos
> desprecian la sabiduría y la enseñanza.
> Oye, hijo mío, la instrucción de tu padre, Y no desprecies la
> dirección de tu madre;
> Porque adorno de gracia serán a tu cabeza, Y collares a tu cuello
> (Proverbios 1:1–9).

John Milton «sobre la mejor y más noble educación»:

> «Capacitar a un hombre para desempeñar con justicia, destreza
> y magnanimidad todos los oficios, tanto privados como públicos,
> en la paz y en la guerra» (55); …y el otro privado, para «reparar
> la ruina de nuestros primeros padres recuperando el verdadero
> conocimiento de Dios, y a partir de él amarle, y asemejarnos a Él
> lo más que podamos, abrazando el alma la vía de la virtud verda-
> dera» (52).

AGRADECIMIENTOS

En primer lugar doy las gracias a mis amigos y compañeros educadores, Dr. Robert Osburn de la Wilberforce Academy, Dr. Christian Overman de Worldview Matters y Dra. Elizabeth Youmans de Chrysalys International. Estos amigos tienen un interés común en la relación entre la cosmovisión y la educación, y sienten pasión por las personas, particularmente las del sur global, para que tengan acceso a una filosofía y pedagogía educativas que edifiquen naciones en libertad.

Gracias también a los que han colaborado en este libro, Scott y Kimberly Allen, Thomas Bloomer, Vishal Mangalwadi, Christian Overman y Elizabeth Youmans. Gracias por su visión y su pasión por las ideas y el tipo de educación que transforma niños, familias y naciones. Gracias por contribuir a este compendio. Confío en que este libro brinde a una mayor audiencia acceso a las ideas que tan amablemente han compartido.

Doy las gracias a los editores y amigos Gary Brumbelow y Stan Guthrie, que me han ayudado tanto en la edición como la corrección de estilo de este libro. Sin su esfuerzo, no habría visto la luz.

Gracias también a Scott Allen, presidente de la Alianza para el Discipulado de las Naciones. Scott y yo hemos disfrutado años de conversación y pensamiento. Scott tiene una mente aguda, penetrante y analítica. El rasgo que define nuestra relación es «el hierro se afila con hierro», y nos estimula al fértil compromiso de escribir.

Gracias a Viviana Velie, buena amiga y directora de la editorial JUCUM en español. Gracias por sus consejos y su entusiasmo por los libros que estamos escribiendo.

Gracias a Tim Beals y al equipo de Credo House Publishing por su visión y su aportación a este libro. Ha sido muy bueno colaborar con ustedes en este proyecto.

Y sobre todo, gracias a mi esposa, Marilyn, mi mejor amiga y compañera de aventuras de mi vida durante más de medio siglo. Gracias, Marilyn, por tu paciencia y tu apoyo mientras escribo y enseño.

UNA NECESARIA Y URGENTE LECTURA

Una vez más, Darrow Miller nos sorprende con *Escolarizar no es educar*. En este libro nos advierte y confronta acerca del sentido, propósito y destino de la educación cristiana en nuestros días. Con el análisis y aguda visión sobre la educación evangélica de Elizabeth Youmans, Vishal Mangalwadi, Christian Overman, Scott y Kimberly Allen y Thomas Bloomer, los citados escritores y académicos cristianos nos llevan a examinarnos, como en un espejo, con lo que es, lo que no es y lo que debería ser una distintiva, genuina y cosmo-bíblica educación cristiana.

Escolarizar no es educar nos sumerge y guía por un recorrido histórico acerca de la educación cristiana evangélica, sus inicios, sus propuestas, sus logros y también sus equivocaciones, en el marco de la Reforma Protestante y sus efectos tanto en Europa como en Norteamérica. Aunque este trabajo investigativo se plantea desde una perspectiva anglosajona, son muchas las enseñanzas y consejos prácticos que nos deja para los educadores cristianos de Latinoamérica y de otras latitudes.

En buena hora, debo confesar, la lectura de *Escolarizar no es educar* se levanta como una voz profética para que las iglesias, colegios, directivos docentes, profesores, padres de familia y aún los propios estudiantes, puedan revisar y confrontar sus motivos e intencionalidades del porqué educar o aprender. Tengo la certeza que esta lectura le ofrecerá al lector hispano una mejor comprensión acerca de la educación desde la lógica y racionalidad de la cosmovisión bíblica, y ayudará a aclarar la visión, perspectiva y comprensión sobre lo que realmente debe ser nuestra propuesta educativa en Hispanoamérica.

Evidentemente, la educación escolar cristiana evangélica en Latinoamérica, es un proceso social y cultural en gestación, en la mayoría de los países es un asunto novedoso y todavía de muy poco impacto en sus entornos sociopolíticos, intelectuales, económicos y culturales. Lo anterior, debido principalmente a dos razones: la primera, que una buena cantidad de las actuales escuelas cristianas surgieron a finales del siglo XX y comienzo del XXI (muy recientes), y aún están muy necesitadas de un proceso de maduración y reflexión crítica sobre la tarea de educar conforme a la cosmovisión bíblica. En segundo lugar, un número mayoritario de docentes y directivos docentes cristianos de la actualidad fueron formados profesionalmente, ajenos a la cosmovisión bíblica e impactados en su pensar y actuar pedagógico en universidades con una cosmovisión humanista o marxista y atea de la educación.

En el marco de las facultades de pedagogía de la mayoría de las universidades latinoamericanas (incluya también a varias universidades cristianas) han sido los pensadores e intelectuales ateos, marxistas, neo-marxistas y en general académicos humanistas «no bíblicos» y/o «anti-bíblicos» quienes han perfilado la forma de «pensar» y proponer la educación como un hecho social desconectado, o aún, en oposición a los principios y propósitos del reino de Jesucristo.

Ante la ausencia de un pensamiento cristiano comprensivo y estructurado para discernir y plantear la educación cristiana con estándares que excedan a los planteados por los pensadores ateos y humanistas, la gran mayoría de nuestros docentes cristianos optaron por una de las siguientes vías:

> 1) emplear el marco de interpretación de la realidad y pensamiento pedagógico que ofrece la dialéctica marxista como herramienta para el aprendizaje,
>
> 2) ofrecer como educación cristiana una educación religiosa desconectada de la realidad social, cultural, científica y tecnológica, es decir, una especie de instrucción bíblica sin sentido de realidad y sin la posibilidad de aportar a la transformación de la misma.

Es preocupante saber que, para un nutrido grupo de profesores, estudiantes de pedagogía y padres de familia cristianos sus ideólogos o pedagogos de cabecera sean el propio Marx, Voltaire, Skinner, Foucault, Vygotsky, Chomsky, Freire y otros tantos de la línea de la teoría crítica y del pensamiento humanista. Evidentemente, aunque muchos de estos pensadores ofrecen elementos interesantes para el análisis pedagógico, carecen de una visión integral de sentido, propósito y eternidad que ofrece la cosmovisión bíblica. Este fenómeno se ha dado en razón de la carencia o ausencia de pedagogos cristianos de línea evangélica que puedan ofrecer claridad y comprensión de la realidad pedagógica y didáctica desde la base epistemológica que nos ofrece la Biblia.

Es por lo anterior, que es bienvenido *Escolarizar no es educar*. A partir de una lectura crítica y analítica de este texto nos queda el reto a los educadores, intelectuales, pensadores y liderazgo académico de la Iglesia Evangélica en general de aprender de manera correcta el sentido, importancia y razonabilidad de la cosmovisión bíblica en los procesos educativos; identificar el alto grado de error, daño y distorsión que generan las cosmovisiones no bíblicas en la educación, y cómo éstas deben ser reemplazadas por la cosmovisión judeocristiana, que en últimas ha sido tanto el marco comprehensivo como la herramienta de transformación y avance social a lo largo de veinte siglos de historia de occidente.

Julio César Orozco
Doctor en educación y sociedad
Directivo Asociación Colombiana de Colegios Cristianos
Rector Colegio Cristiano Semilla de Vida

PREFACIO

Darrow L. Miller

> *Este libro fue inspirado por la abrumadora respuesta a un artículo que publiqué en el blog del 9 de septiembre de 2013, Darrow Miller y Amigos, titulado «La escuela vs la educación: la diferencia importa». (http://darrowmillerandfriends. com/2013/09/09/school -vs-educación /). A lo largo de los años, ese artículo (editado en este libro) ha recibido más atención que las diez principales publicaciones en el blog. ¿A qué puede deberse esto? Siga leyendo y verá.*

La escuela versus la educación: La diferencia importa

Hace años, en L'Abri Fellowship, Suiza, oí a Francis Schaeffer decir: «No permita que la escolarización se interponga en la educación de sus hijos».[1]

No exageraría si dijera que el comentario de Schaeffer (que originalmente no era suyo) me sorprendió. Inició un proceso que finalmente transformaría mi idea del aprendizaje.

¿Por qué distinguía Schaeffer entre escuela y educación? Yo había asistido a la escuela. De hecho, había cursado más estudios que muchas personas en el mundo y más que muchos de mis colegas en los Estados Unidos. Había cursado muchos años de enseñanza (primaria y secundaria seguidas de la universidad) y luego me matriculé en el seminario. Fui producto de 19 años de educación formal, para ser más exactos. Pero no se me había *educado*.

En primer lugar, aunque de niño fuera un insaciable formulador de preguntas, finalmente dejé de hacerlas. La educación que recibí no estimulaba una mente inquisitiva ni el pensamiento crítico ni la creatividad. Más bien, aprendí a memorizar y repetir lo que el

---

1. La idea fue originalmente atribuida a Mark Twain, pero el pensamiento ya fue expresado en 1894 en el libro de Grant Allen *Post-Prandial Philosophy*, donde Allen declara: «¡Qué desgracia es que nos veamos obligados a permitir que la escolarización de nuestros hijos interfiera en su educación!».

maestro me enseñaba. Mi educación se había centrado en hechos y cifras, no en la comprensión, la formación moral, la virtud y el anhelo de explorar el mundo.

En segundo lugar, me di cuenta que no sabía pensar. *¡Nunca había tenido un pensamiento original!* Crecí leyendo cómics (imágenes con pocas palabras). Hoy día, muchos niños crecen con videojuegos y televisión (aún más imágenes y menos palabras).

En tercer lugar, mientras leía por primera vez las *Crónicas de Narnia*, de C.S. Lewis, en L'Abri, supe claramente que *no había vivido* antes de ese momento.

En cuarto lugar, llegué a la conclusión de que había aprendido más en dos meses de estudio informal y trabajo en L'Abri que en los nueve meses de educación formal en el seminario.

A veces, la escuela y la educación van de la mano. Pero a menudo se trata de la escuela *frente* a la educación. Los jóvenes que piensan estudiar en la universidad deben comprender la diferencia. Muchos padres deben considerar si la escolarización de sus hijos realmente interfiere en su educación.

Si bien tuve mucha escolarización, obtuve poca educación. Llegué a entender la idea del arrepentimiento en el Nuevo Testamento, la *metanoia*, o cambio fundamental de mentalidad. En este sentido, me arrepentí, cuando me di cuenta de que mi mente necesitaba nacer de nuevo. Esto me condujo a otras convicciones:

- Necesitaba asumir la responsabilidad de mi educación.
- Necesitaba aprender de por vida, adquirir sabiduría y conocimiento de *todas* las experiencias de mi vida, aprovechar las oportunidades para viajar y conocer gente y aprender de sus vidas e historias.
- Decidí leer siempre varios libros simultáneamente. Ahora llevo siempre conmigo un libro para aprovechar el tiempo cada vez que tengo que esperar a alguien o algo.
- Necesitaba convertirme en un estudiante de la Palabra de Dios de por vida, no solo para mi tiempo devocional sino para toda la vida, incluido mi trabajo.
- Necesitaba tomarme en serio las palabras y las ideas. A lo largo de los años he desarrollado gran amor por las palabras, su

definición, su historia/su etimología. Esto me ha proporcionado mucho placer.

La orientación de mi vida cambió cuando consideré la observación: «¡No permita que su escolarización se interponga en su educación!».

¿Qué quiso decir Schaeffer al hacer esta declaración?

La educación dura toda la vida. No tiene lugar únicamente en el aula, durante un período de tiempo estructurado o mediante la instrucción formal. La educación puede producirse en cualquier momento, en cualquier lugar, en medio de una vida ocupada, de manera formal e informal. Ocurre en medio del mundo, mientras navegamos por la sociedad, cuando disfrutamos de la familia y los amigos, cuando nos involucramos con la cultura y mientras estamos en el mercado y la plaza pública. La educación apunta a la trinidad cultural: verdad, belleza y bondad.

Desgraciadamente, a veces la *escolarización* puede suponer una barrera para el aprendizaje de los niños, e impedir su crecimiento en sabiduría y entendimiento y se eduquen en el conocimiento y la virtud.

Admito que ninguna de las dos palabras —*escuela o educación*— se encuentra en la Biblia. Como señala Elizabeth L. Youmans,[2] en la Escritura aparecen palabras relacionadas con la educación como: *enseñar, aprender* y *discipular*.

El estudio de las palabras *escuela (o escolarización)* y *educación* en el *diccionario estadounidense* Webster del idioma inglés[3] de 1828 y en el *diccionario de etimología en línea*[4] arroja resultados fascinantes. Más importante aún, confirma la distinción que hizo Francis Schaeffer.

Escuela

El *diccionario de etimología en línea* define la escuela como un «lugar de instrucción». En 1828, Webster definió la escuela de manera similar, como lugar de instrucción. He aquí su definición principal de la palabra:

---

2. Youmans, Elizabeth. 2018. "Teaching, Learning and Changed Lives."
3. Webster, Noah. 1828. *American Dictionary of the English Language* (online edition). http://webstersdictionary1828.com/.
4. Harper, Douglas. 2019. *Online Etymology Dictionary*. https://www.etymonline.com/.

> ESCUELA, *sustantivo* [latín, *schola*; griego *scholé*, tiempo libre, lucubración en el ocio, lugar donde se disfruta de asueto, estudio. El adverbio significa a gusto, sin prisa, lenta, difícilmente, con trabajo o dificultad. Creo que deriva del latín. Esta palabra parece haber significado originalmente ocio, actividad libre y desinteresada, tiempo dedicado a los deportes, juegos o ejercicios, y después tiempo dedicado a los estudios literarios...].

La escuela es un lugar donde «se disfruta del ocio», un lugar exento de trabajo. Los estudios literarios se hacen *después* de la escuela. La noción de «estudiantes que asisten a una escuela está atestiguada desde el año c. 1300; la acepción de «edificio escolar» se registró por primera vez en la década de 1590». (La escuela, para Webster, denota instrucción, compensación por la instrucción, reconvención o reprimenda).

Educación

Si bien la *escuela* supone un edificio, la *educación* significa formación de una vida.[5] Webster define la educación de la siguiente manera:

> EDUCACIÓN, *sustantivo* [latín, educatio.] Crianza de un niño, instrucción; formación de modales. La *educación* comprende toda la instrucción y disciplina destinada a iluminar el entendimiento, corregir el temperamento, formar los hábitos y modales de los jóvenes, y prepararles para un futuro útil.

Tenga en cuenta que la *educación* es integral. Se ocupa tanto de la adquisición de conocimientos como del desarrollo del carácter: virtud. Y la combinación de virtud y conocimiento conduce a la sabiduría.

El *diccionario de etimología en línea* fecha la palabra educación en 1530 y la define como «crianza de los hijos». Procede «del latín *educatio* y del verbo *educare*». A partir de 1610 se usó la palabra educación para «designar códigos y costumbres sociales, significando escolarización sistemática y formación para el trabajo».

Las palabras *escuela* o *escolarización* y *educación* tienen significados muy diferentes.

---

5. Para leer más acerca de este tema, consúltese "The Role of Language in Building a Christian Nation" por la Dra. Elizabeth Youmans, en los Apéndices.

- La primera designa un lugar: edificio, lugar de ocio separado del trabajo y de la preparación de una persona para el trabajo.
- La última designa un proceso de instrucción que capacita la mente con conocimiento y entendimiento, el corazón con virtud y la voluntad con sabiduría. Prepara a las personas para la vida y el trabajo.
- Escuela versus educación: el mundo moderno ha perdido esta distinción.

Desde que escuché esta distinción de labios de Francis Schaeffer, me he convertido en un aprendiz de por vida y he reflexionado bastante en la diferencia entre escolarización y educación. Estas son algunas de las distinciones que he descubierto:

Escuela	Educación
Una clase con cuatro paredes	Mi clase es el mundo (Job 12:7–12; Proverbios 25:2;)
Doce años de enseñanza primaria y secundaria cuya meta es la graduación	Aprendizaje que dura toda la vida hasta el más allá. . . ¡incluso en la eternidad estaremos aprendiendo!
Aprender de memoria: memorizar y repetir información	Formar una mente inquisitiva, razonar a partir de principios, nutrir la creatividad y la imaginación, pensar de forma independiente
Ir en pos de la última moda y sentirse bien consigo mismo	La eterna búsqueda de la verdad, la belleza y la bondad.
Búsqueda de datos, información y técnica.	Búsqueda de: conocimiento —percibir lo que declara la información entendimiento—discernir lo que significa la información sabiduría —aplicar la verdad (aplicación moral)
Responsabilidad del Estado	Responsabilidad de los padres y del estudiante Se funda en el teísmo judeocristiano
Preparación para tareas y conductas en una sociedad de consumo; preparación para un trabajo	Preparación para la vida
Se centra en el maestro	Se centra en el alumno

John Milton (1608-1674), funcionario inglés y poeta brillante, autor del poema épico *El paraíso perdido*, escribió una filosofía cristiana clásica de la educación, afirmando:

El fin del aprendizaje es reparar la ruina de nuestros primeros padres, recuperar el verdadero conocimiento de Dios y, a partir de ahí, amarle, imitarle, ser como él.[6]

Estas palabras y conceptos de otra época son muy relevantes en la actualidad. ¡No permita que su escolarización se interponga en su educación!

---

6. Milton, John. 1909–14. *Tractate on Education*. Vol. III, Part 4. The Harvard Classics. New York: P.F. Collier & Son. https://www.bartleby.com/3/4/1.html.

INTRODUCCIÓN

Darrow L. Miller

Este libro trata sobre educación. Tiene el propósito de alertar a los padres y alumnos sobre lo mal que están siendo atendidos por muchos establecimientos educativos, y del poco o ningún esfuerzo que dedican para preparar a los jóvenes para la vida, para una vocación y para ser ciudadanos de una nación libre. Estos han hecho aún menos para ayudarnos a re-idear el monopolio actual de la educación antiliberal patrocinada por el Estado.

Como estadounidense que he viajado, estudiado y trabajado en 120 países durante medio siglo, he observado y experimentado una «educación» pública y estatal desde la enseñanza primaria hasta la de posgrado (habiéndome licenciado en educación superior y para adultos). También soy cristiano ortodoxo que he prestado servicio durante casi cuarenta años en una organización internacional de ayuda y desarrollo, y soy testigo de los pésimos resultados de los sistemas educativos en varios de los países más pobres del planeta. En vez de equipar a los estudiantes para ser libres y creativos, sus sistemas educativos a menudo recurrían a un enfoque memorístico que sofocaba su imaginación e impulsos analíticos, instruyéndolos solo para conformarse con el gobierno dictatorial de sus líderes.

Esta experiencia no es atípica. La mayor parte de la escolarización actual es simplemente difusión de información por parte del maestro y repetición de dicha información por parte del estudiante. Poco se hace para preparar a las personas para su vida y su trabajo.

Como vimos en el prefacio, la escolarización y la educación no son lo mismo. La educación tiene sus raíces en la búsqueda de la verdad y la virtud; conduce a la libertad. La escolarización, en el mejor de los casos, tiene sus raíces en la búsqueda de trabajo y reduce el ser humano a ser buen consumidor en una cultura materialista y subordinada a un gobierno central.

La necesidad de llorar

En mis viajes por el mundo, he sido testigo de naciones que abundan en recursos pero que viven sumidas en la pobreza, países habitados por gentes hermosas esclavizadas por la corrupción, naciones con niños perspicaces que languidecen en la ignorancia. ¿Cómo puede ser esto? ¿A qué se debe este desperdicio? Buena parte de las causas de este problema radica en la ausencia de una verdadera educación, de un aprendizaje basado en la mente naturalmente inquisitiva del niño, que extraiga de él su singularidad. Con demasiada frecuencia se trata de una «educación» industrial administrada e imaginada por el Estado.

La educación en mi país y seguramente en muchos otros son a menudo poco más que un sistema estatal que ha abandonado la virtud, carece de entendimiento y compromiso con los cimientos de un país libre, y carece de la visión a largo plazo de preparar a nuestros hijos para vivir como ciudadanos libres de una república constitucional. El sistema basado en la ideología posmoderna, prepara a las «personas para que se sometan» y apoyen una sociedad cada vez más tiránica que coquetea con el socialismo, una sociedad que reduce sistemáticamente a los seres humanos hechos a imagen de Dios a meros productores y consumidores de productos materiales.

Muchos padres, debido a la pandemia de COVID-19 se vieron más involucrados en la educación de sus hijos en el hogar, se sorprenden cuando descubren lo que enseñan los «profesionales de la educación» en la escuela pública local. El adoctrinamiento sobre temas como la educación sexual integral, por poner solo un ejemplo, socava lo que muchos niños están aprendiendo en casa o en la iglesia. Algunos padres han decidido que la educación en el hogar se volverá permanente. Otros buscan opciones en escuelas privadas. Un número creciente cree que el sistema dominante está quebrado.

En un artículo publicado en octubre de 2019 en *The Atlantic* titulado «Cuando la guerra cultural llama a filas a tu hijo», George Packer, periodista galardonado y padre de niños en edad escolar primaria, escribe sobre su dolorosa experiencia personal luchando por navegar por el sistema de escuelas públicas de Nueva York en torno a 2019. Su artículo proporciona una imagen detallada y aleccionadora de lo que está sucediendo en las aulas de nuestros hijos. Lo que describe ya ha llegado a muchos colegios o escuelas y llegará pronto a las escuelas públicas de los Estados Unidos y otros países.

Quizás lo más alarmante del artículo de Packer es que revela que nuestras escuelas públicas no son religiosamente neutrales. Más bien, están inculcando abierta y explícitamente una cosmovisión o ideología atea y posmoderna en sus jóvenes pupilos. Así es como Packer describe los principios básicos de este sistema de creencias no bíblico:

> En lugar de igualdad, [la ideología] establece una nueva jerarquía que invierte la antigua y desacreditada: un nuevo sistema de castas morales que clasifica a las personas por la opresión a su identidad de grupo. Convierte la raza, construcción social dudosa y siniestra, en esencia que define a los individuos independientemente de su agencia o circunstancia.[1]

Packer descorre el telón, y nos permite observar lo que sucede a diario en las aulas de sus hijos:

> [Nuestro hijo] ha sido dolorosamente consciente del cambio climático durante toda su escuela primaria; el primer grado estuvo dedicado al reciclaje y la sostenibilidad, y en una unidad didáctica de tercer grado sobre África, se enteró de que todos los animales salvajes que él amaba se enfrentaban a la extinción. «¿Para qué sirven los humanos además de destruir el planeta?», se preguntó. Nuestra hija no fue inmune al mal humor: un día llegó a casa de la escuela y expresó el deseo de no ser blanca para no sentir la esclavitud en su conciencia. No parece una victoria moral el que nuestros hijos crezcan odiando a su especie y a sí mismos. Yo deseaba que en la escuela se enseñara nuestro hijo educación cívica. A los 10 años había estudiado las civilizaciones de la antigua China, África, los primeros holandeses en Nueva Amsterdam y los mayas. Se enteró del genocidio de los nativos americanos y de la

---

1. Véase https://www.theatlantic.com/magazine/archive/2019/10/when-the-culture-war-comes-for-the-kids/596668/.

esclavitud. Pero no se le enseñó nada acerca de la fundación de la república. No aprendió que los valores en conflicto y los compromisos prácticos son el alma del autogobierno o dominio propio. No se le dio un contexto para el significado de la libertad de expresión, ningún conocimiento de los ideales democráticos. . . o de los instrumentos con los que la ciudadanía podría exigir responsabilidades a quienes detentan el poder. Nuestro hijo oyó hablar de las peores traiciones a la democracia. . . pero no le fueron enseñados los principios que habían sido traicionados. Obtuvo su educación cívica de Hamilton.[2]

El plan de estudios de quinto año de nuestro hijo incluyó el Holocausto, la Reconstrucción y Jim Crow. La atención se puso en los «defensores»: individuos que se negaban a ser espectadores del mal y alzaban la voz. Era una educación para el activismo, sin base cívica, un activismo que solo significaba hablar. A fin de curso, los alumnos de quinto grado presentaron maquetas de todos los temas difíciles del momento: acoso sexual, derechos LGBTQ, violencia con armas de fuego. Nuestro hijo hizo una fábrica de bolsas de plástico cuya chimenea arrojaba animales en peligro de extinción. En comparación con años anteriores, la redacción fue mínima, y cuando se les preguntó, los alumnos tenían poco que decir. No se les había animado a investigar los temas, a hacer descubrimientos intelectuales, a responder a posibles argumentos en contra. Las maquetas estaban confeccionadas con cartón, arcilla y contenían consignas.

Pero la política nacional había cambiado drásticamente durante los seis años de escuela primaria de nuestro hijo. En lugar de colgantes de esperanza pendiendo del cuello de los maestros, en el pasillo de una escuela secundaria se exhibía una foto que decía: «¡Eres un PRIVILEGIADO! Recibes esta tarjeta porque tienes el privilegio que te permite hacer un comentario con el que otros no están de acuerdo o no se identifican. Comprueba tu privilegio». La tarjeta tenía casillas para marcar, como una tarjeta de

2. Las escuelas estatales y otras de hoy son ateas e ideológicamente neomarxistas. A los niños ya no se les enseña la educación cívica estadounidense y la historia de la fundación de la nación. Están adoctrinados en la ideología atea / marxista. Hamilton se refiere a un famoso musical de Broadway llamado «Hamilton» que se basó en la vida de Alexander Hamilton, uno de los padres fundadores de los Estados Unidos. Los niños no recibieron sus lecciones cívicas en la escuela, las recibieron a través de la cultura popular a través de una famosa obra de teatro llamada Hamilton.

puntuación, al lado de «blanco», «cristiano», «heterosexual», «sin discapacidad», «ciudadano».

Un profesor de Saratoga Springs, Nueva York, encontró un «formulario de reflexión sobre privilegios» en línea, con un elaborado método de puntuación y se lo administró a alumnos de secundaria, sin saber que la hoja había sido obviamente creada por un provocador de internet de derechas: otorgaba a los judíos 25 puntos de privilegio y restaba a los musulmanes 50.

Carranza, el centro escolar donde nuestro hijo estudia, exige capacitación «contra prejuicios» a todos los empleados del sistema escolar, lo que le cuesta 23 millones de dólares. Allí se trata el tema titulado «La cultura supremacista blanca». Incluía «perfeccionismo», «individualismo», «objetividad» y «culto a la palabra escrita» entre los valores de la supremacía blanca que deben ser eliminados.[3]

Con el surgimiento de la cultura posmoderna, se enseña a los alumnos que la civilización occidental es la causa de los problemas del mundo y por ello debe ser abolida. Y se les están ofreciendo herramientas para reemplazar la verdad con la narrativa, la realidad con el engaño y la razón con la irracionalidad. En consecuencia, estamos siendo testigos de cómo Europa, América del Norte y Latinoamérica se desmoronan moral y espiritualmente.

Bajo este plan de adoctrinamiento, los estudiantes están absorbiendo en gran medida el marxismo económico de la ideología moderna y el marxismo cultural de la ideología posmoderna. Muchos se consideran a sí mismos ciudadanos del mundo, ya no ciudadanos de sus propios países. Saben poco de la historia de su nación y no parece preocuparles este asunto.

Si bien se asume ingenuamente que las escuelas públicas son neutrales cuando se trata de cuestiones de cosmovisión y de valores, se basan en supuestos ateos, posmodernos y neo-marxistas y, por tanto, promueven el relativismo moral y cultural en lugar de la virtud. No es de extrañar que asistamos a tantos y grandes fracasos de educadores por lo demás bien intencionados.

3. Ibid.

Christian Overman, fundador de Worldview Matters, pregunta a menudo a padres cristianos si estarían dispuestos a enviar a sus hijos a una escuela hindú. Le responden con un rotundo «¡No!». «¿Enviarían a su hijo a una escuela budista?» De nuevo, la respuesta es «negativa». «¿Enviarían a su hijo a una escuela islámica?». Una vez más, le responden que «¡No!».

Finalmente, les pregunta: «¿Enviarían a sus hijos a una escuela atea?». Y sobreviene un silencio incómodo. A nivel mundial, la mayoría de los padres cristianos envían sin pensárselo a sus hijos a escuelas estatales, asumiendo ingenuamente que son de cosmovisión, filosofía educativa y código moral «neutros». No lo son. Son ateos en su ideología y amorales en su entramado.

Las sociedades moldeadas por la cosmovisión judeocristiana y los principios bíblicos se han apartado de sus raíces históricas y están experimentando gradualmente un colapso moral y espiritual. A medida que crece el caos y la corrupción, las sociedades están a punto de cometer un suicidio cultural. Por tanto, con mucha frecuencia, los planes de estudio modernos y posmodernos son una gran pérdida de tiempo y de dinero, ya que los jóvenes se gradúan cargados de deudas y mal equipados para la vida.

Entonces, ¿por qué he escrito este libro? Por tres razones.

La primera, en mis extensos viajes he sido testigo no solo de la necesidad de escuelas, sino también de educación. Es fácil construir edificios escolares. Se levantan relativamente pronto. Los voluntarios y donantes pueden tomar fotografías y sentirse satisfechos. Pero es necesario amueblar los edificios, contratar administradores y profesores. Alguien debe decidir qué se va a enseñar y cómo se va a hacer. Con demasiada frecuencia, la enseñanza es memorística y los alumnos repiten como loros lo que les dice el maestro. Constantemente, el sistema no les enseña a pensar críticamente, a hacer preguntas, a descubrir y razonar partiendo de principios. Puede preparar a veces para un trabajo, pero, ciertamente, *no* para la vida. No prepara para proporcionar liderazgo en la resolución de problemas comunitarios y nacionales.

En segundo lugar, como producto de la educación estatal occidental, soy un ejemplo perfecto de alguien que no estaba preparado para la vida. Me enseñaron a participar servilmente en una sociedad de consumo. La escolarización en Occidente solo prepara a las personas para el trabajo. No las prepara para convertirse en ciudadanos que puedan liderar naciones libres y prósperas. ¿No me cree? Solo el *37 por ciento* de graduados de la escuela secundaria estadounidense alcanzan suficiente competencia en lectura y matemáticas para matricularse en la universidad.[4] Y este porcentaje está decreciendo.

En tercer lugar, en muchos países, los padres o las iglesias crean «escuelas cristianas» para contrarrestar lo que está sucediendo en las escuelas estatales. Contratan maestros cristianos, celebran servicios en la capilla e imparten clases sobre la Biblia. Asumen, trágicamente, que esto constituye una educación cristiana. Estos elementos pueden formar una educación *religiosa*, pero no imparten *educación cristiana*.

Desgraciadamente, pocas escuelas cristianas han armado su teología de la educación sobre la base de una cosmovisión bíblica. Frecuentemente, lo que ofrecen es una educación secular envuelta en una capa de terminología religiosa.

La mayoría de las escuelas cristianas operan desde una creencia incuestionable en la división sagrado-secular, según la cual la verdad espiritual no tiene nada que ver con la vida cotidiana (idea filosófica formulada en la Ilustración). La Biblia es simplemente una parte del plan de estudios, no es fundamental para él. Por tanto, muchos maestros piadosos enseñan, sin saberlo, el cristianismo como superpuesto a una educación humanista. Aunque bien intencionadas, estas escuelas resultan totalmente inadecuadas para desarrollar la tarea de la verdadera educación.[5]

---

4. Solway, David. 2018. "The End of Education." PJ Media. https://pjmedia.com/trending/the-end-of-education

5. Christian Overman ha producido un video titulado *Not Far Away* (No muy lejos) que relata cómo las iglesias han separado la Palabra de Dios de un enfoque educativo cada vez más secularizado, produciendo un dualismo debilitante y la privatización del cristianismo, incluso en las llamadas escuelas «cristianas». Véase Christian Overman, "Education, Scripture and the Church: The Big Disconnect," Darrow Miller and Friends, March 15, 2018, http://darrowmillerandfriends.com/2018/03/15/education-scripture-church-disconnect/.

Cosmovisión y cultura

¿Qué tienen en común estas tres razones? No explican el papel que juegan la cosmovisión y la cultura en el lenguaje y la educación. Los líderes secularistas y académicos actuales basan conscientemente la educación en supuestos ateos. El humanista John Dunphy escribe en su ensayo «Una religión para una Nueva Era»:

> El aula debe convertirse y se convertirá en un escenario conflictivo entre lo viejo y lo nuevo: el cadáver en descomposición del cristianismo, con todos sus males y miserias adyacentes, y la nueva fe del humanismo. Estoy convencido de que la batalla por el futuro de la humanidad debe ser librada y ganada en las aulas de las escuelas públicas por maestros que perciben correctamente su papel como proselitistas de una nueva fe... Estos maestros deben encarnar la misma dedicación desinteresada que los predicadores fundamentalistas más vehementes, porque serán ministros de otro tipo, utilizando el aula en lugar del púlpito para transmitir valores humanistas en cualquier tema que enseñen, independientemente del nivel educativo: guardería preescolar o universidad superior.[6]

En Occidente, las universidades, fundadas para buscar la verdad y la virtud y educar para la vida y la libertad, actualmente presionan para forzar un objetivo posmoderno: el fin de la civilización occidental. Mucho, si no la mayor parte de lo que se considera educación en Occidente es mero adoctrinamiento en el marxismo económico y cultural apenas disfrazados, política de identidad, relativismo moral y cultural y corrección política. Estamos produciendo una nueva generación de «guerreros de la justicia social» que se aferran a lo que el finado Francis Schaeffer denominó «absolutos arbitrarios», hoy denominado, más popularmente, «relativismo dogmático». Los padres, los alumnos, los maestros y otras personas comprenden que algo anda terriblemente mal con la educación religiosa y estatal actual, aunque la mayoría de ellos no sepan señalar qué es.

---

6. Dunphy, John J. 1983. "A Religion For A New Age." *The Humanist.* https://medium.com/@johnjdunphy/a-religion-for-a-new-age-f812839c4cb8.

A medida que la cultura estadounidense ha cambiado, también lo ha hecho nuestro sistema educativo. Con el surgimiento del darwinismo, hemos perdido la percepción de un universo moral y, por tanto, perdido el cultivo de la virtud y el carácter moral. Con el auge de la cultura posmoderna, el sistema educativo ha abandonado la razón y la realidad; lo único que importa es el sentimiento y la emoción. Un sistema educativo sin moral, realidad y compasión produce jóvenes adultos sin capacidad de discernir quiénes son, por qué están aquí y cómo gobernarse a sí mismos. Esta es la razón por la que vemos crecer el desorden y la anarquía en nuestra sociedad. Estamos en un punto de inflexión en nuestra historia. De ahí la profunda advertencia de Dennis Prager, erudito hebreo, comentarista social y fundador de la Universidad de Prager: «Para salvar a Estados Unidos de la destrucción de la izquierda, saque a sus hijos de las escuelas públicas».[7] (En los tiempos que corren lo mismo sucede en la mayoría de países occidentales).

Más allá, las sociedades tradicionalmente animistas, que «creen en innumerables seres espirituales que se preocupan de los asuntos humanos y son capaces de favorecer o perjudicar sus intereses»[8], a menudo ignoran el impacto del animismo en sus sistemas educativos. Al mismo tiempo, toman prestada la educación secular occidental sin analizar el impacto que causa la ideología atea.

En cualquier caso, la educación no se produce hasta que resulta en una inculturación del estudiante en lo que es verdadero, bueno y bello.

Lenguaje y cultura

Otro tema crítico en la educación, como era de esperar, es el lenguaje. Éste refleja y da forma a la cultura. Tanto el modernismo como el posmodernismo han redefinido las palabras (por ejemplo, matrimonio) e introducido otras nuevas (por ejemplo, *autoginefilia*) como herramientas para deformar la cultura.

Las culturas animistas, por su parte, están atrapadas bajo palabras que obstaculizan el florecimiento humano. Por ejemplo,

---

7. Prager, Dennis; video interview on Just the News; January 23, 2021 - https://justthenews.com/politics-policy/education/dennis-prager-save-america-lefts-destruction-take-your-kids-out-public
8. Park, George Kerlin. 2020. "Animism." *Encyclopaedia Britannica.* https://www.britannica.com/topic/animism

muchos dialectos africanos no tienen una palabra para designar el «futuro». En muchas culturas del mundo, la mujer es llamada esclava o instrumento, no un ser humano con la misma dignidad que su homólogo masculino, como afirma la Biblia. ¿Qué impacto cree que provocarán estas ideas defectuosas en el florecimiento humano en esas culturas?

En cambio, los lenguajes arraigados en la Escritura crean sociedades libres, compasivas y florecientes. Thomas Cahill nos ayuda a comprender el significado de las palabras mediante el testimonio bíblico:

> Los judíos nos proporcionaron un vocabulario completamente original, un templo del Espíritu completamente nuevo, un paisaje interior de ideas y sentimientos que nunca antes se había conocido. Debido a su creencia única —el monoteísmo—, los judíos pudieron ofrecernos el Gran Todo, un universo unificado pleno de sentido y que, gracias a su evidente superioridad como cosmovisión, supera totalmente los fenómenos enfrentados y contradictorios del politeísmo. Nos dieron la conciencia de Occidente. Los judíos nos aportaron el exterior y el interior: perspectiva y vida interior. Difícilmente podemos levantarnos por la mañana o cruzar la calle sin ser judíos. Soñamos sueños judíos y albergamos esperanzas judías. La mayoría de nuestras mejores palabras: nuevo, aventura, sorpresa; único, individual, persona, vocación; tiempo, historia, futuro; libertad, progreso, espíritu; fe, esperanza y justicia, son regalo de los judíos.[9]

Noah Webster entendió que el lenguaje es un agente unificador indispensable para una nación. «El lenguaje es vehículo de expresión de las ideas, y si un pueblo no puede preservar una identidad de ideas, no puede retener una identidad de lenguaje». Webster también afirmó: «Un idioma nacional es un lazo de unión nacional».[10] Webster reconoció que la libertad de una nación requiere un lenguaje de libertad, un lenguaje fundado en principios bíblicos.[11]

9. Cahill, Thomas. 1998. *The Gifts of the Jews*. New York: Nan A. Talese. 239–41.

10. Webster, Daniel. "Preface," *Webster'sDictionary 1828* Online Edition. http://webstersdictionary1828.com/Preface.

11. Youmans, Elizabeth. 2018. "God's Word Creates Virtuous Nations," *Darrow Miller and Friends*. http://darrowmillerandfriends.com/2018/12/03/gods-word-creates-virtuous-nations

Elizabeth L. Youmans explica la motivación de Webster al crear el primer diccionario para un pueblo libre:

> A la edad de cincuenta años, Webster abordó la redacción del primer diccionario estadounidense, una tarea que requirió el dominio de 26 idiomas. Quiso proporcionar a la nueva nación su propio diccionario. Entendió que las palabras son los componentes básicos de las ideas. Las colonias habían luchado durante ocho años para independizarse de Inglaterra y poder gobernarse a sí mismas bajo la soberanía de Dios. Webster creía que era importante proporcionar definiciones que comunicaran la cosmovisión de la Constitución de los Estados Unidos y sus principios cristianos subyacentes de libertad y gobierno civil. Además de investigar el significado de la raíz de las palabras, también investigó palabras en los léxicos hebreo y griego y las definió conforme al uso de las Escrituras. ¡Algunas de sus entradas ofrecen hasta veinte definiciones basadas en los finos matices de significado que se encuentran en la Biblia! ... Webster's 1828 es el único diccionario del mundo que incluye significados de palabras bíblicas.[12]

Como pretendía Webster, la educación debe preparar a los estudiantes para vivir en un universo creado, ante la faz de Dios, ayudando así a construir naciones sabias y virtuosas. Para *educar* verdaderamente a nuestros hijos y nietos, necesitamos pensar teológicamente sobre la educación. Hacer esto nos permitirá sentar las bases de naciones libres, prósperas, compasivas y justas para el mañana.

Uno de los primeros defensores de las escuelas cristianas, Mark Fakkema, entendió el desafío y escribió: «Si queremos afrontar el reto educativo, necesitamos una filosofía cristiana unificada y global. Formular tal filosofía es nuestra mayor necesidad hoy en el campo de la educación».[13] Pero, ¿cómo lo lograremos?

En vez de empezar de cero, apoyémonos en los cristianos de antes que reflexionaron profundamente y desarrollaron una teología de la educación que podamos adaptar al contexto actual. Esos cristianos produjeron una teología de la educación viable, pero en

---

12. Youmans, Elizabeth. 2017. "The Role of the Bible in Early American Education," Darrow *Miller and Friends*. http://darrowmillerandfriends.com/2017/06/22/bible-role-early-american-education/.
13. Fakkema, Mark. 1954. *Christian Philosophy and Its Educational Implications*. Christian School Service Inc. 2.

gran parte olvidada, durante la Reforma Protestante, en Europa, hace 500 años. La fresca brisa intelectual de la Reforma animó al pueblo de Dios a pensar teológicamente en cada esfera social: la ciencia, la economía, la política, la política social y la educación.

En este libro mostraré el modelo educativo que produjeron los puritanos de la Reforma en Europa y las colonias americanas. Este enfoque fundó Harvard, Yale, Princeton y otras instituciones clave que sentaron las bases de la nación más libre, justa y próspera que el mundo ha conocido.

Exploraremos la naturaleza de esta teología de la educación, el sistema que produjo y por qué ha sido abandonado. Luego, esbozaremos lo que debemos hacer para restaurar o construir en todo el mundo una educación basada en principios. Como escribió Webster:

> Todo gobierno civil se basa en alguna religión o filosofía de vida. La educación en un país propagará su religión. En Estados Unidos, la religión fundamental fue el cristianismo. Y se sembró en el corazón de los estadounidenses a través del hogar y las escuelas públicas y privadas durante siglos. Nuestra libertad, crecimiento y prosperidad fue resultado de una filosofía bíblica de la vida. La preservación del éxito y la libertad de nuestro país dependen de que sepamos educar a los jóvenes estadounidenses en los principios del cristianismo.[14]

Mi propósito

En este volumen no pretendo crear una teología de la educación. Eso requeriría toda una serie de libros y, además, ya se ha hecho.

Más bien pretendo delinear la necesidad de reformar los sistemas y conceptos educativos a nivel mundial y promover el concepto puritano de *tecnología* como modelo teológico fructífero para la educación actual.

Mi intención es llamar a los cristianos a pensar bíblicamente sobre la educación y desarrollar oportunidades educativas en sus hogares, comunidades y naciones basadas en principios bíblicos.

14. Webster, Daniel. *Webster'sDictionary 1828* Online Edition. http://webstersdictionary1828.com/ Quotes

El plan de este libro

Además de mi enfoque, desarrollado en el capítulo 1, este libro trata de responder una serie de cuestiones sobre el importante tema general, desde el punto de vista de expertos y colegas de confianza que lo han venido estudiando por muchos años.

¿En qué se ha de basar la educación para formar ciudadanos libres y autónomos?

Un porcentaje creciente de la población mundial es menor de 25 años. Trágicamente, muchos niños sufren abusos y son abandonados, infravalorados y a menudo despreciados. El aborto mata a millones de bebés cada año. Todos vemos claramente el comportamiento a menudo deplorable de los adultos, los padres y la sociedad con los niños. Pero, ¿cuál es la causa subyacente de este abuso y negligencia? Las raíces están en el nivel cultural: los niños en muchos casos son considerados una carga, lo cual es una actitud impulsada por ideologías seculares y paganas. Para restaurar la dignidad de los niños se requiere una comprensión bíblica de ellos. En el capítulo 2, la Dra. Elizabeth L. Youmans sienta las bases para ayudarnos a abrazar «la concepción cristiana del niño».

¿Qué clase de educación cimentó la fundación de los Estados Unidos, quizás la nación más libre que jamás haya existido?

La Biblia influyó profundamente en la práctica de la enseñanza en la colonia de los Estados Unidos, desde la escuela primaria hasta los estudios universitarios. El excelente tratamiento del tema por parte de la Dra. Youmans en el capítulo 3, «El notable papel que jugó la Biblia en la educación temprana de los Estados Unidos», relata la contribución de varios de los fundadores de la nación y líderes destacados.

¿Qué sucede a la educación cristiana cuando los cristianos y las sociedades abandonan la cosmovisión judeocristiana?

El erudito indio Vishal Mangalwadi ofrece una respuesta provocativa en el capítulo 4, «Seminario: ¿Educación o escolarización religiosa?» Vishal sostiene que cuando los cristianos se apoyaron en la cosmovisión bíblica, establecieron universidades que ofrecían una educación comprehensiva e integral. Pero cuando adoptaron la dicotomía sagrado/secular de la Ilustración, abandonaron la formación de universidades para construir escuelas bíblicas.

¿Por qué tantos cristianos no establecen una conexión entre la Biblia y su trabajo?

Como señala el Dr. Christian Overman en el capítulo 5, «El porqué de la educación: El propósito perdido del aprendizaje», la respuesta es sencilla: muchos hemos vivido toda una experiencia educativa que prácticamente no establece ninguna conexión entre Dios y las matemáticas (o la ciencia o la economía). Tal educación sólo puede producir una mentalidad dualista. Pero este enfoque no es necesario. Con notable claridad, el Dr. Overman nos ofrece un diagnóstico y nos sugiere el camino a seguir.

¿Qué impacto ejerce este tipo de educación en el hogar, la «nación más pequeña»?

En el capítulo 6, «Considere en oración la educación en el hogar», los padres Scott y Kimberly Allen comparten su experiencia personal, ya que descubrieron que los padres, no el Estado, son los que tienen la máxima autoridad y responsabilidad de educar a sus hijos. La suya es una historia fascinante de cómo aplicaron las ideas vertidas en este libro a la educación en el hogar y los maravillosos y dinámicos cambios que acaecieron en su familia como resultado de esta decisión. Al fin y al cabo, la familia es la piedra angular de cualquier sociedad. Las familias sanas son fundamentales para edificar naciones sanas.

¿Qué impacto produce este tipo de educación en la construcción de una ciudad o una nación?

En el capítulo 7, «Juan Calvino en Ginebra: un misionero edifica una nación», Tom Bloomer nos lleva a dar un paseo histórico por la ciudad de Ginebra como modelo de lo que Dios puede hacer cuando colaboramos con Él para discipular una nación. La historia de la ciudad, incluido el ministerio de su destacado discípulo, Juan Calvino, nos proporciona tanto un ejemplo de gran éxito como algunas advertencias importantes.

Al comenzar su periplo por este libro, tenga en cuenta la guía de estudio que encontrará después de cada capítulo. Ésta puede desarrollarse de forma personal o en grupo.

Que este libro nos ayude a todos a considerar lo que podemos hacer en la gran y vital tarea de ayudar a que nuestra sociedad retorne a una comprensión bíblica de la educación para formar ciudadanos autónomos, virtuosos y sabios, en naciones libres. ¡Disfrute de su viaje!

CÓMO USAR LA GUÍA DE ESTUDIO

Esta guía de estudio está diseñada para ayudarle a reflexionar y aplicar lo que está leyendo. Se puede utilizar tanto de manera personal o en grupos pequeños

Antes de leer cada sección del libro, tómese un tiempo para orar y pedirle al Espíritu Santo que sea su maestro. Lea luego esa sección de la guía de estudio; a veces hay preguntas que hay que responder antes de hacerla lectura. Puede responder las preguntas restantes mientras lee o después de leer la sección.

Esta guía de estudio está dividida en 22 sesiones que le permitirán asimilar completamente lo que está aprendiendo. Verá un marcador al margen, en cada asunto que trata el libro, que corresponde con una sección de la guía de estudio. Cuando llegue a ese marcador, deténgase y revise esa sección.

En un grupo pequeño, sugrimos la meta de leer y comentar una o dos secciones de la guía cada semana.

Saber y hacer: Unas palabras sobre la aplicación

Los antiguos griegos enfatizaron el *saber*. Querían llenar la mente de conocimientos, pero tenían poco interés en aplicar lo aprendido. El pueblo hebreo, no obstante, se interesó tanto en *conocer* la verdad como en *practicarla*. Hoy muchos cristianos, lamentablemente, se parecen más a los antiguos griegos que a los hebreos. Es triste tener que hacer este comentario, dado que la sabiduría es aplicación moral de la verdad, la bondad y la belleza.

El libro de Proverbios, usa tres palabras interrelacionadas no sinónimas; son distintas y jerárquicas en significado. Estas palabras son *conocimiento, sabiduría* y *entendimiento*. Cada una aborda una cuestión muy diferente. Examine el significado de cada una y la pregunta que responde.

- Conocimiento: recopilación de datos e información: ¿Qué declara?
- Entendimiento: discernimiento, agrega lo importante: ¿Qué significa?
- Sabiduría: aplicación moral de la verdad: ¿Cómo se aplica?

Cada sesión consta de dos partes. En las secciones marcadas como «Saber», será desafiado con preguntas que le ayudarán a reflexionar sobre lo que ha leído. Serán dos clases de cuestiones: de conocimiento (¿qué declara?) y de entendimiento (¿qué significa?).

Las secciones marcadas como «Hacer» le alentarán a poner en práctica al menos una cosa que haya aprendido durante el estudio de la semana.

Esta guía de estudio le ayudará a reflexionar más profundamente sobre el material del libro. También ayudará a los líderes del grupo a moderar el debate en torno al libro.

Encontrará muchas preguntas abiertas. Le ayudarán a pensar detenidamente en la lectura y enmarcar personalmente lo que está aprendiendo. Practique el aprendizaje conceptual, no memorístico, para poner a prueba su propia comprensión y pensar qué va a hacer con su conocimiento y su entendimiento.

Que Dios le bendiga ricamente a medida que procesa el material de *Escolarizar no es educar*.

Darrow L. Miller
Cofundador de Alianza para el Discipulado de las Naciones

GUÍA DE ESTUDIO

SESIÓN: Introducción

SABER:

- **Conocimiento**—¿Qué declara?
  - Antes de comenzar, tómese un momento para reflexionar sobre la diferencia entre escolaridad y educación.
  - ¿Qué afirma la sección acerca de que el lenguaje y la cultura conforman la educación?
  - ¿Sobre qué religión se fundó Estados Unidos y su nación?
  - ¿En qué religión se basa Estados Unidos y su nación hoy?

- **Entendimiento**—¿Qué significa?
  - ¿En qué tipo de sociedad desea vivir: una sociedad libre o una sociedad tiránica y de poder absoluto? ¿Por qué?
  - Si quiere vivir en una sociedad libre, ¿por qué necesita pensar seriamente en su educación o en la de sus hijos o nietos?
  - Parafrasee en sus propias palabras la cita de Mark Fakkema.
  - ¿Cuál es la cosmovisión «operativa» o el sistema sagrado de creencias de su cultura?
  - ¿Cómo ha influido esto en la filosofía y el sistema educativo de su país?

HACER:

- **Sabiduría**—¿Cómo se aplica?
  - ¿Cómo va actuar de manera diferente basándose en la idea de que el idioma y la cultura conforman la educación?
  - Primera de Pedro 1:13 declara: «Por tanto, ceñid los lomos de vuestro entendimiento, sed sobrios, y esperad por completo en la gracia que se os traerá cuando Jesucristo sea manifestado». A la luz de la importancia de la educación para que la gente viva en libertad, ¿qué va a hacer para «preparar su mente para la acción»?

1

ESCOLARIZACIÓN VERSUS EDUCACIÓN

Darrow L. Miller

Toda narrativa tiene un comienzo. La línea inaugural de una narrativa plantea la historia. La trama o argumento crea el marco para los personajes que aparecen en el relato. Esto es cierto tanto para las historias escritas como para las narrativas culturales.

Si bien hay narrativas rivales que pretenden explicar el lugar de los seres humanos en el universo, el verdadero marco para la humanidad se revela en la Biblia. ¿Cuál es la primera línea de la narrativa bíblica? «En el principio, creó Dios los cielos y la tierra». Esta declaración de apertura establece el marco que nos permite comprender el todo de la vida. Por tanto, guía nuestra concepción de la educación, la búsqueda de la verdad y la vida de seres humanos libres y responsables. ¿Cómo es esto?

Notemos en primer lugar que la narración bíblica comienza con Dios y no con la naturaleza o el hombre. Génesis 1:1 declara: «En el principio creó *Dios* los cielos y la tierra» (énfasis añadido). Dios es el primero y el último. Existe antes del comienzo y después del fin de la historia humana. Su existencia y su presencia dan sentido a nuestra vida. No creamos sentido con nuestro propio esfuerzo.

La narración continúa en Génesis 1:26-28:

Entonces dijo Dios: «Hagamos al hombre a nuestra imagen, conforme a nuestra semejanza; y señoree en los peces del mar, en las aves de los cielos, en las bestias, en toda la tierra, y en todo animal que se arrastra sobre la tierra».

Y creó Dios al hombre a su imagen, a imagen de Dios lo creó; varón y hembra los creó.

Y los bendijo Dios, y les dijo: «Fructificad y multiplicaos; llenad la tierra, y sojuzgadla, y señoread en los peces del mar, en las aves de los cielos, y en todas las bestias que se mueven sobre la tierra».

43

Identidad y propósito

Note nuestra identidad, hombre y mujer a imagen de Dios, y nuestro propósito, ser fructíferos y dominar sobre toda la tierra en su lugar. Nuestra identidad y propósito están íntimamente relacionados. Descubrimos en la narrativa bíblica que haber sido creados a imagen de Dios significa que somos criaturas razonables y volitivas, con libertad para vivir en la realidad y extender su dominio como representantes suyos.

Como dice el Proyecto Bíblico:«En el comienzo de la Biblia, vemos que Dios es Creador todopoderoso y Rey de la tierra. Como Rey y Creador, tiene autoridad sobre la creación. No obstante, una de las primeras cosas que hace es crear a la humanidad y concederle toda la autoridad para gobernar sobre la creación al hacerla a su imagen».[1]

Los teólogos denominan mandato cultural al propósito de extender el gobierno de Dios dado a los portadores de su imagen. Este mandato contiene dos principios subordinados: primero, el mandato social para formar familias; segundo, el mandato de desarrollo para administrar la creación. Como afirma el Proyecto Bíblico: «La imagen de Dios que presenta la Biblia nos muestra que gobernar la tierra significa cultivarla, aprovechar su potencial bruto y hacer avanzar la creación».[2]

Administrar la creación no se limita a actividades como la agricultura o la silvicultura. Incluye *todas* las artes y las ciencias, la política y todos los campos de la actividad humana. Los seres humanos, hombres y mujeres, creados *Imago Dei* (a «imagen de Dios»), están llamados a descubrir todos los secretos de la creación para la gloria de Dios. . ., el bien del hombre y el florecimiento de la creación. Los cristianos, que reconocen la deidad de Jesucristo, deben dedicar su vida y obra a glorificarle y hacer avanzar su reino. Como dijo el estadista holandés Abraham Kuyper: «No hay un centímetro cuadrado en todo el ámbito de la existencia humana sobre el cual Cristo, Soberano supremo, no exclame: "¡me pertenece!"».[3]

---

1. The Bible Project. "The Image of God." https://thebibleproject.com/explore/image-god/.
2. The Bible Project, *op. cit.*
3. Kuyper, Abraham. *Sphere Sovereignty*. Citado en Bratt, James D., ed. 1998. *Abraham Kuyper: A Centennial Reader.* Grand Rapids: Eerdmans.

La búsqueda de la verdad

Este Jesucristo, a quien los cristianos adoran como Dios, declaró inequívocamente: «Yo soy el camino, la verdad y la vida» (Juan 14:6), por lo que sus seguidores están comprometidos invariablemente a conocer y vivir la verdad. Otra declaración clave sobre la verdad que nos guiará a inquirir en la educación se encuentra en Juan 8:31–32:

> Dijo entonces Jesús a los judíos que habían creído en él: Si vosotros permaneciereis en mi palabra, seréis verdaderamente mis discípulos; y conoceréis la verdad, y la verdad os hará libres.

En este breve pasaje, hay varios puntos relacionados directamente con la búsqueda de la verdad y con el llamado a reclamar todos los ámbitos de la existencia humana, incluida la educación, para Él.

Tenga en cuenta, primero, que Jesús se dirige a «los judíos que le habían creído». Éstos eran «creyentes» pero todavía no eran «discípulos». El mero reconocimiento de Jesús sin cambio de corazón y de vida no es suficiente.

En segundo lugar, Jesús hace una distinción entre creyentes y discípulos. Ser discípulo es permanecer en la Palabra de Dios. La palabra *permanecer* está traducida del griego μένω (menō), que tiene el sentido orgánico, activo y vivificante de «quedarse», «esperar», «seguir» y «seguir existiendo». Somos llamados a ser *verdaderamente* sus discípulos. . . a permanecer en su Palabra. Es decir, debemos apreciarla, estudiarla, caminar en ella y difundirla. Transformarnos y transformar nuestra vida.

En tercer lugar, permanecer en la Palabra de Dios acarrea buenas consecuencias. Si seguimos viviendo en la Palabra de Dios, «conoceremos la verdad». La verdad, que se ajusta a la realidad, puede ser *conocida*. ¡Piense en la diferencia que esto supone!

En cuarto lugar, conocer la verdad conduce a la libertad. Ya no debemos palpar a tientas en la oscuridad buscando en vano el progreso, la paz, la salud y la vida. Las vidas y culturas fundadas en la verdad florecerán, porque han sido diseñadas para prosperar. Hay una relación orgánica entre verdad y libertad. La verdad nos hará libres. Y, a la inversa, creer en la mentira arrastra consecuencias negativas: servidumbre y pobreza.[4]

Nuestra respuesta

Un segundo y breve pasaje bíblico a considerar sobre la verdad es Hechos 17:11: «Y éstos [los judíos de Berea] eran más nobles que los que estaban en Tesalónica, pues recibieron la palabra con toda solicitud, escudriñando cada día las Escrituras para ver si estas cosas [las que decía Pablo] eran así».

La predicación de las buenas nuevas sobre la vida, muerte y resurrección de Jesús reclamó una respuesta en el Imperio Romano del primer siglo, como la reclama en nuestros días. Esa respuesta no ha de basarse en cómo nos hace *sentir* el evangelio, sino en la verdad y certeza, si corresponde a la realidad.

Tenga en cuenta que se nos dice que los de Berea eran más nobles que los tesalonicenses. La palabra griega εὐγενής (eugenēs), traducida por «más noble», significa tener mente abierta. Piense en el contraste que hay con la persona de mente cerrada. La mente que está abierta a nuevas ideas, que hace preguntas en busca de la verdad, es más noble que la mente que acepta supuestos sin cuestionar. ¿Por qué? Porque la verdad es de suma importancia, y su búsqueda es una noble profesión. Como dijo el historiador Michael Leeden: «Es necesario restaurar la tradición del inconformismo rebelde».[5]

Los de Berea se interesaban en la *verdad*. ¿Dónde se podía encontrar la verdad? La verdad se halla en las Escrituras. Sí, hay otras fuentes de verdad en el mundo de Dios, pero solo las Escrituras son *completamente fidedignas* en sus afirmaciones sobre Dios, el universo y nuestro lugar en él. Como dijo Jesús a su Padre celestial: «Tu palabra es verdad» (Juan 17:17). Esta palabra realmente nos informa: «En el principio, Dios creó los cielos y la tierra».

Tenga en cuenta también que los de Berea examinaban las Escrituras *todos los días* para comprobar la veracidad de las palabras

4. Para más detalles sobre este tema consúltese *Discipulando Naciones: El poder de la verdad para transformar la cultura*, por Darrow L. Miller, con Stan Guthrie. Editorial JUCUM. Texas, 2018

5. Leeden, Michael. 2018. "The Anti-American Americans," *PJ Media*. https://pjmedia.com/michaelledeen/the-anti-american-americans/.

de Pablo. *Permanecían* en ellas. Querían descubrir si el apóstol Pablo les estaba diciendo la verdad acerca de Jesús (Hechos 17:11). ¿Cómo lo sabrían? Indagaron en las Escrituras. Su actitud es un modelo para todos los que decimos seguir a Jesús y buscamos la verdad.

Los de Berea sabían algo fundamental que haríamos bien en recordar: la verdad se *revela* a través de la Palabra de Dios. Como Jesús oró en Juan 17:17: «Santifícalos en tu verdad; tu palabra es verdad». La Palabra de Dios, las Escrituras del Antiguo y el Nuevo Testamento, constituye lo que los teólogos denominan la revelación especial de Dios. Dios reveló la verdad a los seres humanos porque nunca podríamos haberlo descubierto por nosotros mismos. Pero el asunto no acaba ahí.

Escondida y descubierta

La verdad también está *escondida* para ser descubierta. Proverbios 25:2 declara estas maravillosas y divertidas palabras: «Gloria de Dios es encubrir un asunto; pero honra del rey es escudriñarlo». En este divino juego del escondite, Dios oculta cosas para que podamos «escudriñarlas». La palabra hebrea חָקַר (*ḥā • qǎr*), significa «explorar, buscar, descubrir, sondear, examinar, probar. . . ».[6]

Hallamos la misma idea en el Salmo 111:2-3, donde el salmista afirma que las obras de Dios en la creación son grandes, llenas de esplendor y majestad, de tal manera que se deleitan en ellas quienes las estudian.

Aquí está la fuente de la ciencia. Dios ha escondido cosas sobre sí y la creación que espera que la humanidad busque y descubra. Así es la mente inquisitiva del explorador, el aventurero, el detective, el artesano, el científico. Qué imagen tan profunda y hermosa del Dios juguetón que deja pistas de tesoros escondidos para que sus hijos los descubran, acertijos para que los resuelvan.

De modo que la verdad se revela en la Palabra de Dios y se descubre, por ejemplo, en las matemáticas, las ciencias, la física y la astronomía, a través de las obras de Dios. Como hemos visto, los seres humanos fueron puestos aquí para gobernar la creación (Génesis

---

6. Swanson, James. 1997. *Dictionary of Biblical Languages with Semantic Domains: Hebrew (Old Testament)*. Oak Harbor: Logos.

1:26-29; 2:15,19-20; Salmo 8:3-6; 115:16). Es importante estudiar, buscar y descubrir las cosas que Dios esconde para cumplir adecuadamente el mandato cultural de gobernar la tierra.

Pistas de Dios

Dios nos proporciona muchas pistas para la tarea que nos ha encomendado de investigar y cuidar de su creación. El sol, la luna y las estrellas se nos dieron para ayudarnos. Génesis 1:14 declara: «Dijo luego Dios: Haya lumbreras en la expansión de los cielos para separar el día de la noche; y sirvan de señales para las estaciones, para días y años».

El salmista David entendió que la creación de Dios *comunica* un conocimiento real de Dios y de su obra.

> Los cielos *cuentan* la gloria de Dios, Y el firmamento *anuncia* la obra de sus manos.
> Un día emite *palabra* a otro día, Y una noche a otra noche *declara* sabiduría.
> No hay *lenguaje*, ni palabras, Ni es oída su *voz*.
> Por toda la tierra salió su *voz*, Y hasta el extremo del mundo sus *palabras*. (Salmo 19:1–4a, cursivas añadidas)

Note todos los verbos que denotan comunicación que hay en este texto y todo lo que se revela. Los ateos afirman que el universo está en silencio. Pero se equivocan. Dios existe y no guarda silencio. Dios nos habla, no solo de manera sobrenatural a través de su Palabra, sino también «naturalmente», a través de su creación. Los grandes reformadores protestantes Martín Lutero y Juan Calvino hablaron de dos libros: La Palabra de Dios y sus obras. Los teólogos llaman a estos dos libros revelación especial y revelación general. Incluso los científicos se sienten extrañamente atraídos por ellos.

El científico ateo y premio Nobel Jacques Monod escribió en su libro *El azar y la necesidad*:

> Sin embargo, la objetividad nos obliga a reconocer el carácter teleonómico de los organismos vivos, a admitir que en su estructura y sus funciones actúan proyectivamente, ejecutan y

persiguen un propósito. Por tanto aquí, al menos en apariencia, se da una profunda contradicción epistemológica. De hecho, el problema central de la biología radica en esta misma contradicción, que, si es sólo aparente, debe resolverse; o demostrarse que es completamente insoluble, si ese fuera el caso.[7]

Monod reconoce que la objetividad exige que el científico reconozca que la estructura y función de los seres vivos revelan un diseño con propósito. Es decir, su estructura revela a su Creador, que los diseñó con un propósito.

Esto plantea un problema para los científicos naturalistas que niegan la existencia de Dios. ¿Cómo resuelve esto Monod? Califica este dilema de «profunda contradicción metafísica». Lo que los científicos han descubierto no concuerda con los supuestos ateos modernos. Estos supuestos no se pueden conciliar con sus observaciones sin reconocer a un Diseñador personal.

Este es exactamente el argumento que utiliza el apóstol Pablo en la epístola a los Romanos 1:19-20:

> . . . porque lo que de Dios se conoce *les es manifiesto,* pues Dios se lo manifestó. Porque *las cosas [atributos] invisibles de él, su eterno poder y deidad, se hacen claramente visibles desde la creación del mundo,* siendo entendidas por medio de las cosas hechas, *de modo que no tienen excusa.* (cursivas añadidas).

Monod reconoce la claridad de la revelación general de Dios; por tanto, la lógica de su postura *debería* obligarle a inclinarse en adoración. ¿Porqué?

Pablo afirma que todos los seres humanos pueden saber (1) que Dios existe y (2) algo acerca de su naturaleza a través de las cosas que Él ha creado. Esta revelación general de Dios en la creación es tan evidente que nadie tiene excusa para negar su existencia.

Los tres libros

Note que Pablo argumenta que las obras de Dios revelan su existencia y algo de su carácter; que sus obras revelan la verdad de Dios de

7. Monod, Jacques. 1971. *Chance and Necessity* New York: Knopf. 21–22. (*El azar y la necesidad.* Tousquet Ediiones, Barcelona, 1981).

dos maneras: (1) en los seres humanos («manifestada en ellos») y (2) fuera de ellos («en las cosas creadas»).

- Primero, Él se ha revelado a sí mismo *en los seres humanos* al crearnos a su imagen. Nosotros, como seres humanos, tenemos capacidad de raciocinio (atributo de intelecto), tenemos voluntad (atributo de propósito) y tenemos corazón (atributo de responsabilidad moral).
- Segundo, se ha revelado a sí mismo *fuera de la humanidad* en el resto de la creación. Esta revelación abarca desde la aparición del quark en los recovecos más profundos del espacio interior hasta los límites más remotos del universo en los confines inconcebiblemente lejanos del espacio exterior. Estas dos formas de revelación general fueron reconocidas por los primeros reformadores de la educación y los científicos, que hablaron de una *visión tripartita* de la revelación de Dios. Sus componentes incluyen:

El libro de la *revelación*—revelación especial— la Biblia
El libro de la *realidad*—naturaleza—ciencia (Aristóteles)
El libro de la *razón*—o lógica—filosofía (Platón)

Los científicos que respaldaron este enfoque, incluidos los hijos de la Reforma, pasaron sus vidas estudiando las obras de Dios, atados a su Palabra. Como teístas, afirmaron una visión integral del universo, no dividieron la Palabra y las obras de Dios.

- Galileo (1564-1642) fue un erudito-científico italiano situado entre la filosofía natural, es decir, la ciencia teísta y la ciencia atea moderna, que estudió tanto la Palabra de Dios como sus obras. Confirmó que la tierra y los planetas giraban alrededor del sol.
- Francis Bacon (1561-1627), filósofo, científico y político inglés, considerado padre de la ciencia moderna por su énfasis en la atenta observación de las obras de Dios. Usó el razonamiento inductivo para obtener conclusiones de sus observaciones. Bacon escribió: «El conocimiento es el rico almacén de la gloria del Creador y el alivio del estado del hombre».[8]
- Isaac Newton (1642-1727), matemático, astrónomo, teólogo, autor y físico inglés, fue uno de los científicos más influyentes

8. Christianity Today. 2000. "Francis Bacon: Philosopher of science," *Christian History*. https://www.christianitytoday.com/history/people/scholarsandscientists/francis-bacon.html.

de todos los tiempos. Newton fue una figura clave en la revolución científica. Como otros científicos teístas de su época, reconoció que Dios se ha revelado en la creación. Newton escribió: «Platón es mi amigo, Aristóteles es amigo mío, pero mi mejor amigo es la verdad».[9]

El impulso de estudiar las obras de Dios en la creación llevó a los primeros científicos cristianos a fundar universidades, con el fin de investigar, y la institución científica nacional más antigua del mundo, la Royal Society, en Inglaterra. Esta sociedad se estableció en 1660, mayormente por científicos que entendieron que los seres humanos están destinados a descubrir lo que Dios ha escondido en la creación. (Newton fue uno de sus primeros miembros). Ellos creían que estos descubrimientos permitirían a la humanidad gobernar la creación. De hecho, vemos cómo la ciencia y la tecnología nos ayudan a combatir la maldición del mal natural en el mundo, como inundaciones, sequías, hambrunas, terremotos, tsunamis, tornados, así como diversas enfermedades y dolencias, como el actual Covid-19, virus que asuela el mundo actual y marca (o estigmatiza) la condición humana.

Reformadores de la educación

Tales científicos que procuraron descubrir verdades ocultas en la creación de Dios para beneficio de la humanidad fueron igualados por los reformadores de la educación, especialmente tres teólogos prominentes:

- Juan Amós Comenio (1592-1670), moravo checo, reconocido por muchos, antes que John Dewey, como el padre de la educación moderna.[10]
- William Ames (1576–1633), puritano inglés que escribió sobre la *enciclopedia* (el círculo del conocimiento) y las Seis Artes, es decir, una forma integral y exhaustiva de educación cuyo centro es Dios.[11]

9. «Frases de famosos». https://citas.in/frases/1923920-aristotle-plato-is-dear-to-me-but-dearer-still-is-truth/.

10. Hilmar-Jezek, Kytha. 2016. "The Father of Modern Education," *Tres Bohemes*. http://www.tresbohemes.com/2016/08/father-of-modern-education/.

11. Véase Gibbs, Lee W. 1971. "The Puritan Natural Law Theory of William Ames," *Harvard Theological Review* i. 37–57. https://www.cambridge.org/core/journals/harvard-theological-review/article/the-puritan-natural-law-theory-of-william-ames/9962AC3D9689710B5866A6778825EE22.

- Johann Heinrich Alsted (1588-1638), prolífico teólogo alemán, conocido como «verdadero padre de todas las Enciclopedias».[12]

Estos pioneros de la educación, de tradición reformada y puritana, sabían que la verdad se encuentra en la intersección de los tres libros: Escrituras, naturaleza y razón. Los tres libros fueron fundamentales para crear la civilización occidental y constituyeron la vanguardia de la educación estadounidense. Como dijo Comenio: «El único camino verdadero, genuino y sencillo de la Filosofía es tomar todas las cosas del sentido, la razón y las Escrituras».

> El historiador David Scott señala que «Comenio siguió diciendo que la meta del esfuerzo académico no es solo agregar al montón de madera del conocimiento humano, sino hacer crecer un árbol vivo que desde las raíces hasta las ramas y el fruto refleje la imagen de las palabras y obras de su divino Creador».[13]

Veritas

Comenio sentó las bases de un sistema educativo que construyó una nación. Escribió la *Didáctica Magna* (*Todo el arte de enseñar*), en la que articuló conceptos bíblicos de un campo de conocimiento unificado (debe enseñarse todo) y una educación universal (para todos). En su *Reforma de las escuelas*, Comenio presentó la visión de una filosofía educativa que abarcara la mente y el corazón, la Palabra y el mundo:

> Y alabado seas, oh Señor, por los siglos, que también nos das tus obras y tu palabra por modelo, con el cual erigir este. . . templo de Sabiduría: que así como tu palabra y tus obras son vivas y verdaderas representaciones de ti, así esto, de lo que venimos hablando, resulte una imagen viva y verdadera de tu palabra y de tus obras.[14]

Comenio entendió que «los seres humanos nos ocupamos en el negocio» de erigir un «templo de Sabiduría», es decir, crear

12. "Johann Heinrich Alsted," *Wikipedia*. https://en.wikipedia.org/wiki/Johann_Heinrich_Alsted.
13. Scott, David Hill. "A Vision of Veritas: What Christian Scholarship Can Learn from the Puritan's [sic] 'Technology' of Integrating Truth," *LeadershipU*, http://www.leaderu.com/aip/docs/scott.html.
14. Ibid.

cultura para la gloria de Dios. Sabía que Dios, a través de sus obras y su Palabra, se había revelado a sí mismo como primer Creador, y creado el mundo con su palabra. Al estudiar la creación y el Libro, descubrimos la naturaleza de Dios y la naturaleza de la realidad: *veritas* o verdad. Por eso debemos imitar a Dios y crear culturas (mundos secundarios) para reflejar a Dios y su mundo primario. Al hacerlo, llenamos la tierra con su gloria y nos volvemos sabios. La educación es un medio clave para lograr este objeto que lo abarca todo.

La concepción puritana se puede expresar en la siguiente tabla:

LA CONCEPCIÓN DE LOS REFORMADORES PASA A SER LA CONCEPCIÓN PURITANA

Veritas
Búsqueda de la verdad

↓

Enciclopedia
Círculo de conocimiento

↓

Eupraxia
Práctica de una vida recta

Siguiendo el enfoque de Comenio, las universidades estadounidenses existieron originalmente para que los estudiantes y los profesores pudieran buscar y practicar la verdad para la gloria de Dios. Estas instituciones de educación superior inculcaron en sus estudiantes no solo conocimiento, sino también entendimiento (el sentido del saber) y sabiduría (la práctica moral de la verdad). El resultado fue una tierra de libertad y oportunidades, una nación fundada en una idea: la libertad, que atrajo a inmigrantes de todo el mundo.

Fueron en gran parte los puritanos quienes fundaron la educación superior en la colonia de América del Norte. Universidades como Harvard (fundada en 1636), Yale (1701), Princeton (1746),

Rutgers (1766) y Dartmouth (1769) basaron su filosofía educativa en la Reforma, conocida como *tecnología*. Esta concepción, que con razón podría denominarse teología bíblica de la educación, consta de tres partes:

1. Veritas
2. Enciclopedia
3. Eupraxia

En las tres secciones siguientes, comentaremos cada una de ellas por separado. Consideremos primeramente el primer aspecto de la teología puritana de la educación, *veritas*: la búsqueda de la verdad.

El escudo de Harvard

Ocho años después de desembarcar en Nueva Inglaterra, los padres puritanos establecieron el Harvard College (actualmente, la Universidad de Harvard) para educar a pastores y dirigentes civiles. El 27 de diciembre de 1643, la Junta de Supervisores de la Universidad de Harvard declaró que «el escudo de la universidad adoptaría la siguiente forma».

El primer borrador conceptual del escudo de Harvard mostraba los tres libros y la palabra *veritas*, verdad en latín. Evidentemente, el dibujo fue archivado y redescubierto 200 años después cuando se celebró el bicentenario de Harvard. En 1843, el entonces presidente de Harvard, Josiah Quincy, reveló el boceto. La Harvard Corporation lo convirtió en patrón oficial de todas las versiones posteriores del escudo. En 1692, el lema adoptado por la universidad fue *Veritas Christo et Ecclesiae*, «Verdad para Cristo y la Iglesia».[15]

Cualquiera que pasee por el campus de la escuela de la Liga Ivy (o de la Hiedra) puede encontrar pruebas de este compromiso con la *veritas*. La imagen de abajo, por ejemplo, fue tomada en el Memorial Hall. Observe que «ve-ri-tas» está inscrita en tres libros.

---

15. "Shield and 'Veritas' History," Harvard GSAS Christian Community. http://www.hcs.harvard.edu/~gsascf/shield-and-veritas-history/.

Antes hemos visto estos tres libros,[16] pero ¿por qué el de abajo está boca abajo? Georgia Purdom observa: «Curiosamente, los dos libros superiores del escudo están boca arriba, mientras que el libro inferior está boca abajo. Hay quien ha argumentado que esto simboliza los límites de la razón y la necesidad de la revelación de Dios».[17]

[Proporcionada por Harvard GSAS Christian Community. Usada con permiso.]

Para usar una analogía de C.S. Lewis, el sol da luz al mundo y a todo lo que en él hay, por lo que el libro de la Biblia ilumina a los otros dos, la razón y la realidad.

Como señala Purdom, la versión actual del lema de Harvard representa una erosión espiritual significativa. La única palabra «veritas» permanece, pero el lema original, *Christo et Ecclesiae* («por Cristo y la Iglesia»), está notoriamente ausente. El escudo moderno también muestra tres libros abiertos, pero el libro boca abajo se ha

---

16. Purdom, Georgia. 2011. "Harvard: No Longer Truth for Christ and the Church," *Answers in Genesis.* https://answersingenesis.org/blogs/georgia-purdom/2011/10/11/harvard-no-longer-truth-for-christ-and-the-church/ (enlace original con la página web de la Comunidad Cristiana de Graduados de Harvard. Ya no está activa).

17. Ibid.

volteado para que coincida con los demás: ¡ahora no hay límites para la razón humana o la ciencia!

Este es solo un ejemplo, pero ilustra claramente que la cultura estadounidense es atea hasta la médula. En realidad la historia está siendo reescrita, deconstruida. Ignorando la historia, los secularistas modernos arguyen ahora que las sociedades occidentales están enraizadas exclusivamente en la Ilustración europea y no en el marco judeocristiano.

La primera declaración de propósito de Harvard se centró explícitamente en Cristo:

> Que cada estudiante sea instruido claramente, y se le presione seriamente a considerar bien; el objetivo principal de su vida y sus estudios es conocer a Dios y a Jesucristo, que es la vida eterna, Juan 17:3, y por tanto, poner a Cristo en la base, como único fundamento de todo conocimiento y aprendizaje sólidos.[18]

Cristo es el centro de toda vida y vocación. Esta fue la convicción que sentó las bases de la cultura cristiana y el autogobierno. Lamentablemente, el mundo occidental ya no opera desde la cosmovisión bíblica. Solamente la cosmovisión bíblica proporciona fundamento para construir naciones libres, justas, prósperas y compasivas, porque toda verdad es verdad de Dios. Hay un Dios y una realidad creada que cumple su diseño. Por tanto, la verdad es integral (no hay dicotomía entre lo sagrado y lo secular) e integradora (proporciona un campo de conocimiento unificado).

El abandono de la cosmovisión bíblica

Con el surgimiento de la Ilustración en Europa y la ciencia darwinista en Occidente, la cosmovisión bíblica fue abandonada por el secularismo (al opinar que la religión debe ser excluida de la vida cotidiana como poco importante) o el ateísmo (la creencia de que Dios no existe). A medida que Occidente se ha vuelto cada vez más secularizado, la mayoría de las personas, y muchos cristianos, se han apartado de la cosmovisión bíblica, lo que ha conducido a una cultura *post-moral* de pragmatismo y relativismo cultural.

18. Ibíd.

En vez de combatir el ateísmo en el terreno de juego de las ideas, los cristianos adoptaron la antigua cosmovisión dualista griega, la creencia en la división entre lo sagrado y lo secular. Ésta a su vez produjo un gnosticismo evangélico que separó lo espiritual de lo secular, la fe de la razón.

Algo parecido está sucediendo con la actual filosofía materialista que impera desde la Ilustración. Está decayendo porque la gente busca algo que reconozca la dimensión espiritual de la vida humana. Pero la rendición gnóstica de la iglesia occidental moderna le impide ofrecer una respuesta integral a las preguntas básicas de la vida. Por lo cual, la cultura occidental tiende hacia el neo-paganismo o animismo posmoderno.

Esto se puede ilustrar con el escudo de Harvard como ejemplo metafórico. Primero se eliminó el rótulo «Por Cristo y la Iglesia». Luego, cuando el evolucionismo se erigió en punto de integración para la sociedad, se eliminó la Biblia, el libro de la revelación especial. Los modernos dejaron el mundo sin espíritu, en un estado que podría calificarse de post-moral. Éste abandonó los libros de la razón y la realidad. La fe darwinista asumió que los seres humanos podían entender todo lo que hay que entender a través de la ciencia y la filosofía.

Al debilitarse la búsqueda de la verdad
Se eliminó un libro

Los modernos

- Se eliminó el estandarte Por Cristo y la Iglesia
- Se eliminó el libro de la **Revelación**
- Se preservaron los libros de la Razón y la Realidad

El escudo moderno

Pero a medida que el mundo moderno, con su acento en las cosas materiales, comenzó a marchitar el alma, la gente comenzó a volverse hacia el reino «espiritual» y místico en busca de respuestas. El mundo posmoderno ha tirado por la borda los libros de la razón y la realidad. Actualmente vivimos en la cultura de la posverdad, como ilustra este diagrama:

Fin de la búsqueda de la Verdad
Los posmodernos eliminan los tres libros

Los posmodernos

- Fueron más lejos que los modernos
- Eliminaron los otros dos libros:
  - **Razón**
  - **Realidad**

Escudo posmoderno

Todo lo que vemos desarrollarse en el mundo actual se puede achacar a la pérdida de los tres libros, revelación, razón y realidad, tan maravillosamente representados en el escudo de Harvard.

Conjugación de Razón y Revelación

Razón y Revelación

RAZÓN

—VERITAS
- Cristianos ortodoxos
- Judíos
- Musulmanes (reformados)

—RACIONALISMO
- Ateísmo
- Humanismo pagano
- Evolucionismo

REVELACIÓN ———————— **NO REVELACIÓN**

—FIDEÍSMO
- Muchos evangélicos y cristianos carismáticos
- Musulmanes fundamentalistas
- Algunas religiones tradicionales

—IRRACIONALISMO
- Animismo pagano
- Posmodernismo
- Nueva Era
- Neopaganismo

NO RAZÓN

Cada cultura y cada cosmovisión tienen una forma diferente de ver y combinar dos formas críticas de conocer el universo e interactuar con él, es decir, lo que es *verdad*. Éstas son la razón, lo que podemos aprender a partir de nuestros propios esfuerzos humanos, y la revelación, lo que podemos aprender de la comunicación de Dios con nosotros a través de su Palabra. El teísmo bíblico, y las cosmovisiones teístas y posmodernas, combinan la razón y la revelación de maneras fundamentalmente diferentes. Este resumen nos ayudará a ver las diferencias y por qué son tan importantes.

- **Revelación y Razón.** El teísmo bíblico reconoce que la razón (por haber sido creados a imagen de Dios) y la revelación (por la Palabra de Dios) se encuentran en el corazón de la *veritas*. El teísmo bíblico sostiene que existe un campo unificado de conocimiento que es vinculante para todas las personas. La verdad es objetiva. *Veritas* es lo que proporciona libertad y prosperidad económica a las naciones. Este es el marco del cristianismo ortodoxo abrazado por la iglesia primitiva, varios padres de la iglesia (san Agustín y santo Tomás de Aquino), los reformadores (siglos XIV al XVI) y sus sucesores puritanos. Esta cosmovisión dio origen a la ciencia moderna y allanó el camino para la fundación de los Estados Unidos. Como ha aseverado Vishal Mangalwadi, el cristianismo ortodoxo estableció «universidades y laboratorios de investigación. . . sobre el conocimiento de que las palabras y las obras de Dios ocultan asuntos, [y] estamos dotados de razón para descubrir tesoros escondidos».[19]
- **Razón sin revelación.** Trágicamente, el teísmo bíblico dio paso al racionalismo, razón sin revelación. Este fue el paradigma tanto de la Ilustración deísta (siglos XVII al XVIII) como del ateísmo moderno (siglos XIX y XX), la creencia de que todo conocimiento comienza y termina con el hombre. Fue promovido por Kant, Voltaire, Rousseau y Hume y proporcionó el marco para la Revolución Francesa. La teoría de la evolución de Darwin hizo que la vida sin el Creador pareciera plausible. La razón sin revelación se convirtió en el marco de referencia. La verdad, la moral y la belleza

---

19. Mangalwadi, Vishal. "The Problem with The Bible Seminary: Sola Scriptura = Study only the Bible, A Paper Presented to the Faculty Forum The Gospel and Plow School of Theology," *Revelation Movement*. Véase también Mangalwadi's "Seminary: Education or Religious Schooling" in this book.

se volvieron relativas. La *creación* se redujo a mera *naturaleza,* anulando el universo de la trascendencia, colocando al hombre en la caja de un universo naturalista y mecanicista. La línea principal del protestantismo nació adaptando el cristianismo a este marco.

- **Revelación sin razón.** A medida que el racionalismo se fue extendiendo y fue adoptado por segmentos de la iglesia, ciertos líderes cristianos trataron de permanecer fieles a la enseñanza ortodoxa tradicional, identificándose a sí mismos como fundamentalistas. Pero en lugar de defender la cosmovisión bíblica que establece la ortodoxia, abandonaron los cimientos del cristianismo para optar por la dicotomía sagrado-secular de la antigua Grecia. Este movimiento acarreó el gnosticismo evangélico, que comenzó a fines del siglo XIX y sigue vigente en la actualidad.

  Este es un movimiento hacia el fideísmo: revelación sin razón. Su fruto amargo incluyó cepas subcristianas de anti-intelectualismo y súperespiritualidad que condujeron al desastroso abandono de la razón por solo la fe por parte de grandes sectores de la iglesia. La universidad, donde se explora toda la creación de Dios, fue reemplazada por la escuela bíblica, que redujo el campo adecuado de estudio a las Escrituras y las cosas espirituales.

  Ahora bien, no hay absolutamente *nada* de malo en el estudio riguroso de la Biblia desde una perspectiva ortodoxa. De hecho, una comprensión adecuada de la Palabra escrita de Dios es la condición *sine qua non* (necesaria y esencial) de todo verdadero aprendizaje. Pero el rechazo de la verdad que somos capaces de descubrir a través de la razón y el orden creado condujo finalmente al abandono de la cultura. Sin *veritas,* la iglesia se volvió ortodoxa solo de nombre.

  Irónicamente, este marco de fe sin razón ha posicionado a la iglesia del siglo XXI para integrarse perfectamente con nuestra cultura posmoderna de la posverdad. La mayoría de los cristianos actuales consideran lo espiritual como el único ámbito importante. Las cosas seculares se consideran «mundanas», de valor inferior a las cosas sagradas. Esta herejía se opone a la visión bíblica, que reconoce que lo espiritual y lo secular son distintos pero igualmente importantes.

- **Ni la razón ni la revelación.** A medida que las personas luchan por encontrar su lugar en un mundo supuestamente sin alma, están comenzando a reevaluar lo que creen, porque el racionalismo no puede satisfacer los anhelos más profundos del corazón. La trágica imitación del mundo de las principales denominaciones y el innecesario bandazo evangélico hacia el gnosticismo que abandona la cultura han creado un vacío que espera ser ocupado. Lamentablemente, debido a nuestra abdicación, Occidente se está volviendo al irracionalismo, reemplazando tanto la revelación como la razón por el consuelo. Enraizada en el culto animista de la creación, esta forma de neopaganismo no busca la verdad, no cree que existe tal cosa. Busca más bien una sensación de bienestar personal. Dios es concebido como un solo espíritu indiviso. Hoy solo buscamos al «dios dentro de mí». Este marco, que ha dado lugar al movimiento de identidad de género, está borrando el concepto de masculinidad y femineidad trascendente, así como la realidad biológica de lo masculino y lo femenino.

La iglesia está respondiendo hoy al surgimiento del posmodernismo con una nueva dicotomía. El anti-intelectualismo y la híper-espiritualidad florecientes de la iglesia actual niegan la razón y la realidad. La nueva dicotomía que les ha sucedido sostiene que el amor es más importante que la verdad. Tal «amor» ignora el «hablar la verdad en amor» (Efesios 4:15). En cambio, celebra lo que Dios condena en su Palabra.

Por ejemplo, Pete Buttigieg, el alcalde demócrata de South Bend, mantiene una relación homosexual que el gobierno considera matrimonio. En una recaudación de fondos políticos, Buttigieg dijo: «Esto me ha convertido en mejor hombre y… me ha acercado más a Dios. Si ser gay fue una elección, fue una elección muy por encima de mi nivel salarial».[20] Por supuesto, la Escritura condena explícitamente esto,[21] pero Buttigieg puede sugerir seriamente que es bueno para él, e incluso que fue idea de Dios, debido a la divisoria mentira amor-verdad en la que los sentimientos triunfan sobre todo.

20. Stonestreet, John and G. Shane Morris. 2019. "The False God of Feelings: Mayor Buttigieg's Pro-Gay Christianity," *BreakPoint*. http://www.breakpoint.org/2019/04/breakpoint-the-false-god-of-feelings/.
21. Véase, por ejemplo, Romanos 1:26–28, Judas 7–8, y 1 Timoteo 1:8–11, entre otros muchos.

A la deriva hacia el peligro

El surgimiento del darwinismo hizo que muchos en Occidente abandonaran la cosmovisión bíblica y ordenaran sus asuntos diarios como si Dios no existiera. La iglesia actual se enfrenta a un peligro similar. Avanzamos a la deriva hacia una cosmovisión posmoderna que abandona la razón y la realidad y nos anima a vivir apoyados únicamente en nuestras emociones. El abandono de la naturaleza integral verdad-amor de la Escritura y manifiesta en la cruz, deja a la iglesia con una dicotomía amor/verdad, prevaleciendo el amor sobre la verdad, culminando en lo que se ha dado en llamar la «iglesia despierta».

Los puritanos, herederos imperfectos de la ortodoxia cristiana, eran lo que el Dr. Leland Ryken llamaba *santos mundanos*,[22] en el mejor sentido del término. Fueron en pos de la verdad, *veritas*. Entendieron que ésta era integral e integradora, no separaron la naturaleza de la gracia, ni la ciencia de la teología, ni el trabajo del culto. A diferencia de gran parte de la iglesia de nuestro tiempo, ellos razonaron a partir de la gran narrativa moral y metafísica de las Escrituras. Debemos aprender de ellos y de lo que creían que era el principio organizador de una vida virtuosa.

Como hemos dicho, los puritanos llamaron a este principio tecnología. La palabra procede del griego τέχνη (*téjne*) («arte», «técnica», «oficio») y logos («estudio»). Significa «el estudio integral de todas las artes y la ciencia». No debe confundirse con el concepto moderno de tecnología: ciencia o técnica aplicada. La técnica y la tecnología se ocupan estrictamente de la pregunta: «¿podemos llevarlo a cabo?». No se plantean la cuestión moral: «¿deberíamos hacerlo?».

Para los puritanos, la *tecnología* era la transliteración latina (*techno*) de una palabra griega que significa «un sistema aplicado que relaciona todo el conocimiento y su uso adecuado para la vida». Dicho de otra manera, la tecnología es el principio organizador de una vida virtuosa, una vida con propósito, que relaciona la vida entera con el avance del reino de Dios. Cubre todo lo bueno de

---

22. Véase Ryken, Leland J. 2010. *Worldly Saints: The Puritans as They Really Were*. Grand Rapids: Zondervan.

este mundo, lo que los puritanos llamaban *enciclopedia*: círculo del conocimiento. Este es el segundo aspecto de la teología puritana de la educación que examinaremos ahora.

Enciclopedia

El auge del ateísmo en Occidente socavó no solo la creencia generalizada en Dios, sino también el consenso existente sobre la moral y la verdad absoluta. Cuando la sociedad renuncia a un punto de referencia infinito y trascendente para toda vida, los individuos pasan a ocupar el centro del universo. El relativismo moral y metafísico se convirtió en marco de la vida y el trabajo de las personas.

Los cambios resultantes en la educación superior fueron profundos. La palabra *universidad* deriva de *universus*, formada a partir de dos palabras: *uni* (uno) y *versus* (convertido), esto es, «convertido en uno». La idea subyacente fue la unidad y la diversidad, la unidad de diversos campos de estudio.

Pero actualmente las universidades solo tienen diversidad, sin verdadera unidad. La universidad ya no se contempla como una *comunidad* de académicos diversos. Sino que los estudiantes y profesores trabajan y estudian aislados, aprendiendo «cada vez más sobre cada vez menos asuntos». Cada ámbito de conocimiento se ha separado del resto. En cambio, la especialización en un mundo pluralista se ha convertido en la norma. El único principio unificador en la actualidad es la ideología evolutiva.

Este cambio ha producido una gran fragmentación en la vida. En lugar de vernos a nosotros mismos en relación con nuestro Creador, nuestros semejantes y el resto de la creación, nos vemos como seres aislados y autónomos en un universo silencioso. Esta es la soledad de los hombres y mujeres modernos.

Compárese esta trayectoria infeliz con el concepto puritano de *tecnología*. Esta filosofía de la educación no solo incluye la búsqueda de la *veritas*, sino que también postula una comprensión integral y exhaustiva del conocimiento, basada en la realidad de la trascendencia de Dios (su existencia fuera del universo). En su *Vision of Veritas*, David Scott escribe: «La tecnología fue la capacidad de armonizar todas las disciplinas académicas resultantes en un círculo de conocimiento llamado "enciclopedia"».[23]

La expresión «círculo de conocimiento» se usó por primera vez en la década de 1530 para significar «curso de instrucción». Su definición literal es «formación en círculo», es decir, el «círculo» de las artes y las ciencias. Procede de dos palabras griegas: *enkyklios*, «circular» y *paideia*, «educación, crianza de los hijos». Esta idea de la «enciclopedia» se ha considerado, no por casualidad, como la base indispensable de una «educación liberal».

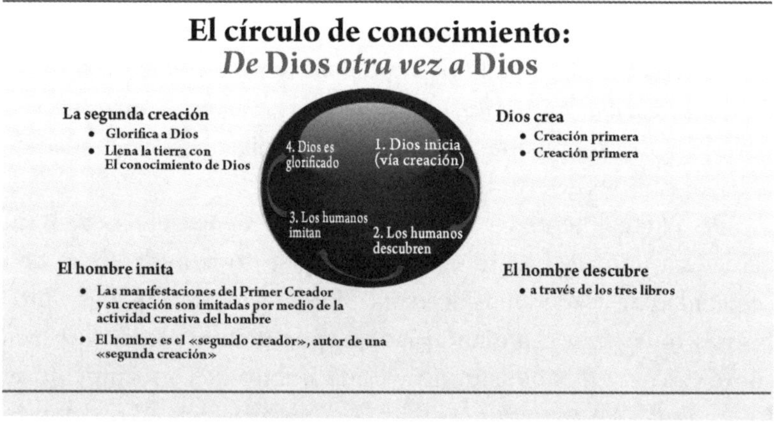

William Ames, reformador puritano de la enseñanza, también describió este enfoque de la educación como un círculo de conocimiento, afirmando: «El estudio de todas las artes que explican que las cosas emanan del *Ens Primum* [Primer Ser] y regresan a él se llama Enciclopedia, cuyo primer eslabón de la cadena circular es la lógica y el último la teología».[24]

Tal pensamiento es en gran parte un arte perdido entre los cristianos de hoy. Como dijo Francis Schaeffer en *A Christian Manifestó*: «El problema básico de los cristianos. . . es ver las cosas fragmentadas, no en su totalidad».[25]

---

23. Scott, *op cit.*

24. Citado en Keith L. Sprunger. 1972. The Learned Doctor William Ames. Eugene, OR: Wipf and Stock. 118.

25. Citado en Overman, Christian. 2015. "The Basic Problem of the Christians. . . .," *Worldview Matters*. https://biblicalworldviewmatters.blogspot.com/2015/01/the-basic-problem-of-christians.html.

Por el contrario, el diagrama anterior[26] ilustra cómo podemos ver la educación como un círculo unificado de conocimiento:

El marco comienza con Dios, *Creador principal*. El hombre, *imago Dei*, tiene la capacidad de *descubrir* al Creador y el orden creado. Lo hace a través de los tres libros: Escritura, razón y naturaleza (llamada más propiamente «creación»). De estas tres fuentes, los seres humanos aprenden acerca de Dios, que es el Creador principal, y de la creación primera, que comúnmente se llama naturaleza.

Luego, mediante su propia imaginación y actividad creativa, el hombre *imita* lo que ha descubierto. Al hacerlo, es cocreador con Dios, construye a partir de los fundamentos y principios que Él ha establecido. La creación segunda del hombre no es ya naturaleza, sino cultura. Scott resume: «Apoyada en la erudición, la humanidad descubre el diseño de Dios y convierte tal conocimiento e imita su diseño en las disciplinas de las artes y las ciencias».[27]

El hombre, en su vocación como creador segundo, revela al Creador primero y su creación. A medida que el hombre crea cultura, Dios es *glorificado* y la tierra *se llena* del *conocimiento de Dios*.

Pero el círculo no termina ahí. De hecho, prosigue por toda la eternidad. Cuando Jesús enseña a sus discípulos a orar al Padre «venga tu reino, hágase tu voluntad en la tierra como en el cielo» (Mateo 6:10), nos invita a instaurar el reino de Dios *en la tierra*. C.S. Lewis calificó este proceso de transposición.[28]

Esta es la Gran Comisión de la iglesia: hacer discípulos de todas las naciones, bautizarlos y enseñarles a hacer todo lo que Cristo nos ha mandado (Mateo 28:18-20) en el tiempo que media entre la resurrección de Cristo y su regreso al final de la historia. Jesús quiere que el reino perfecto de los cielos se expanda *tanto en la tierra como en el cielo*,[29] y por tanto, manda a sus seguidores que *hagan*

---

26. Ensayo adaptado por David Hill Scott's "A Vision for Veritas: What Christians Scholarships Can Learn from the Puritan's 'Technology' of Integrating Truth," http//www.leaders.com/aip/docs/scott.html.

27. Scott, *op cit.*

28. Véase Miller, Darrow. 2013. "Create Something on Earth to Hang on Heaven's Wall," *Darrow Miller and Friends.* http://darrowmillerandfriends.com/2013/04/04/create-something-on-earth-for-heaven/.

29. Véase el Padrenuestro, Mateo 6:9–13 y Lucas 11:1–4.

discípulos de todas las naciones. Mediante la obediencia de las ordenanzas de Dios, las primicias[30] del cielo se manifiestan en nuestras naciones deterioradas. Algo del cielo se traslada a la tierra. Esta es la tarea que se ha encomendado al pueblo de Dios.

Esta tarea está íntimamente relacionada con el anterior mandato de la creación de ser fructíferos y ejercer dominio sobre la tierra (Génesis 1:26-28). Nada de lo que ha glorificado a Dios en este mundo concluirá aquí. En perfecta gloria *se trasladará al cielo* para adornar la Ciudad de Dios.

> La ciudad no tiene necesidad de sol ni de luna que brillen en ella; porque la gloria de Dios la ilumina, y el Cordero es su lumbrera. Y las naciones que hubieren sido salvas andarán a la luz de ella; y los reyes de la tierra traerán su gloria y honor a ella. Sus puertas nunca serán cerradas de día, pues allí no habrá noche. Y llevarán la gloria y la honra de las naciones a ella. No entrará en ella ninguna cosa inmunda, o que hace abominación y mentira, sino solamente los que están inscritos en el libro de la vida del Cordero. (Apocalipsis 21:23–27)

Dios tiene una misión y nos ha llamado a unirnos a Él. Dos mandatos definen nuestra misión: la Primera comisión, el mandato cultural dado en la creación, y la Segunda comisión, también conocida como la Gran Comisión de discipular naciones, dada en la coronación de Cristo resucitado. Estas dos comisiones proporcionan un campo de conocimiento unificado, un principio integrador para toda la educación.

Este círculo de creación, descubrimiento, imitación y gloria es el círculo del conocimiento. Los puritanos no solo estaban interesados en conocer la verdad; como los judíos, querían *obrar* la verdad. Comprendieron el vínculo indivisible que hay entre el saber y el hacer. Y llamaron *eupraxia* a la correlación entre saber y hacer, término que consideraremos con más detalle en la siguiente sección.

Hallamos evidencia del círculo en la Biblia. En el Apocalipsis de Juan, Cristo dice: «Yo soy el Alfa y la Omega, el principio y el fin» (21:6). De manera similar, el apóstol Pablo declara la supremacía de Cristo:

---

30. Véase "Firstfruits," BibleStudyTools.com, https://www.biblestudytools.com/dictionary/firstfruits/.

Porque en él fueron creadas todas las cosas, las que hay en los cielos y las que hay en la tierra, visibles e invisibles; sean tronos, sean dominios, sean principados, sean potestades; todo fue creado por medio de él y para él. Y él es antes de todas las cosas, y todas las cosas en él subsisten; y él es la cabeza del cuerpo que es la iglesia, él que es el principio, el primogénito de entre los muertos, para que en todo tenga la preeminencia (Colosenses 1:16–18).

Las Escrituras revelan que Cristo es tanto el centro como el final de la enciclopedia. Él es el Creador ontológico de todas las cosas, y todas ellas tienen propósito en su consumación escatológica cuando Él regrese. En ese día, los frutos piadosos de la creación segunda del hombre glorificarán plenamente a Dios.

Profundicemos un poco más para ver cómo funciona el círculo del conocimiento en ámbitos específicos de la educación.[31] Ames sostuvo que hay seis «artes»:

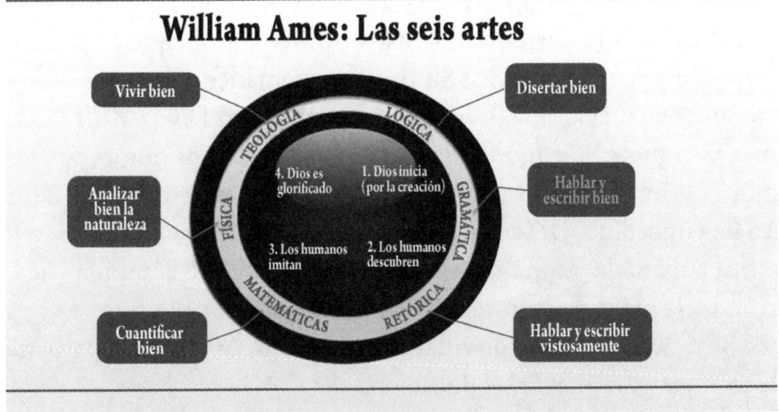

- Lógica: El arte de disertar bien
- Gramática: El arte de hablar y escribir bien
- Retórica: El arte de hablar y escribir vistosamente
- Matemáticas: El arte de cuantificar bien
- Física: El arte de analizar bien la naturaleza
- Teología: El arte de vivir bien

31. Ensayo adaptado por David Hill Scott's "A Vision for Veritas: What Christians Scholarships Can Learn from the Puritan's 'Technology' of Integrating Truth," http//www.leaders.com/aip/docs/scott.html.

Según la concepción puritana, las seis artes y el círculo del conocimiento son la base de toda educación. Preparan a las personas para la vida y el trabajo. En este marco, *la vocación no se separa de la reflexión teológica, sino que se basa en ella.*

Scott escribe:

> La erudición en sí es solo una de las muchas vocaciones. Cada vocación es una facultad o uso aplicado de una o más disciplinas. Debido a que la humanidad fue creada a imagen del Artista Divino, las vocaciones permiten al ser humano participar en el plan maestro divino en curso de la creación. La vocación funciona espiritualmente como una especie de arte escénico: una participación en la misión permanente de Dios para la creación. El ser humano como artesano puede seguir los pasos del Artista Divino.[32]

La *tecnología* es, pues, un plan de estudios integral (véase comentario en el capítulo 5, página 150, de la ortografía de la palabra [generalmente «holístico»] usada en este libro) que relaciona el trabajo con la cosmovisión y los primeros principios como se articulan en las Escrituras. Su marco sistemático, bien definido y completo ayuda a cada individuo a «glorificar a Dios y disfrutarle para siempre».[33] Proporciona el marco para que los hombres y las mujeres comprendan y persigan las singulares vocaciones que Dios les ha concedido. Desde esta perspectiva, la *tecnología* pasa a ser el «mapa mental» moral y metafísico que conduce a la propia vocación y a la práctica de lo verdadero, lo bueno y lo bello.

¿Cómo es este tipo de vida? Pasemos ahora a la tercera parte de la teología puritana de la educación.

Eupraxia

El objeto de la verdadera educación, según la *tecnología*, es la *eupraxia*, o hábito de vivir correctamente. Es la relación entre saber y hacer.

Noah Webster (1758–1843) fue descendiente del gobernador William Bradford de la colonia de Plymouth. Webster observó el auge del

---

32. Scott, *op cit.*

33. Véase el catecismo abreviado de Westminster, http://www.westminsterconfession.org/confessional-standards/the-westminster-shorter-catechism.php.

ateísmo en Europa. Mientras que la Revolución Francesa trató de establecer una sociedad *sin* religión, la Revolución Estadounidense proporcionó libertad *de* religión.[34] Esta verdad supondría profundas implicaciones para la educación.

Webster abrazó la fe en Cristo a una edad tardía, y desde 1808 hasta 1828 trabajó por definir las palabras que edificarían la nación. La cartilla de tapa azul (*Blue-Backed Speller*) de Webster enseñó a leer a cinco generaciones de niños. Captando el lenguaje de la libertad y la nueva Constitución, el *diccionario* Webster de 1828 se compiló partiendo de la base de una cosmovisión bíblica. Más aún, conservó el significado bíblico de las palabras tal como se usaron en la primera república constitucional del mundo.

Como hemos visto, Cristo y la Biblia ocuparon el centro de la concepción puritana de la educación. Webster estableció la misma conexión, afirmando: «La enseñanza sin la Biblia no es educación».[35] Max Weber, el eminente sociólogo del siglo XX cuyo estudio del liberador impacto económico de la Reforma nos proporcionó la frase «la ética del trabajo protestante», también señaló el poder transformador de las palabras. El historiador Niall Ferguson declara:

> El protestantismo logró que no solo funcionara Occidente, sino también que ahorrara y leyera. La revolución industrial. . . requirió también un aumento de la intensidad y duración del trabajo, junto con la acumulación de capital mediante el ahorro y la inversión. Sobre todo, dependía de la acumulación de capital humano. La alfabetización que promovió el protestantismo fue vital para todo ello. Reflexionando, haríamos mejor en hablar sobre la ética protestante.[36]

Los reformadores europeos querían reformar la vida entera, como refleja su lema latino *Reformatio Vitae*. Para llevar a cabo esta gran visión, necesitaban un marco integral, lo que se conoció como

---

34. En este periodo de nuestra historia, los EE.UU. estamos siguiendo a nuestros primos europeos y su búsqueda de libertad *emancipada* de la religión. En todos los aspectos de nuestra cultura posmoderna, se ejerce presión para negar la libertad religiosa y las libertades correspondientes de expresión, pensamiento y reunión.

35. Webster, Daniel. *Webster's Dictionary* 1828 Online Edition. http://www.webstersdictionary1828.com/Quotes.

36. Ferguson, Niall. 2011. *Civilization: The West and the Rest.* New York: Penguin Books. 264.

tecnología. Juan Calvino, teólogo, pastor y reformador francés en Ginebra, creía que a la iglesia se le ha confiado el importante papel de enseñar a toda la sociedad. De hecho, la luz de Ginebra se extendió por toda Europa, desde Cranmer y Knox, en las Islas Británicas hasta Vermigli en Italia. Incluso el estado comunista de Bielorrusia reconoció al reformador Francis Skaryna (1486-1551) como padre del país.[37] La iglesia debía ayudar a moldear la conciencia de la nación.

De hecho, los reformadores entendieron que la iglesia es el principal agente de transformación social. Su propósito era discipular a individuos y culturas enseñando a ciudades y naciones a obedecer todo lo que Cristo manda (Mateo 28:18-20).

Youmans escribe:

> Los pastores fueron los principales influyentes de esa época. Los educadores de las comunidades. Educaban a los niños durante la semana y sus sermones, que a menudo se prolongaban varias horas los domingos, enseñaban a los adultos. En la era colonial, el sermón pastoral era recibido por la congregación y los padres analizaban el sermón por la noche en torno al fuego con toda su familia. Volvían a enseñar los principios impartidos y ayudaban a sus hijos a aprender a razonar con la verdad y a aplicarla a su vida. Los sermones de esa época. . . Dios los usó con poder para educar a varias generaciones, de las que ahora se comenta que fueron las más alfabetizadas de todas las generaciones de la historia. La Biblia para los calvinistas fue su manual básico de educación y su libro de texto político.[38]

El discipulado durante la Reforma no se limitó, como ocurre a menudo hoy, a los ejercicios espirituales: enseñar a los creyentes a orar, leer la Palabra, adorar, confraternizar y evangelizar. Éstos, por supuesto, son de vital importancia, pero no son suficientes para reformar verdaderamente una sociedad.

Los reformadores de Ginebra comprendieron la función educativa de la iglesia en la sociedad: llenar la ciudad y la tierra con

---

37. Miller, Darrow. 2013. "The Atheists Who Honored the Bible," *Darrow Miller and Friends*. http://darrowmillerandfriends.com/2013/01/31/atheists-honored-bible/. Véase también http://darrowmillerandfriends.com/author/christian-overman/.

38. Véase su artículo *El notable papel de la Biblia en la educación de los primeros Estados Unidos* en este libro.

el conocimiento de Dios. Calvino y sus asociados estudiaron las Escrituras para comprobar su aplicación a la sociedad. A los nuevos conversos se les enseñó las implicaciones de su fe en todas las esferas de la vida. La iglesia fue llamada a contribuir a construir la ciudad o la nación desde los cimientos de la cosmovisión bíblica, y ayudar a articular una visión moral y metafísica de la nación. Pastores y líderes civiles acudieron de toda Europa para inspeccionar el «laboratorio» de Ginebra, ciudad que procuró aplicar patrones bíblicos a toda la vida.[39]

Los reformadores de Ginebra se tomaron en serio las palabras de Cristo. Ginebra fue conocida como la Roma protestante y «la ciudad asentada sobre una colina», reflejando las palabras de Cristo en el Sermón de la Montaña:

> Vosotros sois la luz del mundo; una ciudad asentada sobre un monte no se puede esconder. Ni se enciende una luz y se pone debajo de un almud, sino sobre el candelero, y alumbra a todos los que están en casa. Así alumbre vuestra luz delante de los hombres, para que vean vuestras buenas obras, y glorifiquen a vuestro Padre que está en los cielos. (Mateo 5:14–16).

Ginebra se convirtió en una luz para Europa y para lo que serían los Estados Unidos. La luz se extendió desde la Ginebra de Juan Calvino (1509-1564) hasta la Escocia de John Knox (1514-1572), la Inglaterra puritana (en la década de 1660) y finalmente la «Nueva Inglaterra» puritana (1620-1680). El Primer Gran Avivamiento (1734-1750) de Jonathan Edwards condujo a la fundación de la nueva nación: los Estados Unidos de América.

La idea de la ciudad asentada en la colina, Ginebra, llegó a Estados Unidos con un adinerado abogado puritano inglés, John Winthrop (1587/8-1649). Winthrop fue director ejecutivo de una corporación de capital de riesgo, la Massachusetts Bay Colony, y gobernador de Boston durante doce mandatos. Mientras navegaba en el barco *Arabella*, rumbo al nuevo mundo, Winthrop predicó el sermón «Un modelo de caridad». En él declaró:

---

39. Véase el trabajo de Tom Bloomer sobre Calvino en Ginebra en la sessión de recursos.

Debemos considerar que seremos como una ciudad sobre una colina. Los ojos de todas las gentes están sobre nosotros. De modo que si tratamos falsamente con nuestro Dios en la obra que hemos emprendido, y le obligamos a retirar su actual ayuda de nosotros, seremos historia de fracaso y un refrán en el mundo. Abriremos la boca de los enemigos para que hablen mal de los caminos de Dios.[40]

David Scott afirma que el sermón de Winthrop representó «un modelo cristiano de comercio erigido sobre el precepto radical del amor divino. El texto completo del sermón trata sobre la ética empresarial y la importancia del evangelio para cambiar la forma de ver la vida en la oficina».[41]

Scott continúa diciendo:

La piedad cristiana del puritanismo impregnó la sociedad en gran medida porque los integracionistas ampliaron el desarrollo de su mente cristiana incluyendo la aplicación práctica en la ocupación laboral. Una gran tragedia del vacío metafísico actual en la cosmovisión cristiana es la pérdida de la concepción cristiana del trabajo y la vocación.[42]

Debido a este vacío, en vez de discipular la iglesia a las naciones, las naciones enseñan a la iglesia. Por haber perdido la iglesia la visión puritana de la educación, carece de fundamento teológico para discipular a la nación. El proceso es más o menos este: la iglesia intenta comunicar de manera relevante a la cultura y, por tanto, a menudo adopta el lenguaje de la misma. Luego se acomoda a la cultura y, finalmente, es cautiva de la cultura.

Para que la iglesia instruya a la nación, debe estar arraigada y cimentada en la verdad y el círculo del conocimiento. El lenguaje de las Escrituras debe ser el lenguaje del discurso; El lenguaje teológico debe moldear la mente y el habla. En vez de adaptarse la iglesia a la cultura, tiene que llamar a la nación a la cultura del reino y la

---

40. Sós, R. "'The City Upon A Hill' By John Winthrop: What Is It About?" *The Historic Present*. https://thehistoricpresent.com/2010/06/28/the-city-upon-a-hill-and-puritan-hubris/.
41. Miller, Darrow "The Education That Leads to Freedom," Disciple Nations Alliance, https://www.disciplenations.org/media/The-Education-That-Leads-to-Freedom_Miller3.pdf.
42. Ibid.

búsqueda de la verdad, la belleza y la bondad. La iglesia debe ser la fuerza que emancipe la ciudad y la nación para vivir en libertad en el mercado y la plaza pública.

Christian Overman asegura que esta búsqueda implica una palabra poco frecuente: *gobernanza*, la idea de que las personas sirven al Rey celestial como mayordomos que ejercen autoridad en representación suya.

> El trabajo, en esencia, es un acto de gobernanza. Gobernanza sobre la madera, el metal, las vacas, el algodón y las zanahorias. Gobernanza sobre ondas sonoras, corriente eléctrica y viento. Gobernanza sobre teclados de computadora, fibra óptica e imágenes digitales. Gobernanza sobre las personas. Gobernanza sobre las cosas. Gobernanza sobre las ideas.[43]

Dios es el Dios de lo ordinario y también de lo extraordinario. Su mano es tan evidente en un campo de flores como en mil millones de galaxias. Para los puritanos, cada acto en la vida y el trabajo era sagrado. Reflejaba el concepto hebreo de ‫ד ַב‬ (*avodah*). Esta palabra, que aparece 289 veces en el Antiguo Testamento, se traduce de varias maneras, como «trabajo», «adoración» y «servicio». No se daba la dicotomía moderna en la mente hebrea entre perseguir la propia vocación durante la semana laboral y adorar a Dios en un día señalado. El trabajo era adoración. Uno esperaba encontrar a Dios en su lugar de trabajo y adorarle allí. Esta es la noción de vocación, la idea que los puritanos vivían en su vida diaria.

Leland Ryken, del Wheaton College, escribe en su libro *Worldly Saints (Santos mundanos)*:

> Los puritanos fueron, por excelencia, personas que veían a Dios en los acontecimientos cotidianos. Escribieron diarios en los que trazaron la gracia de Dios en su vida cotidiana. Esperaban confiadamente encontrar a Dios en «la lechería, el establo, el granero y lugares por el estilo, donde Dios visita el alma».[44]

La educación como instrumento para adquirir meros conocimientos o capacidades técnicas con el fin de conseguir un trabajo,

---

43. Overman, Christian. 2010. "The Missing Curriculum of God Centered Work," Crosswalk.com.
44. Ryken, Leland. 1990. *Worldly Saints: The Puritans as They Really Were*. Grand Rapids: Zondervan.

como muchos la consideran hoy, no es una visión adecuada para vivir una vida plena y equilibrada. John Dewey (1859-1952), considerado por muchos el fundador del sistema educativo moderno de los Estados Unidos, contempló la educación como la forma en que los estudiantes debían adquirir capacidades técnicas para poder integrarse en una sociedad de consumo. Dewey, secularista, trató de eliminar de la escuela pública toda referencia a Dios. El énfasis moderno en el STEM (ciencia, tecnología, ingeniería y matemáticas, por sus siglas en inglés) puede preparar a las personas para carreras mejor remuneradas, pero no las prepara para la vida.

Así se redujo la robusta y práctica concepción puritana de la *tecnología* a saber cosas y adquirir habilidades para participar en la economía de consumo global. Mientras el mundo judeocristiano premoderno consideraba que todo está relacionado con todo lo demás, para el mundo posmoderno todo significa exactamente nada. Ya es hora de retornar a la visión judeocristiana, no de la escuela o la enseñanza, sino de la *educación*.

Las naciones se mueven ora hacia el florecimiento y la libertad humana ora hacia el crecimiento de la corrupción y la anarquía que conduce al aumento de la tiranía para restaurar una apariencia de paz y orden social. Como observamos en las sociedades totalitarias como China, Corea del Norte y Rusia, los inconformistas son llevados a campos de concentración y adoctrinamiento hasta que se acomodan lo suficiente al pensamiento y comportamiento grupal. Observamos esto hoy en los países de Occidente, donde las personas se ven obligadas a hacer cursos para reorientar su pensamiento con respecto al lenguaje adecuado para las sensibilidades neopaganas y posmodernas, incluso para saber cómo deben hablar en términos de identidad de género y LGBT.

Esta será cada vez más la norma. Este es el movimiento mediante el cual los ciudadanos libres comienzan a revivir la teología puritana de la educación, en contraste con los supuestos ateos promovidos por el Estado. Después de efectuar esta reforma en el nivel cultural, podremos prestar atención a la reconstrucción a nivel institucional, estableciendo la política educativa y la pedagogía curricular en una variedad de formas educativas: educación en el hogar, escuelas autónomas, modelos educativos parroquiales y privados fundados en los principios de la *tecnología*.

¡Emprendamos la reforma hoy!

En el próximo artículo, la Dra. Elizabeth Youmans nos ayudará a pensar profundamente en la naturaleza del niño. Los niños nacen *Imago Dei* y están llenos del potencial con que Dios les ha dotado. Este entendimiento profundo es esencial para crear instituciones educativas que realmente eduquen a los niños.

GUÍA DE ESTUDIO

SESIÓN 1a: Escolarización versus Educación

SABER:

- **Conocimiento**— ¿Qué declara esta sección?
    - ¿Qué revela la Biblia (Génesis 1:26-18) sobre la naturaleza de los seres humanos?
    - ¿Qué es el mandato cultural? ¿Cuáles son los dos principios subordinados?
    - Mencione los cuatro principios que se desprenden de la enseñanza de Cristo sobre la búsqueda de la verdad en Juan 8:31–32.
    - En Hechos 17:11, Lucas declara: «Y éstos eran más nobles que los que estaban en Tesalónica, pues recibieron la palabra con toda solicitud, escudriñando cada día las Escrituras para ver si estas cosas eran así». ¿Qué distingue a cada grupo?

- **Entendimiento**— ¿Qué significa?
    - La Biblia y la creación son claras: hay un Dios detrás del universo. Ha creado a los seres humanos con un propósito. Si no hubiera Dios en el universo, ¿qué implicaría ello para la identidad y el propósito humanos?
    - ¿Qué implica esta verdad para el mundo de hoy? ¿Desde qué perspectiva actua usted?
    - Exprese en sus propias palabras qué implican cada uno de los cuatro principios en la búsqueda de la verdad.
    - ¿Qué relación hay entre la búsqueda de la verdad y la búsqueda de la libertad?

- ¿Qué implica esto para la educación?
- En 2016, los diccionarios de Oxford (DO) declararon que vivimos en la cultura de la posverdad. La cultura posmoderna ya no cree en la verdad. ¿Qué implica esta nueva era para la educación? ¿Y para las sociedades libres?

HACER:

- **Sabiduría** — ¿Cómo se aplica?
  - Piense en la diferencia entre el carácter de los tesalonicenses y el de los de Berea, ¿qué caracteriza su vida (no lo que quiere que sea, sino lo que es)? ¿Quiere su pastor que la congregación esté llena de personas que hacen preguntas y buscan la verdad? ¿Qué quieren los gobiernos tiránicos al respecto?
  - Tome como base su reflexión, identifique una forma en la que va a promover la búsqueda de la verdad en una de las siguientes áreas: su vida, su iglesia, la sociedad o la educación.

SESIÓN 1b: Escondida y descubierta

SABER:

- **Conocimiento**— ¿Qué declara esta sección?
  - ¿Cuál es la fuente de la ciencia?
  - ¿Qué comunica o expresa la creación?
  - ¿Qué tres libros identificaron los reformadores de la educación como fuente de la revelación de Dios?

- **Entendimiento**— ¿Qué significa?
  - ¿Qué significa que la verdad se descubre y no se crea?
  - ¿Cuál es la «profunda contradicción epistemológica» de Jacques Monod?
  - ¿Por qué caen en esta contradicción los científicos ateos? ¿Por qué no caen en ella los teístas?
  - ¿Por qué muchos de los primeros científicos no vieron una dicotomía entre ciencia y fe?
  - ¿Por qué se da tal divorcio en la sociedad actual? ¿Y en la Iglesia actual?
  - ¿Qué implican los tres libros para la educación actual?

HACER:

- **Sabiduría**—¿Cómo se aplica?
  - ¿Qué significa para usted personalmente que la verdad se descubre y no se crea? ¿Qué significa esto en términos de su vida de pensamiento y las palabras que usa?
  - Reflexione sobre su propia vida. ¿Cuál ha sido, hasta este punto, su fuente de verdad?
  - A la luz de lo que ha aprendido, mencione las dos o tres cosas principales que necesita cambiar en su vida.

SESIÓN 1c: Veritas

SABER:

- **Conocimiento**— ¿Qué declara esta sección?
  - Los reformadores y sus hijos históricos, los puritanos, tenían una visión integral de la educación, conocida como *tecnología*. ¿Cuáles fueron los tres elementos de esta teología de la educación?
  - Enumere cinco cosas que ha aprendido del escudo de Harvard.

- **Entendimiento**— ¿Qué significa?
  - ¿Qué relación hay entre los tres libros y la búsqueda de la verdad?
  - ¿Qué significa la idea de Comenio de erigir templos de sabiduría?
  - Jesús dijo que la verdad nos haría libres. Si desea vivir en una sociedad libre, ¿qué importancia tiene una teología bíblica de la educación?
  - Las primeras universidades de América del Norte se fundaron sobre la teología de la educación conocida como *tecnología*. Describa el propósito original de dichas instituciones educativas.
  - La Dra. Georgia Purdom describe la erosión del escudo de Harvard a medida que las sociedades occidentales han ido virando de una base teísta a una base atea. Describa esta erosión con sus propias palabras.
  - ¿Por qué una nación fundada en principios ateos no seguirá siendo libre?

HACER:

- **Sabiduría**—¿Cómo se aplica?

- ¿Cómo puede empezar a crear «templos de sabiduría» a través de su propia vida? ¿Qué puede/va a hacer para contribuir a edificar la cultura en su comunidad a través de su vocación?
- Si quiere que sus hijos y nietos vivan en una sociedad libre, ¿qué va a hacer para trabajar por un sistema educativo concebido sobre los principios de la *tecnología*?

SESIÓN 1d: A la deriva hacia el peligro

SABER:

- **Conocimiento**—¿Qué declara esta sección?
  - ¿Qué ha reemplazado a la cosmovisión bíblica?
  - ¿Con qué ha reemplazado la Iglesia la cosmovisión bíblica?

- **Entendimiento**—¿Qué significa esto?
  - Indique las consecuencias lógicas de este cambio para la sociedad en general y para la educación en particular.
  - Resuma la relación entre la razón y la revelación en cada uno de los cuatro cuadrantes del diagrama.
  - ¿Qué implica cada cuadrante?
  - Explique el gnosticismo evangélico.
  - ¿Cómo ha predispuesto esto a los jóvenes cristianos para entrar en la esfera irracional del posmodernismo?

HACER:

- **Sabiduría**—¿Cómo se aplica?
  - Reflexione sobre su propia experiencia. ¿Dónde ve dicotomía sagrado/secular en su iglesia? ¿En su vida?
  - ¿Qué pasos puede dar para observar la ortodoxia bíblica?
  - ¿Qué pasos puede dar para fomentar la restauración de la teología bíblica de la educación?

SESIÓN 1e: Enciclopedia

SABER:

- **Conocimiento**—¿Qué declara esta sección?

- ¿Cuál es el concepto original de «universidad»?
- ¿Qué significa la palabra *enciclopedia*?
- ¿Cuáles son los cuatro elementos principales del Círculo de conocimiento?

- **Entendimiento**—¿Qué significa esto?
  - ¿Qué implican las palabras que forman la palabra universidad? ¿Qué implican para la educación que conduce a la libertad?
  - Hoy tenemos «diversidades», no «universidades». Enuncie lo que esto significa en términos de la educación y fragmentación de las sociedades.
  - Describa la interacción entre los elementos principales del Círculo de conocimiento y la culminación de su vida dando gloria a Dios.
  - Según la concepción puritana de la educación:
    - ¿Cuáles son los principales elementos?
    - ¿Qué producen en las personas? ¿Y en la sociedad?

HACER:

- **Sabiduría**—¿Cómo se aplica?
  - ¿Cómo podría entablar un debate entre sus amigos o en su iglesia sobre la reforma de la filosofía y el sistema educativo en su comunidad?

SESIÓN 1f: Eupraxia

SABER:

- **Conocimiento**—¿Qué declara esta sección?
  - ¿Qué significa la palabra *eupraxia*?
  - ¿Qué significa la palabra hebrea *avodah*?
  - ¿Qué diferencias profundas hay entre la revolución francesa y la estadounidense?
  - ¿Qué pretendían reformar los reformadores?

- **Entendimiento**— ¿Qué significa esto?
  - Describa la *ética protestante del trabajo*. ¿Por qué crea esta ética naciones libres?
  - ¿Qué papel desempeñó la Iglesia en la sociedad durante la Reforma Protestante? ¿En la educación? ¿Percibe la Iglesia actual

que sea este su papel? Si no es así, ¿en qué se diferencia la situación actual?

- ¿Qué relación hay entre la idea de gobernanza y la de discipulado de las naciones?
- Describa la relación entre *eupraxia* y *avodah*.
- ¿Qué papel desempeña la educación en la configuración de una nación?

HACER:

- **Sabiduría**—¿Cómo se aplica?
  - Mencione los cinco conceptos más importantes que ha leído sobre educación en esta sección.
  - ¿Por qué son importantes para usted?
  - ¿Qué va a hacer para aplicar una de estas ideas a su propia vida y su comunidad?

2

LA CONCEPCIÓN CRISTIANA
DE LOS NIÑOS

Elizabeth L. Youmans

Y le presentaban niños para que los tocase; y los discípulos reprendían a los que los presentaban. Viéndolo Jesús, se indignó, y les dijo: Dejad a los niños venir a mí, y no se lo impidáis; porque de los tales es el reino de Dios. De cierto os digo, que el que no reciba el reino de Dios como un niño, no entrará en él. Y tomándolos en los brazos, poniendo las manos sobre ellos, los bendecía (Marcos 10:13–16).

La difícil situación de los niños hoy

Una cultura puede ser juzgada por la forma en que trata a sus niños. Una cultura es realmente el reflejo de los valores y costumbres de la «religión» que predomina en una sociedad. Hoy día, la mayor parte de las culturas tienen una concepción pagana o secular de los niños. Increíblemente, éstos son despreciados cada vez más en todo el mundo, y nunca en la historia de la humanidad se han abortado, abandonado (tanto física como psicológicamente), abusado, violado, explotado o estado expuestos a la hambruna, la violencia, la enfermedad, el VIH-SIDA o conflictos armados como en este siglo. Esta nueva generación es una «generación sin padres»: no deseada, no amada, abandonada, sin apoyo físico, espiritual y emocional. Incluso cuando los padres están presentes, pasan, por término medio, menos de cinco minutos al día con sus hijos.

Según datos demográficos recientes, el 58% de la población mundial tiene menos de 25 años, y en dos tercios del mundo la mitad de la población tiene menos de 15 años.[1] Uno de cada dos

---

1. Véase *unicef.org*.

niños en todo el mundo (mil millones) vive en la pobreza. Según se informa, hay unos 640 millones de niños sin vivienda adecuada, 400 millones sin acceso al agua potable[2] y 149 millones que sufren desnutrición. Millones de niños no pueden asistir a la escuela debido a la pobreza, la discriminación o la falta de recursos. Hay más de 100 millones de niños que viven, trabajan y duermen en las calles de las grandes urbés.[3] Diariamente, muchos desaparecen; son reclutados como soldados; explotados por el tráfico sexual; e, increíblemente, fusilados por policías contratados para protegerlos. Sus comunidades son extremadamente pobres y los recursos educativos y las oportunidades económicas simplemente no existen para ellos.

¡La mayoría de los niños están fuera de la vista y fuera de la mente! Lamentablemente, en muchas culturas la Iglesia cristiana clasifica a los niños como ciudadanos de tercera categoría, mientras que a las madres no se les enseña cómo educar a sus hijos en principios e ideales cristianos. Necesitamos el espíritu de Elías en este siglo. Necesitamos que los corazones de los padres se vuelvan a sus hijos y los de los hijos a sus padres:

> He aquí, yo os envío el profeta Elías, antes que venga el día de Jehová, grande y terrible. El hará volver el corazón de los padres [distanciados] hacia los hijos [impíos], y el corazón de los hijos [rebeldes] hacia [la piedad de] los padres [reconciliación producida por el arrepentimiento de los impíos], no sea que yo venga y hiera la tierra con maldición (Malaquías 4:5–6, versión amplificada).

Muchas organizaciones filantrópicas, incluidas las ONG internacionales, y la Iglesia cristiana llegan a millones de niños cada año y les brindan refugio, comida, ropa y, a menudo, el evangelio. Sin embargo, pocas les hacen discípulos. Menos aún tienen la visión o la capacidad de *inspirar* en ellos grandeza o *enseñarles* a razonar con la verdad transformadora de la Palabra de Dios para renovar su mente y cultivar la imaginación cristiana para expresarse creativamente y abordar la resolución piadosa de problemas.

---

2. Véase *globalissues.org*.
3. Véase *streetkids.net*.

Por tanto, el ciclo de la ignorancia y la pobreza de los principios bíblicos siguen dejando a sus países sin ser transformados por el poder de Dios y esclavizados por el sistema del mundo.

Dos concepciones de los niños en la iglesia

En la iglesia de muchos países hoy, existen dos puntos de vista sobre los niños: el «superior» y el «inferior». En palabras del Dr. Berryman: «Idealizamos a los niños y, sin embargo, los demonizamos. Celebramos el "año del niño" y les excluimos del culto. Los valoramos, pero gastamos relativamente poco tiempo o dinero en sus necesidades. Promocionamos la evangelización para agregar nuevos miembros, pero no contamos con que los niños que están presentes en la iglesia son dignos de "ser evangelizados" e incluso de la hospitalidad que brindamos a los extraños».[4]

En general, he descubierto que el cuerpo de Cristo en todo el mundo tiene a los niños en baja estima. En muchas culturas, los niños son tratados como ciudadanos de tercera clase. En 2003 enseñé a un grupo de cincuenta pastores evangélicos durante una semana en un país de África. Compartieron conmigo que en su cultura los padres nunca comen con sus hijos ni pasan tiempo a solas con ellos.

Muy pocos pastores y líderes cristianos alrededor del mundo tienen la educación de los niños en su pantalla de radar. La mayoría de los pastores están ocupados en expandir y establecer iglesias. En los Estados Unidos y otros países, los ministerios de niños reciben, en el mejor de los casos, escasamente entre el cinco y el siete por ciento del presupuesto de la iglesia, y los domingos por la mañana los niños son despedidos de la asamblea eclesial y relegados a las aulas para ser entretenidos por voluntarios no capacitados.

La Iglesia nunca ha desarrollado una completa «teología de la niñez». La prioridad que da Dios a la instrucción bíblica sistemática y el discipulado de los niños (Deuteronomio 4-6) es desconocida en la mayoría de las iglesias y familias cristianas de todo el mundo, mientras que, de manera alarmante, la mayoría de los niños cristianos asisten a escuelas gubernamentales o privadas que imparten

---

4. Berryman, Jerome. 2002. The Complete Guide to Godly Play, Vol. 1. Denver: Living the Good News. 112.

una cosmovisión secular. Muchas iglesias modelan sus servicios para «descender» a la cultura popular y llegar a los jóvenes donde se encuentran. Se rebaja el nivel de la vestimenta, la música y el lenguaje para que los jóvenes puedan participar y entretenerse en la iglesia. ¡Esta no es una concepción bíblica de los niños!

¿A qué se debe esto?

Desde la antigüedad, e incluso desde el nacimiento de la Iglesia cristiana, la mayoría de los adultos «han menospreciado» a los niños y su espiritualidad por ser «meros niños». Esta baja opinión se debe a muchos factores, uno de los cuales es que la Iglesia rara vez tuvo en estima a los niños.

Igual de triste, en muchas culturas la Iglesia tampoco estima a las mujeres. Las mujeres, que dan a luz y cuidan a los niños, son estimadas y tratadas como ciudadanas de segunda clase y oprimidas en muchas culturas. La divina función de la mujer en el hogar es establecer el tono de la vida familiar y la crianza de los hijos. Ella es la «primera y principal maestra» en la vida de un recién nacido. La familia es una de las esferas de gobierno establecidas por Dios y está destinada a reflejar su amor. ¡Dios instituyó la familia y quiso que la unidad familiar fuera el bloque de construcción básico de las naciones! ¡Una nación solo puede tener la «salud» que tienen sus familias! Una nación que oprime a sus mujeres y tiene a los niños en baja estima está espiritualmente enferma y es probablemente económicamente inestable.

La concepción cristiana del niño

Jesús tenía a los niños en gran consideración, hasta el punto que los estimó como los «mayores en el reino de los cielos» (Mateo 18:1–5). Los amaba e interactuaba con ellos, los sostenía en sus brazos, los bendecía y los sanaba. Nos dejó un modelo a seguir. Sin embargo, hay pocas referencias en los Evangelios que aludan a Cristo y los niños, y las Escrituras nunca definen al «niño» o la «infancia». Los que aparecen son dignos de nuestro estudio y reflexión. El concepto de «infancia» tiene que ver con la época y el lugar. La construcción es cultural y cambia constantemente. Históricamente, los teólogos han consultado las Escrituras acerca de los niños, pero rara vez los han observado o estudiado.

Definición de la palabra *niño*:

hijo, (n.) (1) La progenie de los padres. (2) Uno creado a imagen de Dios que es joven en gracia (1 Juan 2:12); desprovisto de principios (Gálatas 4:3; Efesios 4:14; Proverbios 1:4); y débil en conocimiento, juicio y experiencia (Jeremías 1:6). (Diccionario Webster de 1828)
Cada niño es una promesa
Con nombre, pasión, historia
Y lugar en SU historia

¡Todo niño es único! No hay niños «comunes» (véase Hebreos 11:23).

Ninguno tenga en poco tu juventud, sino sé ejemplo de los creyentes en palabra, conducta, amor, espíritu, fe y pureza. (1 Timoteo 4:12).

Principios bíblicos que sustentan la concepción cristiana de los niños

1. Los niños son un regalo de Dios para los padres, quienes deben nutrirlos y educarlos en la amonestación del Señor.

   He aquí, herencia de Jehová son los hijos (Salmo 127:3).
   Y vosotros, padres, no provoquéis a ira a vuestros hijos, sino criadlos en disciplina y amonestación del Señor (Efesios 6:4).

2. Cada niño ha sido creado a imagen de Dios y destinado a ser inmortal. Cada uno tiene gran potencial, creatividad, grandeza, capacidad de pensar, razonar, amar y aprender.

   Entonces dijo Dios: «Hagamos al hombre a nuestra imagen, conforme a nuestra semejanza; y señoree en los peces del mar, en las aves de los cielos, en las bestias, en toda la tierra, y en todo animal que se arrastra sobre la tierra».

Y creó Dios al hombre a su imagen, a imagen de Dios lo creó; varón y hembra los creó (Génesis 1:26–27).

Te alabaré; porque formidables, maravillosas son tus obras; estoy maravillado, y mi alma lo sabe muy bien.

No fue encubierto de ti mi cuerpo, bien que en oculto fui formado, y entretejido en lo más profundo de la tierra. (Salmo 139:14–15).

3. ¡Cada niño está ennoblecido con dignidad y valor! A los ojos de Dios, todos los niños son iguales. A cada niño se le atribuye un valor independiente, aparte de su posición en la vida o sus habilidades.

Digo: ¿Qué es el hombre, para que tengas de él memoria, y el hijo del hombre, para que lo visites?
Le has hecho poco menor que los ángeles, y lo coronaste de gloria y de honra.
Le hiciste señorear sobre las obras de tus manos; todo lo pusiste debajo de sus pies (Salmo 8:4–6).
Pues aun vuestros cabellos están todos contados. Así que, no temáis; más valéis vosotros que muchos pajarillos (Mateo 10:30–31).

4. Cada niño ha sido creado por Dios para un tiempo y lugar señalados en su historia.

El Dios que hizo el mundo y todas las cosas que en él hay, siendo Señor del cielo y de la tierra, no habita en templos hechos por manos humanas, ni es honrado por manos de hombres, como si necesitase de algo; pues él es quien da a todos vida y aliento y todas las cosas. Y de una sangre ha hecho todo el linaje de los hombres, para que habiten sobre toda la faz de la tierra; *y les ha prefijado el orden de los tiempos, y los límites de su habitación; para que busquen a Dios*, si en alguna manera, palpando, puedan hallarle, aunque ciertamente no está lejos de cada uno de nosotros. Porque en él vivimos, y nos movemos, y somos; como algunos de vuestros propios poetas también han dicho: Porque linaje suyo somos. Siendo, pues, linaje de Dios, no debemos pensar que la Divinidad sea semejante a oro, o plata, o piedra, escultura de arte y de imaginación de hombres (Hechos 17:24–29, énfasis añadido).

5. Dios tiene un plan para la vida de cada niño.

    Antes que te formase [Jeremías] en el vientre te conocí, y antes que nacieses te santifiqué, te di por profeta a las naciones (Jeremías 1:5).

    Mi embrión vieron tus ojos, y en tu libro estaban escritas todas aquellas cosas que fueron luego formadas, sin faltar una de ellas.

    ¡Cuán preciosos me son, oh Dios, tus pensamientos! ¡Cuán grande es la suma de ellos!(Salmo 139:16–17).

    Pues he aquí que concebirás y darás a luz un hijo; y navaja no pasará sobre su cabeza, porque el niño [Sansón] será nazareo a Dios desde su nacimiento, y él comenzará a salvar a Israel de mano de los filisteos (Jueces 13:5).

    …Cuando agradó a Dios, que me apartó desde el vientre de mi madre, y me llamó por su gracia, revelar a su Hijo en mí, para que yo le predicase entre los gentiles… (Gálatas 1:15–16).

6. Cada niño tiene derechos inalienables, por lo tanto, es responsable de administrar su propiedad interna, su conciencia y su llamado providencial.

    Pero el ángel le dijo: Zacarías, no temas; porque tu oración ha sido oída, y tu mujer Elisabet te dará a luz un hijo, y llamarás su nombre Juan. Y tendrás gozo y alegría, y muchos se regocijarán de su nacimiento; porque será grande delante de Dios. No beberá vino ni sidra, y será lleno del Espíritu Santo, aun desde el vientre de su madre. Y hará que muchos de los hijos de Israel se conviertan al Señor Dios de ellos. E irá delante de él con el espíritu y el poder de Elías, para hacer volver los corazones de los padres a los hijos, y de los rebeldes a la prudencia de los justos, para preparar al Señor un pueblo bien dispuesto (Lucas 1:13–17).

7. Los principales educadores en la vida de un niño son sus padres, quienes deben buscar al Señor para saber cómo guiarlo y capacitarlo.

    Porque yo sé que mandará a sus hijos y a su casa después de sí, que guarden el camino de Jehová, haciendo justicia y juicio, para que haga venir Jehová sobre Abraham lo que ha hablado acerca de él (Génesis 18:19).

Y las repetirás a tus hijos, y hablarás de ellas estando en tu casa, y andando por el camino, y al acostarte, y cuando te levantes. (Deuteronomio 6:7).

Instruye al niño en su camino, y aun cuando fuere viejo no se apartará de él (Proverbios 22:6).

No tengo yo mayor gozo que este, el oír que mis hijos andan en la verdad (3 Juan 4).

8. Jesús recibió con entusiasmo a los niños y dijo que serían «los primeros en el reino de Dios».

En aquel tiempo los discípulos vinieron a Jesús, diciendo: ¿Quién es el mayor en el reino de los cielos? Y llamando Jesús a un niño, lo puso en medio de ellos, y dijo: De cierto os digo, que si no os volvéis y os hacéis como niños, no entraréis en el reino de los cielos. Así que, *cualquiera que se humille como este niño, ése es el mayor en el reino de los cielos.*

Y cualquiera que reciba en mi nombre a un niño como este, a mí me recibe (Mateo 18:1–5, énfasis añadido).

Y le presentaban niños para que los tocase; y los discípulos reprendían a los que los presentaban. Viéndolo Jesús, se indignó, y les dijo: «Dejad a los niños venir a mí, y no se lo impidáis; porque de los tales es el reino de Dios. De cierto os digo, que el que no reciba el reino de Dios como un niño, no entrará en él». Y tomándolos en los brazos, poniendo las manos sobre ellos, los bendecía (Marcos 10:13–16).

Soy hechura de Dios
Rosalie J. Slater

Dios me hizo especial,
No me parezco a nadie,
Me hizo testigo,

De su diversidad,
Me creó para su propósito,
Me moldeó para reflejar,
La imagen de la gloria,
Del Padre omnipotente.[5]

Dos perspectivas educativas de los niños

	Concepción tradicional	Concepción transformacional
El niño es considerado:	Tabula rasa; vacío. Pocos son dotados y talentosos	Pleno; creado a imagen de Dios. Todos son talentosos y creativos
Objetivo:	Modificación de la conducta	Transformación del corazón. Alcanzar la plena estatura de Cristo
Clase: Gobernanza:	Dependiente de	Aprendices independientes Dominio de las materias Independientemente productivos
Métodos:	Apelar a lo externo. Entretener y controlar	Apelar a lo interno. Inspirar y consagrar
Curriculum:	Empobrecimiento del lenguaje Poco a poco, fragmentado. Impulsado por la memorización de hechos. Cosmovisión secular	Lenguaje escogido; metáforas bíblicas. Integral. Enseñado en principios Cosmovisión cristiana bíblica
Resultado:	Socialización del niño	Alcanzar su pleno potencial y expresar su valor en Cristo

Principios para la crianza cristiana de los niños

Una definición de los niños: *los jóvenes en gracia, sin principios y débiles en conocimiento, juicio y experiencia.* Los niños son físicamente débiles y frágiles en comparación con los adultos. Dependen del cuidado de las personas a quienes han sido confiados. Un niño no puede elegir la compañía bajo cuya influencia se encuentra. Necesita el amor incondicional de sus padres y maestros para ser alimentado, nutrido, cuidado y guiado a diario. No obstante, Cristo

---

5. Slater, Rosalie. 1960. Teaching and Learning America's Christian History: The Principle Approach. San Francisco: Foundation for American Christian Education.

puso a un niño como modelo para ser imitado por los adultos, porque el espíritu del niño generalmente no pone trabas (a menos que haya sufrido abuso y/o sido abandonado) y fácilmente recibe las verdades eternas.

1. El niño es un regalo de Dios confiado a los padres. Cada niño lleva la impronta de la singularidad de Dios y está ennoblecido con gran potencial. Es responsabilidad de los padres y maestros descubrir y afirmar su potencial.

    He aquí, herencia de Jehová son los hijos; cosa de estima el fruto del vientre.
    Como saetas en mano del valiente, así son los hijos habidos en la juventud.
    Bienaventurado el hombre que llenó su aljaba de ellos; no será avergonzado cuando hablare con los enemigos en la puerta (Salmo 127:3–5).

2. El niño necesita una «madre» que ame y alimente su alma con aceptación y la leche pura de la Palabra de Dios:

    Desead, como niños recién nacidos, la leche espiritual no adulterada, para que por ella crezcáis para salvación (1 Pedro 2:2).

    Si esto enseñas a los hermanos, serás buen ministro de Jesucristo, nutrido con las palabras de la fe y de la buena doctrina que has seguido (1 Timoteo 4:6).

    Gustad, y ved que es bueno Jehová; Dichoso el hombre que confía en él (Salmo 34:8).

3. El niño necesita un «padre» que lo guíe, lo proteja y lo bendiga a diario. La bendición es una ética bíblica. Dios bendijo a Adán y Eva. Bendijo a Abraham. Éste a su vez bendijo a sus hijos y ellos a su vez bendijeron a los suyos. La bendición de los hijos tiene su origen en la naturaleza de nuestro Padre celestial. ¡La bendición sana y sustenta la vida y las relaciones! La ética de la bendición es personal. ¡No ser bendecido resulta en una vida inquieta e inadecuada, interiormente empobrecida!

Bendeciré a los que te bendijeren [Abraham], y a los que te maldijeren maldeciré; y serán benditas en ti todas las familias de la tierra (Génesis 12:3).

Cristo nos redimió de la maldición de la ley, hecho por nosotros maldición (porque está escrito: Maldito todo el que es colgado en un madero, para que en Cristo Jesús la bendición de Abraham alcanzase a los gentiles, a fin de que por la fe recibiésemos la promesa del Espíritu (Gálatas 3:13–14).

Finalmente, sed todos de un mismo sentir, compasivos, amándoos fraternalmente, misericordiosos, amigables; no devolviendo mal por mal, ni maldición por maldición, sino por el contrario, bendiciendo, sabiendo que fuisteis llamados para que heredaseis bendición (1 Pedro 3:8–9).

4. Todo niño necesita el amor incondicional que Dios ha provisto a través de su Hijo (Juan 3:16).

5. Todo niño es pecador y necesita un Salvador. Presente a los niños al Creador y su creación, y enséñeles las doctrinas del cristianismo. Este es el primer paso para «convertirnos» en lo que Dios quiere que seamos.

- La conversión es un proceso que dura toda la vida. El alma debe ser restaurada conforme a una nueva vida en Cristo.
- Enseñe y practique el cristianismo como religión encarnada: verdad incorporada en el mundo físico que contiene elementos de diseño (forma, línea, color), así como verdad incorporada en personas reales a quienes Dios ha dado capacidad para responder a la belleza mediante su gracia.
- Enseñe la providencia de Dios en la historia. Dios tiene un plan y un propósito especial para cada niño.

6. ¡Todo niño necesita una visión de lo que puede llegar a ser, y alguien que cultive su individualidad, la invoque y le ayude a creer en ella! Cada niño es único, tiene un llamado divino y un estilo de aprendizaje único que debe ser aceptado, entendido y educado.

Entonces oró Manoa a Jehová, y dijo: Ah, Señor mío, yo te ruego que aquel varón de Dios que enviaste, vuelva ahora a venir a nosotros, y *nos enseñe lo que hayamos de hacer con el niño que ha de nacer*. Y Dios oyó la voz de Manoa; y el ángel de Dios volvió otra vez a la mujer, estando ella en el campo; mas su marido Manoa no estaba con ella. Y la mujer corrió prontamente a avisarle a su marido, diciéndole: Mira que se me ha aparecido aquel varón que vino a mí el otro día. Y se levantó Manoa, y siguió a su mujer; y vino al varón y le dijo: ¿Eres tú aquel varón que habló a la mujer? Y él dijo: Yo soy. Entonces Manoa dijo: Cuando tus palabras se cumplan, ¿cómo debe ser la manera de vivir del niño, y qué debemos hacer con él? Y el ángel de Jehová respondió a Manoa: La mujer se guardará de todas las cosas que yo le dije (Jueces 13:8–13, énfasis añadido).

7. El enfoque cristiano respecto a la crianza de los niños debe adoptar un punto de vista «holístico», no dualista (véase comentario en el capítulo 5, página 150, sobre esta palabra usada a lo largo del libro):

- Cada niño debe ser estimado como lo estima Dios, el Creador.
- Enseñe al niño (el punto de vista completo hebreo: corazón, mente y cuerpo).
- Enseñe al niño a integrar el pensamiento y la acción, ¡para ser completo! ¿Cuál es su potencial en Cristo? Ínstelo a alcanzar su potencial.
- Enseñe temas de manera integral, en la unidad de la verdad.

¡Dios construye de dentro hacia fuera! Lo interno siempre da lugar a lo externo. La vida fluye del corazón. El corazón es el «centro de mando» y gobierna la voluntad y todas nuestras elecciones y decisiones.

Y Jehová respondió a Samuel: «No mires a su parecer, ni a lo grande de su estatura, porque yo lo desecho; porque Jehová no mira lo que mira el hombre; pues el hombre mira lo que está delante de sus ojos, pero Jehová mira el corazón» (1 Samuel 16:7).

Sobre toda cosa guardada, guarda tu corazón; porque de él mana la vida (Proverbios 4:23).

El hombre bueno, del buen tesoro de su corazón saca lo bueno; y el hombre malo, del mal tesoro de su corazón saca lo malo; porque de la abundancia del corazón habla la boca (Lucas 6:45).

8. Todo niño tiene voluntad para gobernar su pensamiento, elecciones, decisiones, conducta y propiedad.

- Los niños deben recibir instrucción sobre la ley de Dios y los principios morales.
- El niño puede adoptar decisiones mediante el ejercicio de su voluntad. Puede, al menos hasta cierto punto, decidir cuál será su existencia. No está encerrado en una vida de pobreza y opresión. El dominio de la voluntad no supone *una elección entre cosas, ¡sino una elección entre ideas*! Las ideas acarrean consecuencias.
- Principio de la encarnación es: la vida, la mente y el carácter de Jesús habitan en el creyente. ¡A un niño se le puede enseñar cómo elegir la vida! Esto se opone a la teoría de la modificación del comportamiento: «El entorno moldea al individuo». El carácter debe enseñarse como causal, no como subproducto de las circunstancias y del propio entorno. ¡Los seres humanos no son víctimas de su entorno!
- Los padres y maestros deben enseñar y modelar ideales virtuosos y principios bíblicos.
- ¡Dale a la voluntad un motivo fuera de sí misma y se pondrá en acción! La clave: ¿Dónde se enfoca la mente del niño?

Porque cual es su pensamiento en su corazón, tal es él (Proverbios 23:7).

9. Cada niño tiene «propiedades internas» que debe ser cuidadosamente administrada.
- corazón: determina la conducta
- intelecto y don de raciocinio
- conciencia: le avisa para distinguir el bien y el mal
- voluntad: sede de la toma de decisiones
- carácter: fruto de sus elecciones
- imaginación/ideas: propiedad intelectual
- temperamento/emociones
- dones y capacidades

- cosmovisión, forma de pensar
- identidad sexual

10. ¡La «mente receptiva» del niño, o asiento de su imaginación e intuición, debe ser nutrida con amor, verdad y belleza! Dios creó a los seres humanos con imaginación, ¡y revela sus atributos de belleza y verdad en toda su creación! *El aprendizaje comienza en la imaginación, donde el pensamiento y la experiencia se juntan.* Los gustos y sensibilidades estéticos del niño deben cultivarse por medio de relatos universales, bellas artes y artes escénicas que retratan ideales y virtudes cristianos. Si los padres y maestros no cultivan activamente una imaginación cristiana, ¡el diablo cultivará la imaginación del niño para sus propósitos! El hombre es un hacedor de hechos y un soñador de sueños.

11. Dios dotó a la humanidad con el don del lenguaje para alabarle, adorarle y comunicar ideas y bendiciones a los demás. La «ley de la bondad» debe ser el estándar de la lengua que se comunica con los niños.

    La muerte y la vida están en poder de la lengua, y el que la ama comerá de sus frutos (Proverbios 18:21).

    Abre su boca con sabiduría, y la ley de clemencia está en su lengua… Se levantan sus hijos y la llaman bienaventurada (Proverbios 31:26,28).

12. Los niños necesitan verdades bíblicas y vocabulario bíblico como base sobre la cual imaginar, pensar y razonar cristianamente en cada esfera de la vida.

    No os conforméis a este siglo, sino transformaos por medio de la renovación de vuestro entendimiento, para que comprobéis cuál sea la buena voluntad de Dios, agradable y perfecta (Romanos 12:2).

13. ¡Los adultos deben «ver» y «oír» lo que los niños están tratando de decir o comunicando! La comunicación no verbal radica en la espiritualidad humana. Observe y escuche a los niños con sus ojos y oídos espirituales, como también con sus ojos y oídos físicos.

Cuidar y proteger la vida interior del niño[6]

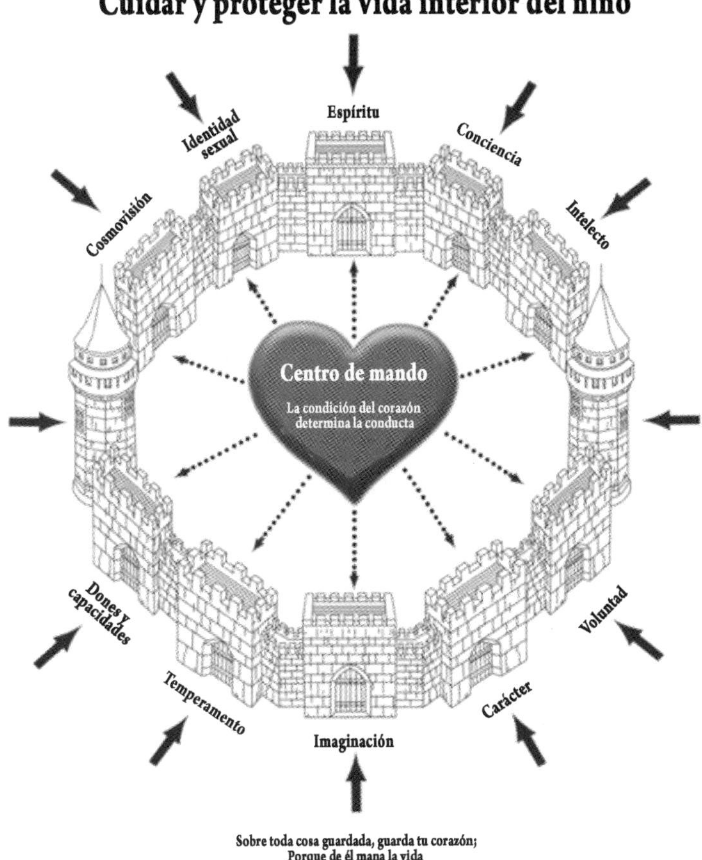

El siguiente capítulo analiza la función esencial de la Biblia en la educación estadounidense temprana. La cosmovisión bíblica fue el marco fundamental para establecer una nación única formada por un pueblo libre y autónomo. La Biblia misma fue el punto de integración de la educación inicial de lo que se convertiría en los Estados Unidos; produjo una población alfabetizada bíblicamente y varias generaciones de líderes políticos, educativos y empresariales.

---

6. Para una enseñanza más completa, consúltese el capítulo 8 de *La familia, base de una nación*, Editorial JUCUM, 2013, Tyler, Texas.

BIBLIOGRAFÍA

Adams, Carole. 1991. "The Christian Idea of the Child." *F.A.C.E. Journal* (2). San Francisco, CA: Foundation for American Christian Education.

Artículos y estadísticas sobre los niños recopilados de agencias mundiales y estadounidenses: http://caster.ssw.upenn.edu/~restes/praxis/kidlinks.html.

Barclay, William. 1959. *Educational Ideals in the Ancient World.* Grand Rapids: Baker Book House.

Bunge, Marcia J., ed. 2008. *Los niños en el pensamiento evangélico.* Buenos Aires: Ediciones Kairos.

Forbes, Cheryl. 1986. *Imagination: Embracing a Theology of Wonder.* Portland, OR: Multnomah Press.

Glaspey, Terry. 1995. *Children of a Greater God.* Eugene, OR: Harvest House Publishers.

Miller, Darrow. 2020 *Opresión de la mujer, pobreza y desarrollo: Vindicación de la dignidad de la mujer para construir naciones sanas,* Editorial JUCUM, Tyler, Texas.

Stormer, John. 1984. *Growing Up God's Way.* Florissant, MO: Liberty Bell Press.

Tripp, Tedd. 2016. *Como pastorear el Corazón de su hijo.* Poiema Publicaciones, Medellín, Colombia.

Weber, Hans-Ruedi. 1979. *Jesus and the Children.* Atlanta, GA: John Knox Press.

Wilson, Marin. 1989. *Our Father Abraham: Jewish Roots of the Christian Faith.* Grand Rapids: Eerdmans.

Youmans, Elizabeth L., Jill C. Thrift, y Scott D. Allen. 2019. *La familia, base de una nación,* Editorial JUCUM, Tyler, Texas.

GUÍA DE ESTUDIO

SESIÓN 2a: La concepción cristiana de los hijos

SABER:

- **Conocimiento**—¿Qué declara esta sección?
  - ¿Cuál es el estado de los niños en:
    - ¿El mundo (mencione cinco realidades)?

- ¿La Iglesia (mencione cinco realidades)?
- Mencione los ocho principios que sientan las bases de la visión cristiana de los niños.

- **Entendimiento**— ¿Qué significa?
  - ¿Quién es el principal responsable de la educación de los hijos: los padres o el Estado? ¿Por qué?
  - En su país, ¿a quién se considera responsable de la educación de los hijos? En su iglesia, ¿quién es considerado responsable? ¿Qué implica esto?
  - ¿Cuáles de los ocho principios que sientan las bases de la concepción cristiana de los hijos son más importantes para usted? ¿Por qué?

HACER:

- **Sabiduría**—¿Cómo se aplica?
  - Habiendo entendido el significado de los ocho principios, elija uno que va a aplicar consciente y concretamente.
  - ¿Qué va a hacer? ¿Cuándo lo hará? ¿A quién piensa rendir cuentas?

SESIÓN 2b: Principios bíblicos que sustentan la concepción cristiana de los hijos

SABER:

- **Conocimiento**—¿Qué declara esta sección?
  - Mencione los cuatro principios de la crianza cristiana que le parezcan más importantes.

- **Entendimiento**—¿Qué significa esto?
  - Parafrasee el poema de Rosalie J. Slater, «Soy obra de Dios».
  - En la tabla de las dos concepciones educativas de los hijos, reflexione sobre uno de los contrastes:
    - ¿Por qué es importante comprender esta distinción en particular?
    - ¿Cómo calificaría su propia experiencia educativa o la de sus hijos o nietos en esta área?
  - La Dra. Youmans asegura que cada niño tiene una «propiedad interna».

- ¿Qué significa esto?
- ¿Cómo se debe nutrir?
- ¿Qué implica esto para el discipulado de naciones (la Gran Comisión, Mateo 28:18-20)?

HACER:

- **Sabiduría**—¿Cómo se aplica?
  - ¿Qué idea de la educación ha sostenido, la tradicional o la transformadora?
  - ¿Ha cambiado su convicción? ¿Por qué o por qué no?
  - ¿Qué va a hacer de manera diferente en consecuencia con su punto de vista?

3

EL NOTABLE PAPEL DE LA BIBLIA EN LA EDUCACIÓN TEMPRANA DE LOS ESTADOS UNIDOS

Elizabeth L. Youmans

Antes de que las colonias de América del Norte se convirtieran en «los Estados Unidos», los padres comprendieron el mandato divino de instruir a sus hijos desde una edad temprana. Como descendientes de los reformadores europeos, que valoraban la «educación en virtudes de los niños y jóvenes»,[1] los colonos creían que la educación de sus hijos era un deber generacional para formar el futuro y su liderazgo sobre la base de Cristo y su Palabra. El padre fundador, Samuel Adams, escribió:

> Dejemos que los teólogos y filósofos, estadistas y patriotas unan sus esfuerzos para renovar la época. . . educar a sus niños y niñas. . . . e instruirles en el arte del autogobierno o dominio propio, sin el cual no podrán desempeñar un papel sabio en el gobierno de sociedades, grandes o pequeñas; en resumen, guiarles en el estudio y la práctica de las exaltadas virtudes del sistema cristiano.[2]

Muchas familias que navegaron hacia el nuevo mundo eran calvinistas, a quienes los historiadores luego llamaron «gente del Libro». Sus pastores les habían enseñado a razonar en justicia con la revelación de la Palabra de Dios en el ámbito civil. Ginebra fue el gran experimento de Calvino en el gobierno civil cristiano. También se centró en proporcionar una educación cristiana de calidad a los ciudadanos de Ginebra, y señaló que un laicado educado es esencial para tener una iglesia fuerte. *A lo largo de la historia del cristianismo, dondequiera que arraiga el evangelio, le sigue la educación*

---

1. La visión de William Penn para la educación de los niños en la colonia de Pennsylvania, Frame of Government, 1682.
2. Carta a John Adams, 4 octubre, 1790.

cristiana y la alfabetización aumenta significativamente con la lectura de la Palabra de Dios.

En 1620, preocupados por el futuro de sus hijos, los peregrinos partieron de Holanda hacia América con la Biblia de Ginebra bajo el brazo. Ésta contiene las notas marginales de los reformadores del siglo XVI que buscaron refugio en Ginebra por ese tiempo. Esas notas incluían comentarios sobre el gobierno civil que asustaron tanto al rey Jacobo I que prohibió la Biblia de Ginebra en Inglaterra y encargó su propia traducción, declarando: «¡No habrá notas marginales en mi Biblia!».

Durante los 150 años en que América del Norte fue una colección de colonias inglesas, los niños fueron educados en casa. Los padres se tomaron en serio el papel no solo de enseñar a sus hijos a leer, escribir y conocer la aritmética, sino también el de cultivar un carácter virtuoso y una conciencia cristiana para la futura ciudadanía. La Biblia fue su manual básico y los niños fueron catequizados. John Locke caracterizó el plan de estudios de lectura de las colonias norte americanas como «el camino ordinario de Abecedario, Cartilla, Salterio, Testamento y Biblia».[3] Después de ser educados en el hogar, muchos niños asistieron a la escuela primaria y sus pastores locales les enseñaron latín, el idioma de la erudición.

Las familias ricas a menudo enviaban a sus hijos a Inglaterra para recibir una educación más formal y clásica en sus academias y universidades bien establecidas. Sin embargo, a medida que se fundaban universidades en América del Norte, otras familias se beneficiaron de esta nueva opción. Estas opciones resultarían influyentes en la construcción de la nueva nación. Es providencial que *ninguno de los colonos educados en Inglaterra ayudara a redactar la Declaración de Independencia, la Constitución de los Estados Unidos y la Declaración de Derechos. Estos grandes documentos de la libertad fueron cosecha de la educación colonial.* John Adams, Thomas Jefferson y Benjamin Franklin participaron en la redacción de la Declaración de Independencia (1776). James Madison, educado en el College de Nueva Jersey, en teología de la Reforma, fue el arquitecto de la

---

3. Locke, John. 1690. *Pensamientos sobre la educación.*

Constitución de los Estados Unidos (1787) y de la Declaración de Derechos (1789).

George Washington, presidente de la Convención Constitucional, fue educado en casa, en la granja de su familia, por su padre, quien murió cuando George tenía solo 11 años. Su hermanastro le enseñó durante varios años. Su única educación formal fue un curso de instrucción en topografía. En 1775, el primer acto oficial de Washington como Comandante en Jefe del Ejército Continental fue encargar un cuerpo de capellanes para atender las necesidades espirituales de sus soldados. Como «padre de su país», a menudo se le llama el «Moisés de América». Durante su vida, Washington escribió más de cuarenta volúmenes de correspondencia personal, además de una gran cantidad de documentos estatales como presidente de la nueva nación. Sus cartas son muy inspiradoras y su idea del autogobierno cristiano y del gobierno civil era bíblica. Su «Discurso de despedida» (1796) es una lección sobre la importancia de la religión y la moral en la política y la necesidad de los 13 nuevos estados de mantener la unidad para garantizar la salud futura de los Estados Unidos, y es considerado uno de los documentos históricos más importantes de la nueva república.

Noah Webster, el abogado y maestro de escuela que escribió el *Diccionario norteamericano del idioma inglés de 1828*, es considerado «Padre de la educación estadounidense». Su erudición estableció el modelo de la nueva nación por muchas generaciones. Webster también se educó en las colonias. ¡Su padre valoraba tanto la educación que hipotecó la granja familiar para enviar a Noah a la Universidad de Yale! Mientras estudiaba derecho, Noah Webster enseñó en la escuela y fue tutor de jóvenes aspirantes a ingresar en la universidad. Más tarde, libró una larga batalla para que la Constitución de los Estados Unidos fuera ratificada en todos los nuevos estados. Mientras viajaba, se detuvo en Mount Vernon a visitar a George Washington. ¡Durante su visita, reprendió a Washington por contratar tutores de Inglaterra para enseñar a sus nietos!

A la edad de cincuenta años, Webster abordó la redacción del primer diccionario estadounidense, tarea que le exigió maestría en

26 idiomas. Quería proporcionar a la nueva nación su propio diccionario. Entendió que las palabras son los componentes básicos de las ideas. Las colonias habían luchado ocho años para independizarse de Inglaterra y poder autogobernarse sometidas a Dios.

Webster creía que era importante proporcionar definiciones que comunicaran la cosmovisión de la Constitución de los Estados Unidos y sus principios cristianos subyacentes de libertad y gobierno civil. Además de investigar el significado de la raíz de las palabras, también investigó palabras en los léxicos hebreo y griego y las definió con arreglo a su uso en las Escrituras. ¡Algunas de sus entradas tienen hasta veinte definiciones basadas en los finos matices de significado que hay en la Biblia! (Como ejemplo, busque la palabra «servir»[4]). *Webster's 1828 es el único diccionario del mundo que incluye el significado de palabras bíblicas.*

Webster fundó el Amherst College y luchó por la educación universal en la nación. ¡Más que ninguno de su época, entendió el poder de las palabras y las consecuencias de las ideas! He aquí varias citas relevantes de Webster:

> En mi opinión, la religión cristiana es la más importante y una de las primeras cosas en las que todos los niños bajo un gobierno libre deben ser instruidos. . . Ninguna verdad es más evidente para mi mente que la de que la religión cristiana debe ser la base de cualquier gobierno destinado a asegurar los derechos y privilegios de un pueblo libre.[5]

La educación sin la Biblia es inútil.

Cuando tenga derecho a ejercer el derecho a votar para elegir funcionarios públicos, que quede grabado en su mente que Dios le ordena elegir «hombres justos que gobiernen en el temor de Dios». La preservación de nuestro gobierno depende del fiel cumplimiento de este *deber*; si los ciudadanos descuidan su *deber* y colocan en el cargo a hombres sin principios, el gobierno pronto se corromperá; se promulgarán leyes, no tanto para el bien público como para

---

4. Gratis en línea en http://webstersdictionary1828.com.
5. Del prefacio de la versión impresa del diccionario Webster's 1828.

propósitos egoístas o locales; se nombrarán hombres corruptos o incompetentes para ejecutar las Leyes; los ingresos públicos se malgastarán en hombres indignos; y los derechos del ciudadano serán violados o desatendidos. Si el gobierno no logra asegurar la prosperidad y la felicidad públicas, será porque los ciudadanos descuidan los Mandamientos divinos y eligen a los malos para que promulguen y administren las Leyes.[6]

Además de su diccionario estadounidense, que tardó más de veinte años en completar, Webster fue autor del *Libro de ortografía con dorso azul*, textos de gramática e historia, catecismos y, en sus últimos años, una traducción estadounidense de la Biblia (1833). Como educador, Webster estaba interesado en conectar la Biblia con todos los campos de estudio y deseaba una traducción precisa al inglés. Aunque todavía se imprime en la actualidad, su traducción no recibió amplia aceptación debido a la popularidad que tuvo la versión King James (rey Jacobo). Para Webster, su traducción representó su trabajo más importante, y en 1834 publicó un artículo complementario, para los padres, titulado *Value of the Bible: For the Use of Families and Schools* que concluyó diciendo:

> La religión cristiana exalta el intelecto y perfecciona el carácter humano. La sublime visión de Dios y de sus obras que exhiben las Escrituras produce un efecto maravilloso en el fortalecimiento del intelecto y expansión de su potencial. . . Igualmente efectivas son las Escrituras para refinar nuestras ideas, mediante representaciones de la pureza y santidad de Dios. Cuanto más sepamos de Dios, más justa será la idea de lo que ennoblece nuestra conducta; y cada paso que damos para imitar su perfección es un avance en la elevación del carácter. Esta pureza de mente, esta elevación y expansión del intelecto son el comienzo de una santidad cada vez mayor y una ampliación ilimitada del conocimiento, que han de consumar el carácter y la felicidad de los hijos de Dios en otro mundo.

El registro de la educación colonial en Estados Unidos, con la Biblia como base, valida un principio importante: el principal

---

6. *Historia de los Estados Unidos*, libro de texto de 1833 por Noah Webster.

fundamento para construir la cultura cristiana es el conocimiento de la Palabra de Dios y la capacidad de pensar y razonar con sus verdades.

Toda la Escritura es inspirada por Dios, y útil para enseñar, para redargüir, para corregir, para instruir en justicia, a fin de que el hombre de Dios sea perfecto, enteramente preparado para toda buena obra (2 Timoteo 3:16–17).

La educación centrada en Cristo produce líderes

Que todo estudiante sea instruido con claridad y se le aleccione seriamente para que considere bien que el principal fin de su vida y sus estudios es conocer a Dios y a Jesucristo, que es la vida eterna (Juan 17:3) y, por tanto, poner a Cristo como base única de todo verdadero conocimiento y aprendizaje[7] (parte de la Declaración de la misión de Harvard College, 1643).

El primer llamado a la educación en la Biblia se encuentra en Génesis 18:18-19: «¿...habiendo de ser Abraham una nación grande y fuerte, y habiendo de ser benditas en él todas las naciones de la tierra? Porque yo sé que mandará a sus hijos y a su casa después de sí, que guarden el camino de Jehová, haciendo justicia y juicio, para que haga venir Jehová sobre Abraham lo que ha hablado acerca de él». Este es el corazón de nuestro Padre celestial que se dirige al corazón de los padres terrenales para que eduquen a sus hijos en los caminos de Dios, para que sus familias y la futura nación sean bendecidas y, a su vez, bendigan a todas las naciones. Dios encargó a los padres la responsabilidad de educar a sus hijos en la educación del Señor.

La piedra angular de la educación estadounidense temprana fue la creencia de que «los hijos son herencia del Señor» (Salmo 127:3a). El período colonial de Estados Unidos refleja el fruto de padres que se tomaron en serio el papel de proporcionar a su progenie una educación piadosa, así como un modelo cristiano para

---

7. Primicias de Nueva Inglaterra, una porción de la Declaración de propósito de de Harvard College, 1643.

vivir rectamente. Como acostumbraban los antiguos judíos, la educación y el discipulado comenzaban en el hogar, en las rodillas de la madre y, a menudo, terminaban en el campo de maíz, o en la tienda del platero aprendiendo un oficio con el padre. La mayoría de las familias de los colonos tenían un ejemplar de la Biblia y asistían a la iglesia con regularidad. El Dr. Lawrence A. Cremin, distinguido erudito en el campo de la educación, escribió que durante el período colonial de Estados Unidos, la Biblia fue «la influencia cultural más importante en la vida de los angloamericanos».[8] Los padres enseñaron a la nueva generación a pensar y razonar según los principios bíblicos, lo que los preparó para establecer la primera república constitucional cristiana del mundo. *Pacto* es otra palabra usada para definir «constitución». La propagación de las promesas del pacto de Dios con Abraham ha dependido de que los padres enseñaran a la próxima generación sus mandamientos y sus caminos.

Los primeros 150 años de Estados Unidos brindan un modelo sólido de educación

Los clérigos del siglo XVIII también fueron fundamentales para preparar a los colonos en su lucha por la independencia de la madre Inglaterra, monarquía cuyo rey violó sus derechos individuales como ciudadanos ingleses. La predicación vigorosa del clero y la participación activa en la guerra misma dio la sanción religiosa y la inspiración para redactar la Declaración de Independencia, la Constitución de los Estados Unidos y la Carta de Derechos. Los primeros 150 años produjeron un modelo de educación que vale la pena replicar en la familia y la iglesia actuales.

Como gobernante soberano del universo y autor de la historia humana, Dios gobierna los asuntos de los hombres y de las naciones. La historia es «su historia». La línea temporal de la historia cristiana es un instrumento útil para rastrear su mano providencial en la historia. Comienza con la creación y continúa hasta la fundación de los Estados Unidos de América, su florecimiento como primera república constitucional cristiana y, lamentablemente, alcanza

---

8. Cremin, Lawrence A. 1970. *American Education: The Colonial Experience 1607–1783*. New York: HarperCollins. 40.

la erosión de sus fundamentos educativos y carácter cristiano. El rastro de la mano de Dios pone en evidencia cómo Él ha usado tanto a personas como a naciones claves para propagar el evangelio y su efecto de libertad interna y externa desde Jerusalén hasta los confines más remotos de la tierra.

Dios siempre ha puesto gran acento en que su pueblo recuerde sus poderosos hechos y enseñe su conocimiento a la próxima generación (Salmo 78:1–7). Lamentablemente, pocos estadounidenses son conscientes de que durante los siglos XX y XXI, los historiadores revisionistas y los educadores seculares les han robado el conocimiento de su legado cristiano al eliminar *deliberadamente* de los libros de texto todo recuerdo de Dios y su milagrosa providencia en las épocas fundacional y constitucional. Este ha sido un acto deliberado para privar a los estadounidenses de su libertad individual. La iglesia actual necesita un «gran despertar» de su ignorancia y letargo para reconocer y acatar el mandato de Dios concerniente a la educación piadosa y el discipulado cristiano. Con demasiada frecuencia, este mandato se cumple en la iglesia local con un programa «educativo» para niños diseñado para cuidarlos y entretenerlos. Los niños tienen hambre y sed de justicia y anhelan una instrucción que trascienda la mediocridad y la depravación de la cultura popular e inspire su imaginación tocante a la nobleza de pensamiento y acción.

Este es precisamente el testimonio de Samuel, niño dedicado por su madre para ser educado bajo la dirección de Elí, sumo sacerdote y educador de Israel. Samuel conocía de primera mano la tragedia de la omisión de la educación piadosa y la falta de modelos a seguir en una nación. Fue testigo del efecto que produjo en la degradación moral de su pueblo. La solución, que dio lugar a un gran despertar en Israel, fue establecer escuelas de profetas para restaurar en toda la nación el estudio de la Palabra de Dios y el conocimiento de Dios en todas las materias: literatura, historia, ciencias naturales y artes. En solo veinte años, la restauración de la educación bíblica a cargo de Samuel condujo a la nación a Dios y estableció su carácter e identidad como pueblo por Él elegido, ¡una nación llamada a ser luz para el mundo!

Otro ejemplo bíblico de la función que desempeña la educación piadosa para librar del pecado, la opresión y la ignorancia de la Palabra de Dios es el proyecto de reconstrucción del gobernador civil Nehemías y el sumo sacerdote Esdras. Después de setenta años de exilio en Babilonia, el «Hollywood de los imperios antiguos», Dios los devolvió a su desolada capital. Nehemías y los exiliados que regresaron, con la ayuda del resto de los judíos del remanente local, ¡reconstruyeron los muros de Jerusalén en solo 52 días! Luego reunió a todas las familias en la plaza para escuchar de Esdras, principal educador judío, la lectura, enseñanza y significado de la Ley de Dios (Nehemías 8:1-3). Los que habían quedado en Jerusalén después de la desolación que dejó Babilonia habían perdido el contacto con la Palabra de Dios. Cuando Esdras abrió el pergamino y comenzó a leer, la gente empezó a llorar profusamente, mientras la Palabra viva de Dios traspasaba sus corazones. Clamaron a Dios por perdón y se arrepintieron. Nehemías convocó a una celebración, y la gente lo celebró con alegría, «porque habían entendido las palabras que les habían enseñado» (Nehemías 8:12). Luego, Esdras les enseñó su gloriosa y providencial historia (Nehemías 9). La ignorancia de los milagros y la guía de Dios a lo largo de la historia de su nación les habían robado el conocimiento de que eran el pueblo elegido por Dios. Una vez que su entendimiento fue iluminado, renovaron el pacto con Dios por escrito. ¡El trabajo de reconstrucción no se completó hasta que las familias de Jerusalén fueron reconstruidas espiritualmente y sus instituciones culturales se apoyaron sólidamente en la Ley de Dios! Él estaba consagrando a su pueblo para poder enviar a su único Hijo a la tierra para expiar los pecados del mundo y cumplir su plan eterno para la humanidad.

Todos los grandes reformadores protestantes del siglo XVI —Lutero, Calvino, Knox, Zwinglio, Sturm, Farel, Beza y Melanchthon— fueron activos defensores de la educación, se entregaron a la instrucción y el discipulado cristianos centrados en la Biblia. Entendieron que la reforma de la iglesia a largo plazo requiere una reforma educativa en todos los niveles. Dados sus recursos limitados, sus logros fueron notables. Martín Lutero, el joven monje alemán que inició la Reforma en 1517, sentó las bases para renovar el sistema educativo de la iglesia. Fue un firme defensor de las escuelas cristianas y del aprendizaje centrado en la Biblia. Lutero promovió la educación cristiana, no para aumentar la asistencia a la iglesia o su riqueza material, sino con el propósito de *preservar la integridad del evangelio de Cristo*. Nos advirtió en el siglo XVI:

> Sobre todo, en todo tipo de escuelas, la lección principal y más común debe estar en las Escrituras. . . Me temo que las universidades llegarán a ser grandes puertas del infierno a menos que se ocupen diligentemente en explicar las Sagradas Escrituras, y las graben en el corazón de los jóvenes. No le aconsejo a nadie que coloque a su hijo donde las Escrituras no reinen primordialmente. Toda institución en la que los hombres no estén cada vez más ocupados con la Palabra de Dios se corromperá.[9]

Juan Calvino y John Knox fueron los principales líderes de la segunda generación de reformadores protestantes evangélicos. Su influencia, particularmente la de Calvino, superó a la de Lutero. Ambos visionarios redactaron planes educativos: el de Calvino fue un sistema para la ciudad de Ginebra y el de Knox fue un sistema nacional para su amada Escocia.

La educación estadounidense temprana siguió la huella innegable de la filosofía educativa centrada en la Biblia de Calvino y Knox. Benjamin Rush, médico, cofundador de cinco universidades, firmante de la Declaración de Independencia y fundador de la Sociedad Bíblica, fue el primer padre fundador estadounidense que propuso escuelas públicas gratuitas. Pensó que los niños debían leer la Biblia por sí mismos, no solo que se la leyeran. Exhortó a la sociedad que la Biblia debe ser el principal libro de texto que hay que enseñar en las escuelas públicas en su publicación titulada *A Defense of the Use of the Bible as a School Book* (1791):[10]

> Antes de exponer mis argumentos a favor de enseñar a los niños a leer mediante el uso de la Biblia, asumiré las siguientes

---

9. d'Aubigne, Jean-Henri Merle. 1846. *History of the Reformation in the Sixteenth Century.* Grand Rapids: Baker. 190.

10. El ensayo completo se puede encontrar en línea en: http://deila.dickinson.edu/cdm/fullbrowser/collection/ownwords/id/17784/rv/compoundobject/cpd/19843.

proposiciones: Primero, que el cristianismo es la única religión verdadera y perfecta, y que en la medida en que la humanidad adopta sus principios y obedece sus preceptos, los hombres serán sabios y felices; Segundo, que se adquiere mejor conocimiento de esta religión leyendo la Biblia que de cualquier otra manera; Finalmente, que la Biblia contiene más conocimientos necesarios para el hombre en su estado actual que cualquier otro libro del mundo... Creo que ningún hombre que fuera instruido en su infancia en las verdades bíblicas no se haya hecho mejor y más sabio gracias a la operación temprana que causaron estas impresiones en su mente.

Hoy día, muchos cristianos jóvenes se sientan pasivamente frente a la computadora, rellenan interminables hojas de trabajo o trazan líneas con las respuestas correspondientes de planes de estudio escritos por humanistas seculares. No han sondeado las riquezas de los clásicos con un maestro real ni les han enseñado las destrezas de la composición y la retórica. *¡Es la escritura lo que produce pensadores!* Con un vocabulario arruinado y sin entender la mano de Dios en la historia de la civilización occidental, la comunicación para el estudiante del siglo XXI se reduce a una serie de tweets, emojis y selfies.

El diccionario Webster de 1828, que contiene el significado bíblico de las palabras, define la «educación» de la siguiente manera:

sustantivo, [latín: *educatio,* conducir fuera de.] La crianza, como de un niño, instrucción; formación de modales. La educación comprende una sucesión de instrucción y disciplina destinada a iluminar el entendimiento, corregir el temperamento, formar los modales y hábitos de la juventud, y prepararla para el futuro. Es importante ofrecer a los niños una buena educación en modales, artes y ciencias; es indispensable ofrecerles una educación religiosa; y sobre los padres y tutores que descuidan estos deberes recae una inmensa responsabilidad.

La segunda epístola de Timoteo 3:16–17 inspiró esta definición, que incluye no solo la instrucción sino también la disciplina. Contiene cuatro verbos activos que indican que la educación no debe ser la institución pasiva en la que se ha convertido en los últimos 100 años. Con el inicio de la era de la información, la educación se ha reducido a la memorización de hechos (no verdades) para superar la siguiente prueba. Este proceso pasa por alto el espíritu de la mente y la información pronto se olvida. Los estudiantes se quedan con un reconocimiento mental del contenido de la asignatura, no con el dominio de sus principios, como en la época colonial. La apologista inglesa Dorothy Sayers dice en su ensayo «Las herramientas perdidas del aprendizaje» que, «aunque a menudo logramos enseñar las asignaturas a los alumnos, lamentablemente solemos fracasar en enseñarles a pensar: aprenden de todo, excepto el arte del aprendizaje».[11]

La educación que Dios quiere consiste en enseñar y aprender. Estos, ante todo, tienen una estrecha relación. Una relación de corazón a corazón y de mente a mente entre el maestro y el alumno que traerán consecuencias tanto internas como eternas. Los niños necesitan maestros, no computadoras; maestros de disciplinas, no libros de ejercicios auto-dirigidos. ¡El objeto de la educación cristiana no es la impartición de hechos, sino vidas cambiadas! Cuando la imaginación está inspirada por la verdad y la belleza, y la mente participa activamente en el pensamiento y razonamiento, conforme a la Palabra de Dios, el Espíritu Santo ilumina el entendimiento del estudiante y éste aprende gozoso por sí mismo. «Ciertamente espíritu hay en el hombre, y el soplo del Omnipotente le hace que entienda» (Job 32:8).

El Dr. Rush afirmó audazmente en su ensayo que «enseñar la Biblia en las escuelas en el transcurso de dos generaciones erradicaría la infidelidad entre nosotros y haría que el Gobierno civil apenas fuera necesario en nuestro país».[12] Hace años que el estudio de este ensayo me impulsó a diseñar un plan de enriquecimiento para restaurar en los niños y jóvenes las virtudes perdidas de la belleza, la verdad y la bondad moral. Este plan nutre a los niños con la lectura en voz audible de los grandes clásicos infantiles, ofreciéndoles una

11. Sayers, Dorothy L. 1948. *The Lost Tools of Learning*. E.T. Heron. https://www.pccs.org/wp-content/uploads/2016/06/LostToolsOfLearning-DorothySayers.pdf. (Kindle disponible. 2018 *Las herramientas perdidas del aprendizaje*. Edingurgo, Cross Reach Publication).
12. http://deila.dickinson.edu/cdm/fullbrowser/collection/ownwords/id/17784/rv/compoundobject/cpd/19843.

muestra de la historia cristiana, cultivando su imaginación a través de las artes y proporcionándoles una Biblia para que la lean ellos mismos. Cada lección se basa en un principio bíblico, y los niños son guiados a razonar y aplicar correctamente la verdad en su propia vida.[13] Sus corazones y mentes son inspirados, y la alegría de aprender vuelve a encenderse. La imaginación cristiana es cultivada para soñar sueños grandes y dignos de Dios y maravillarse ante su gloriosa creación y su brazo potente en vidas y naciones. En palabras del educador cristiano del siglo XX, Dr. Mark Fakkema:

> Educar a los niños hoy es echar los cimientos de la nación para-mañana. La enseñanza sin Dios produce ciudadanos ateos. . . Necesitamos una educación a nivel nacional que honre a Dios y enseñe el contenido del estudio a la luz de la Palabra de Dios.[14]

La decadencia de la cultura estadounidense reclama a la iglesia que se arrepienta de su complacencia e imparta el mandato divino del *deber generacional*: la obligación de esta generación, como guardianes y administradores de la nación, de formar el liderazgo futuro, y ciertamente el futuro, por medio de una educación centrada en Cristo.

La revolución estadounidense fue impulsada por la predicación

Desde mediados del siglo XVII hasta mediados del siglo XIX, las escuelas públicas, tal como las conocemos hoy, eran prácticamente inexistentes. Los padres, pastores y tutores enseñaron a la nueva generación a leer, escribir, calcular, pensar y razonar usando la Biblia como cartilla o manual básico de instrucción. En esos 200 años, Estados Unidos produjo cinco generaciones de hombres y mujeres extraordinarios que sentaron las bases de una nación dedicada al principio cristiano de la libertad y el arte del autogobierno.

El sistema educativo privado en el que se educaron nuestros antepasados incluía el hogar, la escuela, la iglesia, asociaciones voluntarias, como bibliotecas de empresas y sociedades filosóficas,

---

13. Este plan de estudios está disponible en cuatro idiomas en la página web de AMO® http://amo-program.com.

14. Slater, Rosalie. 1965. *Teaching and Learning America's Christian History: The Principle Approach.* San Francisco: Foundation for American Christian Education. xix.

bibliotecas circulantes, aprendizajes y estudios privados. Era un sistema apoyado principalmente por benefactores privados, aunque había un barniz de participación gubernamental en algunas colonias, como en la puritana Massachusetts. Todo se hizo sin coacción.[15]

The Old Deluder Law 1642 fue aprobada en la colonia de Massachusetts. Decía así: «A todos los jóvenes se les enseña a leer perfectamente la lengua inglesa, a conocer las leyes y algún catecismo ortodoxo». La Norte América colonial también contaba con escuelas de damas, en las que las mujeres enseñaban a leer y escribir a los niños del vecindario en sus propias cocinas.

A diferencia de los Estados Unidos actuales, en los que la voz cultural más influyente son los medios de comunicación, en los Estados Unidos de la colonia el púlpito fue la voz más poderosa para inspirar el pensamiento y el razonamiento de los colonos. Lo que encendió el púlpito colonial fue la influencia de los reformadores John Knox y Juan Calvino. Sus enseñanzas sobre el reino de Cristo y la autoridad de las Escrituras dieron lugar a la forma colonial de autogobierno y Gobierno civil.

El púlpito colonial, que comenzó con hombres como Joseph Cotton, pastor puritano de Boston en 1630, siguió siendo durante 150 años la principal influencia educativa para los colonos con la predicación de clérigos como Cotton Mather, Jonathan Edwards (patriarca evangélico), George Whitefield (Primer Gran Avivamiento), Dr. John Witherspoon (firmante de la Declaración de Independencia), Samuel Davies (pastor de Patrick Henry), Jonas Clark (Lexington, 1775) y Peter Muhlenburg, por nombrar solo algunos. De hecho, éstos eran gigantes, hombres que guiaban fielmente a sus congregaciones a pensar bíblicamente. Algunos clérigos se vistieron incluso con atuendo de soldados durante la Revolución Estadounidense para luchar incansablemente con pluma y espada por la causa de la civilización cristiana en Estados Unidos. Según el historiador de Yale Harry S. Stout:

A lo largo de la era colonial, los ministros estadounidenses pronunciaron aproximadamente ocho millones de sermones,

---

15. Carson, Clarence. 1960. *The American Tradition.* The Foundation for Economic Education, Inc.

cada uno entre una hora y hora y media de duración. El feligrés colonial promedio de 70 años habría escuchado unos 7.000 sermones en su vida, totalizando casi 10.000 horas de escucha concentrada. Éste es el número de horas de clase que se necesitan para obtener diez títulos universitarios en una universidad moderna, ¡sin repetir el mismo curso![16]

El sermón brindaba a las familias de la épocauna excelente experiencia educativa. El domingo por la mañana no solo era el momento de escuchar las últimas noticias y ver viejos amigos, sino que también era una oportunidad para sentarse ante un hombre de Dios que había pasado muchas horas preparando un sermón de dos, tres o incluso cuatro horas. Más de un pastor pasaba entre ocho y doce horas *diarias* estudiando, orando y escribiendo su sermón. A diferencia de los sermones de mediados del siglo XIX, los sermones de antes estaban llenos del fruto de años de estudio. No solo iban dirigidos a las emociones y la voluntad, sino también al intelecto.

El sermón fue uno de los principales géneros literarios de la colonia de los Estados Unidos. Los oyentes escuchaban atentamente, tomaban notas mentales y comentaban el mensaje con su familia el domingo por la tarde. Por tanto, sin haber asistido nunca a una universidad o seminario, un feligrés colonial podía obtener un conocimiento profundo de la doctrina bíblica, la historia de la iglesia y la literatura clásica. Las preguntas planteadas por el sermón podían ser respondidas por el pastor o consultando libros en las bibliotecas de la iglesia que surgían por todas las colonias. Con frecuencia se publicaban sermones y los oyentes podían repasar lo que habían oído el domingo por la mañana. A menudo se pasaban de una familia a otra de la misma comunidad, ya que los padres se sentaban todas las noches con sus familias alrededor de la chimenea, releían las referencias bíblicas en voz alta y repasaban cada principio con sus hijos. Los padres y pastores se tomaban en serio la responsabilidad de educar tanto la cabeza como el corazón.

También se pronunciaban sermones en diversas ocasiones, como en días de ayuno o de acción de gracias y elección de los

---

16. *Christian History*, Issue 50: Christianity and the American Revolution.

oficiales de la milicia local. A menudo se imprimían como panfletos políticos, ya que los pastores de los siglos XVII y XVIII disertaban sobre el Gobierno civil. «El "Sermón anual de las elecciones"—memorial que se perpetuó de siglo en siglo a través de generaciones— todavía da testimonio [1860] de que nuestros antepasados comenzaban su año civil y sus responsabilidades con un llamado al cielo, y reconocían la moral cristiana como la única base de las buenas leyes».[17]

Los años de 1740 a 1790 marcaron una era de «valientes de Dios», una era de notables predicadores-patriotas que, con su predicación fiel y su estilo de vida recto, sentaron las bases para la Revolución Estadounidense y la fundación de la nueva República. «Al púlpito puritano le debemos la fuerza que consiguió nuestra independencia».[18] El rey Jorge III de Inglaterra se refirió a la Revolución como la «Rebelión de los clérigos».

George Bancroft, estadista e historiador del siglo XIX, escribió que «la Revolución de 1776, de alguna manera fue influida por la religión, fue una medida presbiteriana. Fue consecuencia natural de los principios presbiterianos que el Viejo Mundo plantó en sus hijos asentados en el Nuevo: los puritanos ingleses, los pactantes escoceses, los hugonotes franceses, los calvinistas holandeses y los presbiterianos del Ulster [Irlanda]... La Revolución Estadounidense no fue sino la aplicación de los principios de la Reforma al Gobierno civil».[19]

El presbiteriano escocés, Dr. John Witherspoon, fue presidente del College de Nueva Jersey (actualmente Universidad de Princeton) y uno de los que más destacó en el movimiento independentista. Su influencia como pastor y educador fue enorme. Un funcionario colonial de la corona escribió a Inglaterra que el trabajo de clérigos como John Witherspoon influía tanto en el devenir del conflicto que estaba llegando a convertirse en una guerra religiosa. Witherspoon fue tutor de James Madison, arquitecto de la Constitución y presidente de los Estados Unidos; del vicepresidente Aaron Burr; nueve

---

17. Hall, Verna. 1976. *Christian History of the American Revolution*. San Francisco: Foundation for American Christian Education.

18. Thornton, John Wingate. 1860. *The Pulpit of the American Revolution*. Reprinted by Bibliobazaar (2008). Preface.

19. Bancroft, George. 1875. *History of the United States of America from the Discovery of the Continent*, Vol. X. Boston: Little, Brown and Co. 310.

oficiales del gabinete; veintiún senadores; treinta y nueve congresistas; tres magistrados de la Corte Suprema; doce gobernadores estatales y numerosos ministros, abogados, jueces y otros funcionarios públicos. Cinco de los cincuenta y cinco miembros de la Convención Constitucional eran alumnos suyos. Él alimentó a toda una generación de estadistas con las Escrituras y la idea de Gobierno civil de los pactantes. Fue elegido representante de Nueva Jersey en el Congreso Continental por un periodo de cinco años. Fue el único clérigo que firmó la Declaración de Independencia y durante su etapa en el Congreso formó parte de más de 120 comités. «Después de observar el carácter de estos hombres uno se da cuenta por qué se dice que los colonos les trataron con el respeto reverencial que se negaron a rendir a los reyes y obispos anglicanos».[20]

El clero colonial inculcó una verdadera alianza entre la política y la religión. «El púlpito de la Revolución fue la voz de los Padres Fundadores de la República, reforzada por su ejemplo. Invocaron a Dios en sus asambleas civiles, recurrieron a maestros religiosos escogidos para obtener consejo bíblico y reconocieron sus preceptos como ley de conducta pública».[21] Prepararon a la nueva nación para luchar por la libertad con la Palabra de Dios y una profunda confianza en Él en sus corazones. Ésta fue la fuente de energía moral de los colonos.

Los resultados de la educación colonial fueron impresionantes. Las instituciones educativas de los Estados Unidos —familia, iglesia y escuela— produjeron generaciones de hombres y mujeres cristianos que pudieron disertar sobre temas complejos de autogobierno y Gobierno civil. Samuel Adams, patriota colonial y padre de la Revolución Estadounidense, resumió el ideal de la educación colonial de la nación: «Cultivar un hombre sabio y virtuoso, apto para que se le confíe la libertad del país».[22]

Enseñe carácter y comprensión en casa

La primera esfera de gobierno en la América del Norte colonial fue el hogar. El hogar es donde se sientan las bases del carácter y

20. Adams, James Lewis. 1989. *Yankee Doodle Went to Church: The Righteous Revolution*. Revell.
21. Thornton, John Wingate. 1860. *The Pulpit of the American Revolution*. Reprinted by Bibliobazaar (2008). Preface.
22. Discurso pronunciado en, 4 octubre, 1790.

donde primeramente se debe aprender y practicar el autogobierno. La capacidad del hombre para gobernarse a sí mismo está en proporción directa con su relación con Jesucristo y la obediencia a su Palabra. La niñez es el tiempo óptimo para recibir a Cristo como Salvador y cuando los principios del cristianismo se imprimen con mayor eficacia en la mente. Gran parte del carácter y la felicidad humanos dependen de la educación de la mente joven tanto para desarrollar sus facultades como para aplicar la verdad, para elegir y tomar decisiones.

Fue en el hogar colonial donde los padres y las madres enseñaron y modelaron el carácter cristiano y establecieron hábitos hogareños de cortesía, moralidad, frugalidad, perseverancia en hacer el bien, autogobierno y amor por el aprendizaje. La Biblia fue su manual básico para educar el carácter y el Libro con el que enseñaron a sus hijos a leer y razonar en la verdad. El reverendo Phillips, describió en 1869 el papel del hogar colonial estadounidense respecto a la formación del carácter y la conciencia necesarios para el Gobierno civil cristiano:

El hogar cristiano influye también en el Estado. Forma al ciudadano, sienta las bases del carácter civil y político. . . Por tanto, debemos a la familia lo que somos como nación y como individuos. El principio de gobierno en el hogar es el amor: el amor dirige en conformidad con la ley. Es similar en sus fundamentos al gobierno del estado y de la iglesia. Involucra las funciones legislativa, judicial y ejecutiva; sus elementos son la ley, la autoridad, la obediencia y la sanción. Sus leyes se basan en la Palabra de Dios.[23]

John Adams, segundo presidente de los Estados Unidos, y su esposa Abigail fueron padres vigilantes. Vivieron en una granja en Braintree, Massachusetts, y contribuyeron significativamente a las épocas fundacional y constitucional de los Estados Unidos. Nos dejaron un registro notable de la correspondencia que mantuvieron a lo largo de su vida de más de 1.100 cartas. Abigail era hija de un pastor colonial de Nueva Inglaterra. Fue educada en casa y pasó muchas horas leyendo los libros de la biblioteca de su padre.

23. Slater, Rosalie. 1965. *Teaching and Learning America's Christian History: The Principle Approach.* San Francisco: Foundation for American Christian Education. 19.

Ella, a su vez, educó en casa a sus cinco hijos. Su primogénito, John Quincy, sirvió a Estados Unidos durante más de cincuenta años. Aceptó su primer nombramiento diplomático a la edad de catorce años como secretario del embajador de Estados Unidos en Rusia. La primera instrucción que recibió fue en la Palabra de Dios. El joven Johnny acató y se comprometió hasta tal punto con la Palabra en su corazón y su mente que se convirtió para él en ancla y brújula de su larga vida de servicio público.

Johnny era un patriota a la edad de siete años. Mientras su padre desempeñaba cargos como estadista en Filadelfia, vio a su madre derretir sus utensilios de estaño para hacer balas para los soldados continentales. Ayudó a su madre en su granja de Braintree y, a los diez años consiguió un trabajo de repartidor de correo después de aprender a montar a caballo. Fue a esta edad cuando John Quincy adquirió el hábito de escribir. Se le conoce por el diario personal que mantuvo durante toda su vida, que incluye más de cincuenta volúmenes.

Su padre, John Adams, nunca abdicó de la responsabilidad de educar a sus hijos, a pesar de tener que pasar largos meses, e incluso años, fuera de Nueva Inglaterra, al servicio de la nueva nación. En una carta de 1778 a Abigail, escribió:

La educación marca mayor diferencia entre unos hombres y otros que la naturaleza entre el hombre y la bestia. Las virtudes y poderes en que los hombres pueden ser instruidos mediante la educación temprana y la disciplina constante son verdaderamente sublimes y asombrosos. . . Por tanto, deberíamos hacer todo lo posible para elevar la mente de nuestros hijos, y exaltar su valor, acelerar y animar su laboriosidad y su actividad, inculcar en ellos el hábito de despreciar la mezquindad, aborrecer la injusticia y la inhumanidad, y aspirar a destacar en todas las capacidades, facultades y virtudes. Si permitimos que sus mentes se arrastren en la infancia, se arrastrarán toda su vida.[24]

Diez años en casa, bajo la tutela de su amada madre, fue la educación que el joven Johnny recibiría. A los once años viajó a Francia con su padre para después servirle en su cargo diplomático. Sin

---

24. Hall, Verna, compiler. 1976. *The Christian History of the American Revolution: Consider and Ponder*. San Francisco: Foundation for American Christian Education. 606.

embargo, Abigail seguiría educando a Johnny a través de sus cartas. En una carta escrita en 1778 le exhorta:

> Mejora tu comprensión adquiriendo conocimientos útiles y virtudes, que te convertirán en un adorno para la sociedad, un honor para tu país y una bendición para tus padres. Gran conocimiento y capacidades superiores, si alguna vez los posees, serán de poco valor y poca estima, a menos que se les agregue virtud, honor, verdad e integridad. Aférrate a los sentimientos y principios religiosos inculcados en tu mente desde el principio y recuerda que eres responsable ante tu Hacedor de todas tus palabras y actos.[25]

En su juventud, John Quincy ejerció funciones diplomáticas en varios países europeos, como secretario de Estado del presidente Monroe y como congresista de Massachusetts. Más tarde fue elegido sexto presidente de los Estados Unidos. Después de un mandato de cuatro años como presidente, Adams volvió a casa y postuló su candidatura para un escaño en el Congreso. Es uno de los dos únicos presidentes que continuaron en el servicio público después de su mandato, labor que desempeñó durante 18 años hasta su muerte.[26] Aportó muchas contribuciones como legislador, una de las cuales fue su postura contra la esclavitud.

En 1811, John Quincy reveló su preocupación por el carácter de la próxima generación. Escribió una serie de cartas a su propio hijo en el internado sobre «La Biblia y sus enseñanzas». A continuación, ofrecemos una porción de esas cartas:

> Te aconsejo, hijo mío, que en todo lo que leas y, sobre todo, cuando leas la Biblia, recuerdes que es con el propósito de hacerte más sabio y virtuoso. Yo mismo, durante muchos años, me he acostumbrado a leer la Biblia una vez al año. Siempre me he esforzado por leerla con el mismo espíritu y temperamento que ahora te recomiendo: como lo hago yo mismo, con la intención y el deseo de que contribuya a mi avance en virtud y sabiduría... Acostumbro a leer cuatro o cinco capítulos cada mañana,

---

25. Ibid, 607.

26. William Howard Taft prestó servicio como presidente por un periodo de cuatro años seguido de nueve años como presidente de la Corte Suprema de los Estados Unidos.

inmediatamente después de levantarme de la cama. Le dedico aproximadamente una hora de mi tiempo y me parece la forma más adecuada de comenzar el día...

Ya has llegado a la edad de discernir la diferencia entre el bien y el mal, y conoces algunos de los deberes y la obligación que tienes de familiarizarte con todos ellos. Están en la Biblia, debes aprenderlos y practicarlos. Estos deberes son para con Dios, para con tus semejantes y para contigo mismo. «Amarás al Señor tu Dios con todo tu corazón, y con toda su alma, y con toda tu mente, y con todas tus fuerzas, ya tu prójimo como a ti mismo»...

Comprenderás que te he hablado de deberes para contigo, distintos de los que tienes para con Dios y tus semejantes; mientras que Jesucristo habla solo de dos mandamientos. Ello se debe a que Cristo, y los mandamientos por Él repetidos, consideran que el amor propio está tan implantado en el corazón de los hombres por la ley de su naturaleza, que no requiere ningún mandamiento establecer su influencia sobre el corazón; y de tal manera conocen su poder, que no exigen otra medida para amar al prójimo, que la que saben que tenemos para con nosotros mismos y para con los demás, y todos ellos deben ser aprendidos con igual perfección escudriñando las Escrituras.[27]

La educación colonial equipó con éxito a cinco generaciones para pensar y razonar en justicia con la revelación de la Palabra de Dios para ser aplicada en todas las esferas de la vida. Produjo el carácter y la conciencia cristianos necesarios para gobernar la primera república constitucional cristiana del mundo.

En el próximo capítulo, el filósofo, teólogo y activista social indio Vishal Mangalwadi explica lo que sucedió cuando el marco judeocristiano y la Biblia misma fueron descartados del centro de la vida personal y nacional de los Estados Unidos, para ser reemplazados por un punto de integración alternativo —los seres humanos— y la cosmovisión atea/darwinista, convertida luego en marco de referencia de la vida entera. Todo el país fue de-construido y el cristianismo perdió Estados Unidos.

---

27. Ibid, 615.

GUÍA DE ESTUDIO

SESIÓN 3a: El notable papel de la Biblia en la educación temprana de los Estados Unidos

SABER:

- **Conocimiento**—¿Qué declara esta sección?
  - ¿Cuál fue una de las principales preocupaciones que llevó a los peregrinos y puritanos a abandonar Europa e ir al Nuevo Mundo?
  - ¿Sobre quién creían ellos que recaía la responsabilidad de educar a sus hijos?
  - ¿Dónde se educaban los hijos en el período colonial?
  - ¿Qué anotaciones en la Biblia de Ginebra fueron amenazadoras para el rey Jacobo I? ¿Por qué?
  - Según la Dra. Youmans, ¿cuál es el principio más importante para edificar una cultura cristiana?

- **Entendimiento**—¿Qué significa esto?
  - Alguien acuñó la expresión «ética protestante del *trabajo*».
    - ¿Por qué son tan importantes las palabras?
    - ¿Por qué creó Noah Webster su propio diccionario de inglés estadounidense?
    - ¿Qué papel juegan las palabras para cumplir la Gran Comisión de discipular naciones?
    - ¿Qué sucede cuando una cultura cambia las palabras por las imágenes?
  - ¿Qué significa el término *autogobierno*?
  - Si los ciudadanos de una nación no son autónomos, ¿quién los gobernará?
  - ¿Cómo se desarrollan las personas autónomas?
  - Parafrasee la cita de Noah Webster sobre la Biblia, la virtud cristiana y la educación para crear una sociedad libre.
  - Si su sociedad no es libre o está perdiendo libertad, ¿a qué se debe probablemente? ¿Qué implica en el ámbito de la educación?

HACER:

- **Sabiduría**—¿Cómo se aplica?
  - Elija una de las siguientes aplicaciones:
    - ¿En qué áreas necesita mejorar para convertirse en una persona autónoma? ¿Cómo puede empezar a mejorar?
    - Reflexionando en la relación de la Palabra de Dios con una sociedad libre, ¿qué va a hacer para comenzar a cimentar o volver a cimentar la educación de su comunidad sobre la Palabra de Dios?

SESIÓN 3b: La educación centrada en Cristo produce líderes

SABER:

- **Conocimiento**—¿Qué declara esta sección?
  - ¿Dónde aparece el primer llamado a la educación en la Biblia?
  - ¿Qué libro en particular ejerció mayor influencia cultural y política en la formación de EE.UU. como nación libre y autónoma? ¿Por qué?

- **Entendimiento**—¿Qué significa esto?
  - Describa de qué modo la Biblia ayudó a dar forma al experimento de libertad conocido como EE.UU.
  - ¿Qué consecuencias acarrea la educación atea, laica y patrocinada por el Estado en las naciones actuales?
  - La Dra. Youmans expone el influjo que las redes sociales y el aprendizaje a distancia a través de computadoras han tenido en la educación y la mente de los niños. Resuma en sus propias palabras lo que esto nos ha costado.
  - Parafrasee el objeto de la educación según la definición del diccionario Webster 1828 de esa palabra.
  - Comente lo que la Dra. Youmans trató de producir después de leer el ensayo sobre educación de Benjamin Rush. ¿Cómo reaccionó usted a su escrito?

HACER:

- **Sabiduría**—¿Cómo se aplica?
  - Identifique una de las ideas que acaba de leer que le resulte inspiradora. Desarrolle una respuesta creativa a lo que le acaba de impactarle. Cree un podcast o video, o escriba un ensayo que pueda compartir con otros.

SESIÓN 3c: La revolución estadounidense fue impulsada por la predicación

SABER:

- **Conocimiento**—¿Qué declara esta sección?
  - En la época colonial no había escuelas públicas como las que conocemos hoy. Mencione las formas en que se educaba a los niños.
  - ¿Qué función desempeñaba el púlpito en la educación temprana estadounidense?

- **Entendimiento**— ¿Qué significa?
  - Describa los tipos y el ámbito de la predicación en la América colonial.
  - Comente el impacto que tuvo el ministerio del púlpito en la formación de la nación.
  - El historiador George Bancroft ha señalado: «La revolución estadounidense no fue más que la aplicación de los principios de la Reforma al Gobierno civil».
    - ¿Qué quiso decir con esto?
    - ¿A qué condujo esta predicación?
  - ¿A qué se refiere el «Púlpito de la revolución»?
  - Cuando se fundó la nueva nación y la enseñanza integral desde el púlpito comenzó a cambiar en EE.UU. hacia un tipo de predicación exclusivamente espiritual, ¿qué comenzó a reemplazar el púlpito en la educación de los niños del país? Explíquelo.

HACER:

- **Sabiduría**—¿Cómo se aplica?
  - Compare y contraste el impacto educativo de la era colonial, en la que el púlpito, la familia y el hogar se involucraban para conformar a la nación con la influencia de la escuela pública y el escritorio del maestro para configurar el mundo actual. ¿Qué conclusiones saca? ¿Cómo moldeará esto su carácter de reformador educativo?

SESIÓN 3d: Enseñe carácter y entendimiento en casa

SABER:

- **Conocimiento**—¿Qué declara este segmento?
  - ¿Qué fue lo primero que se enseñó en el hogar? Mencione algunas de las virtudes que los padres enseñaron a sus hijos:
  - ¿Dónde se sentaron y practicaron las bases del autogobierno?

- **Entendimiento**—¿Qué significa esto?
  - Para que una nación sea libre, sus ciudadanos deben ser autónomos. Si la gente no sabe gobernarse, no tiene ley. ¿Qué consecuencias acarrea ello en su propio país? ¿Dónde ve estas consecuencias en su propia nación?
  - Elija algunos de los aspectos más destacados del compromiso de John y Martha Adams con la educación en el hogar respecto a la educación de sus hijos y nietos.
  - Medite una respuesta modelo para su progenie.
  - Vuelva a leer el último párrafo de este artículo. ¿Qué efectos produjo la educación colonial? ¿Coméntelos?

HACER:

- **Sabiduría**—¿Cómo se aplica?
  - ¿Qué clase de anarquía ve en su propio país?
  - Para que las personas sean autónomas, es necesario enseñarles principios y virtudes bíblicos. ¿Se enseñan éstos en su país? Si es así, ¿cómo puede apoyar este esfuerzo? Si no se enseñan principios y virtudes bíblicos, ¿dónde y cómo puede comenzar?

4

SEMINARIO: ¿EDUCACIÓN O ESCOLARIZACIÓN RELIGIOSA?

Vishal Mangalwadi

Para bendecir a la India, los pioneros del movimiento misionero moderno no establecieron un seminario/instituto bíblico o escuela. En cambio, los calvinistas-bautistas fundaron el Serampore College en 1818. Su líder, William Carey, fue uno de los mejores traductores/editores de la Biblia de todos los tiempos. Pero además de enseñar la Biblia, ese zapatero, convertido en lingüista, enseñó botánica, horticultura, astronomía, silvicultura y agricultura. Fundó la Sociedad Agro-hortícola de la India, creó el segundo mejor jardín botánico de la India en el Serampore College, publicó libros científicos y fue pionero en el periodismo de la India. El *college* creció rápidamente hasta convertirse en la Universidad de Serampore en 1827.

Más adelante, el consejo directivo de la Universidad de Serampore entregó los departamentos de humanidades y ciencias al gobierno secular y se limitó a enseñar teología. ¿Separó la universidad involuntaria y fatalmente el considerado tema «sagrado» de la teología de los estudios «seculares»? Este capítulo es una crítica general del movimiento moderno de seminarios teológicos/institutos bíblicos/escuelas bíblicas.

Cuestiones preocupantes

La generación de William Carey desencadenó el renacimiento de la India. ¿Es una cosmovisión fragmentada la causa de que la educación teológica sea relevante para el cielo pero irrelevante para la tierra?

A día de hoy, no se puede encontrar una sola copia del libro de Sam Higginbottom, *The Gospel and the Plough*,[1] en la biblioteca del Instituto Sam Higginbottom de Agricultura, Tecnología y Ciencias. Es porque nuestra educación teológica no tiene un interés genuino en integrar la teología con el «arado». Es decir, con la ciencia, la sociología, la economía, el derecho, la política y la tecnología necesarios para bendecir a la India.

¿Por qué la teología del siglo XX permitió que la Iglesia dejara de ser la luz del mundo? ¿Contagió esta enfermedad a la India la corrupción de la teología occidental? Más importante aún, es esta separación de la teología del resto de lo académico, responsable de marginar el cristianismo en la principal nación protestante del mundo, los Estados Unidos de América

¿Por qué perdió el cristianismo los Estados Unidos?

La «teología liberal» se ha autodestruido. Desde el principio, fue una tontería la idea de que la Biblia fuera la palabra de la humanidad, no de Dios, y aun así la razón humana pudiera sistematizar la «ciencia de Dios» (teología). Hoy en día, casi nadie estudia teología liberal para tratar de conocer a Dios. Por lo tanto, en este capítulo, el movimiento «Instituto Bíblico/Escuela/Seminario» generalmente significa instituciones teológicas evangélicas. El ethos teológico establecido por estas instituciones fue radicalmente diferente de la cosmovisión de los puritanos que fundaron Harvard (1636), Yale (1701) y Princeton (1746). Estas universidades fueron creadas para capacitar a hombres y mujeres para servir a la iglesia y al mundo que Dios ama.

Según su lema, adoptado en 1692, la primera universidad estadounidense, Harvard, fue fundada por puritanos para «Cristo y la Iglesia» (*Christo et Ecclesiae*). Harvard, que posiblemente escribiera el ADN de los Estados Unidos, sigue siendo la universidad número uno del mundo. Sigue dando forma al país. El cristianismo perdió Estados Unidos por varias razones, principalmente porque abandonó sus mejores universidades cristianas y se retiró al movimiento de seminarios bíblicos.

---

1. Higginbottom, Sam. 2016. *The Gospel and the Plow: The Old Gospel and Modern Farming in Ancient India*. Good Books.

La importancia del asunto: Universidad versus Seminario

El escudo icónico de Harvard fue adoptado en diciembre de 1643. Hizo de la búsqueda de la verdad (*veritas* en latín) el propósito de la existencia de la universidad, porque Dios quiere que «todas las personas se salven y lleguen al conocimiento de la verdad» (1 Timoteo 2:4).

¿Cómo descubrimos la verdad? El escudo de Harvard inscribió *veritas* en tres libros: (1) las palabras de Dios, (2) las obras de Dios y (3) la razón de Dios, reflejada en su imagen: el hombre.

Para descubrir la verdad, un estudiante tenía que estudiar los tres y conectar los puntos descubiertos en ellos. El movimiento del instituto bíblico/seminario se apartó de esta epistemología holística e intentó derivar la verdad exclusivamente de las Escrituras, el libro de las palabras de Dios.

La fuerza intelectual inmediata detrás del escudo de Harvard fue Juan Amós Comenio (1592-1670), último obispo de la iglesia de La Unidad de los Hermanos. Sus noventa libros sobre educación lo erigieron como padre de la educación moderna. También ayudó a dar forma a la teología protestante moderna de la «Nación» que forjó la «Paz de Westfalia» de 1648. Esa teología creó naciones como los Estados Unidos de América y la India.

Samuel Hartlib y John Milton invitaron a Comenio a visitar Inglaterra a principios de la década de 1640 para inaugurar la que habría sido primera universidad «moderna» del mundo, en Chelsea, Londres. La Guerra Civil impidió el establecimiento de esa universidad, pero dos cosas importantes florecieron en su tiempo en Londres:

- Comenio sentó la base intelectual de la Royal Society. La mayoría (el 62 por ciento) de sus fundadores eran puritanos. Por ese tiempo, Thomas Hobbes era el único pensador ateo en Inglaterra, y ese extremo le descalificaba para ser miembro de la sociedad científica más influyente de la historia.
- El gobernador de Nueva Inglaterra, John Winthrop, interactuó con Comenio y llevó su filosofía de la educación cristiana a Estados Unidos.

Además de Comenio, los pensadores cristianos que conformaron la filosofía educativa de Harvard fueron Francis Bacon (1561-1626), Alexander Richardson (muerto en 1629 o antes), William Ames (1576-1633) y John Alsted (1588-1638). Ellos creían que la verdad se conoce a través de la revelación racional.

Martín Lutero fue monje agustino y profesor en la Universidad de Wittenberg. Durante mil años, la tradición teológica había creído que para conocer la verdad había que estudiar los dos libros de Dios: el libro de sus palabras y el libro de su razón, reflejados en su imagen: la mente humana. El primer libro (Escrituras) se entiende a través del segundo (razón).

La icónica declaración de Lutero en la Dieta de Worms, celebrada en 1522, articuló esta cosmovisión:

> A menos que sea condenado por las Escrituras y por la simple razón, no acepto la autoridad de los papas y de los concilios, porque se han contradicho entre sí. Mi conciencia está cautiva de la Palabra de Dios. No puedo ni me retractaré de nada, porque ir en contra de la conciencia no es ni correcto ni seguro. Aquí me planto, no puedo hacer otra cosa. Dios ayúdame. Amén.[2]

El libro de las palabras de Dios —*Las Escrituras*

Jesús confirmó la perspectiva del Antiguo Testamento de que tanto la verdad como la falsedad se comunican con palabras y que la Palabra de Dios es la fuente del conocimiento de la verdad.

- La viuda sidonia de Sarepta le dijo a Elías: «Ahora conozco que tú eres varón de Dios, y que la palabra de Jehová es verdad en tu boca» (1 Reyes 17:24).
- El Señor Jesús dijo: «Tú palabra es verdad» (Juan 17:17); «La Escritura no puede ser quebrantada» (Juan 10:35); «Si vosotros permaneciereis en mi palabra... conoceréis la verdad» (Juan 8:31–32), etc.
- Los apóstoles recalcaron la enseñanza del Señor:
- Pablo afirmó: «Toda la Escritura es inspirada por Dios» (2 Timoteo 3:16).

---

2. Véase «Lutero en la dieta imperial de Worms» (1521), https://www.luther.de/en/worms.html.

- Pedro enseñó: «Nunca la profecía fue traída por voluntad humana, sino que los santos hombres de Dios hablaron siendo inspirados por el Espíritu Santo» (2 Pedro 1:21).

El libro de la razón de Dios

Lutero enseñó Aristóteles a sus alumnos y consideró que algunos escritos del filósofo griego habían dejado una huella corruptora en la vida intelectual europea. Sin embargo, Lutero, uno de los campeones de la Palabra de Dios en la historia, concordó con Aristóteles en que el aprendizaje de la verdad requiere estudio y uso de la razón, y la ayuda de la lógica y las matemáticas. Este aspecto de la educación medieval llegó a través de san Agustín, quien consideraba que la «razón» es el don característico de Dios al hombre. Por eso la tradición agustina cree que la mente debe desarrollarse, como hacemos con otros talentos que nos son otorgados.

La teología de la razón de san Agustín se basaba en el apóstol Juan, quien dio a conocer a Dios como una persona racional. Por muy buena razón, el teólogo reformado Gordon Clark tradujo Juan 1:1 como:«En el principio era la razón [logos, palabra], la razón estaba con Dios y la razón era Dios».[3]

¿Qué distingue a la *palabra* del *mantra*? Una *palabra* es un sonido con *sentido*. Una proposición solo tiene sentido *porque* es una combinación lógica de palabras y oraciones.

Muchas escuelas bíblicas ya no enseñan lógica. Sin embargo, tradicionalmente la teo*logía* requería el estudio de la lógica. La función pastoral de Timoteo requería *estudio* para mostrarse aprobado ante Dios, con una *exégesis lógica de la palabra* (2 Timoteo 2:15).

Pablo no pidió a Timoteo que memorizara sus palabras, porque las Escrituras judeocristianas no son *mantras* para memorizar y enunciar correctamente. La Palabra de Dios es su sabiduría. Por tanto, Pablo encarga a Timoteo que «medite» en sus palabras (2 Timoteo 2:7). Hacer teología es pensar e interpretar lógicamente los datos revelados. Invita a cultivar una mente lógica.

---

3. Véase Clark, Gordon H. "God and Logic," *The Trinity Foundation*. http://trinityfoundation.org/journal.php?id=16.

El libro de las obras de Dios

William Carey enseñó astronomía y botánica. Sam Higginbottom enseñó agricultura, ciencia y tecnología porque para su época la teología protestante había mejorado a partir de Lutero. Éste estudió los libros de las palabras y de la razón de Dios, pero éstos no pudieron enseñarle la verdad sobre el sistema solar. En su estilo ampuloso habitual, Lutero (1483-1546) escribió un panfleto denunciando la teoría de Copérnico (1473-1543) de que la tierra gira alrededor del sol, no el sol alrededor de la tierra. Poco después, las cuidadosas observaciones de Galileo (1564-1642) de las obras de Dios —los movimientos reales de los planetas— confirmaron el modelo teórico de Copérnico.

Galileo se esforzó por hacer una exégesis de la Biblia y argumentó que su concepción del sistema solar centrada en el sol era coherente con la Biblia. Sin embargo, su descubrimiento desafió la epistemología de Lutero tanto como la infalibilidad del Papa. Protestantes y católicos tuvieron que aceptar el hecho de que no bastaba con estudiar la Palabra de Dios y la razón. Dios también nos pide que estudiemos sus obras. Este estudio es necesario para gobernar la tierra (Salmo 8:6; 64:9; 72:12; 92:5, etc.). Francis Bacon (1561-1626), a menudo llamado padre de la ciencia moderna, defendió enérgicamente la necesidad de estudiar las *obras* de Dios.

Las Escrituras afirman que «los cielos cuentan la gloria de Dios» (Salmo 19:1a). En Romanos 1:19-20, Pablo asegura que las obras de Dios revelan su verdad y sus atributos, así como, su poder, su sabiduría y su gloria (véase también Juan 9:3; 11:40).

La exposición bíblica de Bacon fue la razón por la que la Universidad de Cambridge inscribió el Salmo 111:2 en la entrada del laboratorio Cavendish, el primer laboratorio científico de la historia: «Grandes son las obras del Señor, meditadas por los que en ellas se deleitan» (NVI). El salmo celebra las obras de Dios, tanto en la naturaleza como en la cultura. El Antiguo y el Nuevo Testamento registran las obras de Dios para que podamos estudiarlas en nuestra búsqueda de la verdad y luego enseñárselas a otros. Las obras de Dios revelan su amor tanto como sus palabras. Por eso la Iglesia estableció universidades de investigación.

Los eruditos cristianos investigaron los tres libros de Dios: el libro de sus palabras, el libro de sus obras, y el libro de su razón (incluidas la lógica y las matemáticas) porque, como Bacon les recordó, Dios revela y oculta la verdad. «Gloria de Dios es encubrir un asunto; pero honra del rey es escudriñarlo» (Proverbios 25:2). El sol naciente y poniente oculta el hecho de que el día y la noche son causados por la revolución de la tierra, no por la del sol.

El movimiento evangélico fue la fuerza dominante de Estados Unidos durante gran parte del siglo XX. No obstante, no construyó una sola universidad de investigación durante su apogeo. ¿Por qué? Una de las razones que lo explican fue su epistemología truncada de que para conocer la verdad los cristianos deben estudiar solo las Escrituras. Otro factor fue la creencia de que la *revelación* significa que Dios está en el negocio de revelar, no de ocultar las cosas. Las universidades y los laboratorios de investigación se construyeron sobre la base de que las palabras y las obras de Dios ocultan cosas; estamos dotados de razón para descubrir tesoros escondidos.

Fragmentación del conocimiento: del modernismo al posmodernismo

Tanto las universidades medievales como las modernas consideraron la teología como la reina de todas las ciencias. Cuando Isaac Newton (1642-1726/7) llegó a Cambridge, no había ningún departamento de ciencias. Lo que llamamos ciencia fue para Newton un estudio del libro de las obras de Dios. Se llamó Filosofía Natural, que significa sabiduría y revelación ocultas en la creación de Dios, pero disponibles para todos.

La actual fragmentación del conocimiento comenzó cuando los filósofos protestantes europeos se rindieron a la herejía católica romana que otorgó al libro de la razón autoridad de control sobre los libros de las palabras y las obras de Dios. La razón es necesaria para comprender las Escrituras, la naturaleza y la cultura. Pero el trabajo de la razón estriba en comprender, recibir, interpretar, sintetizar, aplicar y articular la revelación, no juzgarla.

El racionalismo de la Ilustración comenzó como una herejía católica romana. La teología católica afirmaba la máxima autoridad de las Escrituras y la Iglesia. La interpretación de la Iglesia de las Escrituras afirmaba ser infalible. No otorgó autoridad final a la razón individual porque creía en el pecado original. Por tanto, no era catolicismo tradicional sino herejía creer que la «caída» de Adán y Eva había afectado al corazón pero no a la mente. Por eso la mente (razón, lógica) podía descubrir la verdad sin la gracia, sin revelación ni inspiración.

El racionalismo de René Descartes ignoró la depravación total y exaltó el libro de la razón por encima de los libros de las palabras y las obras de Dios: este fue el comienzo de la arrogancia humanista. Y es que la revelación fue la única razón por la que un sector de la Iglesia Católica confió en la razón. La Iglesia Ortodoxa no logró desarrollar universidades porque no abrazó completamente la perspectiva bíblica de san Agustín sobre la razón humana como imagen de Dios.

Los reformadores protestantes fueron teólogos. A través de pensadores como Lutero y Calvino, el protestantismo heredó lo mejor del pensamiento católico. Los pensadores europeos construyeron sobre esa base. Trágicamente, no obstante, algunos de sus seguidores europeos, los principales filósofos protestantes, teólogos y apologistas, se rindieron a la arrogancia racionalista. Ellos también elevaron la razón por encima de la revelación y socavaron la autoridad de las Escrituras, *Logos* (la Palabra hecha carne), y muy pronto, de la razón misma.

El modernismo fracasó en darnos el conocimiento de la verdad porque destruyó la revelación, la única base disponible de nuestra confianza en la razón. Su excesiva confianza en la razón degeneró rápidamente en escepticismo, ignorancia, incredulidad, inmoralidad y desafío a la autoridad de Dios. El racionalismo occidental (incluido el «modernismo» o liberalismo teológico) socavó la confianza en las Escrituras porque ignoró el hecho de estar cortando la rama misma sobre la que se sentaba. No obstante, eso fue una tragedia menor.

Más desastrosa fue la reacción cristiana «fundamentalista» (es decir, evangélica) al modernismo «liberal». Durante el siglo XX abandonó la universidad en favor de institutos/seminarios bíblicos. El movimiento evangélico arrojó al bebé con el agua del baño. Al reaccionar contra el racionalismo, el fundamentalismo abandonó el estudio de los libros de las obras de Dios y de la razón. El lema de los reformadores, *Sola Scriptura* (Solamente las Escritura), comenzó a malinterpretarse en el sentido de «estudiar solo las Escrituras». Un teólogo puede aprender griego, pero lo hace para estudiar la Biblia, no Platón.

Por qué los seminarios hundieron a las universidades en la oscuridad intelectual-moral

En 1944, el Club Socrático de Oxford invitó a C. S. Lewis a disertar sobre el tema «¿Es poesía la teología?». Nadie escribe teología en verso. Así pues, la pregunta no planteaba si la teología debía clasificarse como poesía. La cuestión era si los cristianos creen los dogmas del credo porque son proposiciones verdaderas o porque satisfacen a la imaginación poética.

Lewis concluyó su magnífico discurso con una declaración que se hizo famosa: «Creo en el cristianismo como creo en el sol naciente. No solo porque veo el sol, sino porque gracias a él veo todo lo demás». El argumento de Lewis era que la teología es la reina de las ciencias en la universidad porque la Biblia es el sol que ilumina todas las ramas de la investigación. La Palabra de Dios proporciona confianza en la (humile) razón. Juntas, las Escrituras y la razón dan sentido a todo lo demás. Esta epistemología de la revelación racional permitió a la universidad desarrollar una «visión del mundo y de la vida» coherente. Sin la Biblia, la universidad no tiene un foco de luz central o común (sol) a través del cual cada departamento pueda comprender su tema y conectarlo con las otras ramas del conocimiento y con la vida fuera de la academia.

El posmodernismo completó la fragmentación o *atrincheramiento* del conocimiento. Sin el sol, sin la revelación, tuvo que descartar la noción misma de la verdad: *veritas*. La educación dejó de ser búsqueda de la verdad. Se convirtió en mera adquisición de información, destrezas y títulos para la búsqueda de empleo y poder (a veces, en una oportunidad para practicar deporte, divertirse y hacer contactos). Esto convirtió a las facultades universitarias en silos. Privado del sol, cada silo tuvo que inventar su propia luz, y adoptar una forma de vocabulario, credos y rituales de iniciación diferentes que no podían ser cuestionados por novatos o no iniciados. El seminario bíblico inició el problema. Dos ilustraciones pueden aportar claridad:

¿Puede Dios convertir el agua en vino en un instante? ¿Pudo hacer de Eva una mujer adulta en el momento de su creación? Si es así, también puede crear en un instante un universo completamente desarrollado. ¿Pero lo hizo? ¿Cómo se ha de investigar esta pregunta? Un creacionista de la tierra joven puede sostener que, unos cuatro mil años antes de Cristo, Dios creó el universo en seis días de veinticuatro horas. ¿Llegó a esa conclusión porque sintetizó cuidadosamente toda la información obtenida de los libros de la Palabra de Dios, de las obras y de la razón? ¿O mantiene su creencia como dogma, porque cree que conocemos la verdad leyendo solo las Escrituras? ¿Es bíblico no estudiar las obras de Dios (ciencia) objetivamente?

¿Por qué un evolucionista cree que un profesor de derecho, lógica o matemáticas no puede entender o cuestionar la evidencia de la macro-evolución? Porque la evolución, —gran teoría— se ha convertido en dogma. Los evolucionistas no permiten que los no especialistas escudriñen su dogma porque la biología, la geología y la paleontología posmodernas son silos: ciencias dogmáticas y ocultas accesibles sólo a los iniciados, no a los de fuera.

¿Por qué la universidad posmoderna se hunde en la oscuridad intelectual y moral?

La triste respuesta es que el movimiento de institutos bíblicos/escuelas/seminarios puso el sol de la universidad, la Biblia, en un silo académico. En lugar de buscar la verdad sintetizando el conocimiento revelado en los libros de las palabras, las obras y la razón de Dios, el seminario bíblico aisló las palabras de Dios de sus obras y de la razón. El cerramiento del sol empujó a otros departamentos a la oscuridad.

La escuela de «Gospel and Plough of Theology» se encuentra en una posición única para comenzar a revertir la epistemología destructiva de los siglos anteriores. El GPST (por sus siglas en inglés) puede trazar un nuevo camino para la teología global si se toma en serio el llamado del vicerrector de equipar y permitir que los estudiantes de teología acudan a otros departamentos para estudiar los libros de las obras de Dios y de la razón. Asimismo, la facultad de teología debe prepararse para recibir estudiantes de agricultura, ciencia, tecnología y humanidades para que cursen estudios en el libro de las palabras de Dios. Debe llegar el día en que los profesores de física, antropología y medicina abracen la investigación posdoctoral en teología, no para convertirse en pastores, sino para sintetizar la información extraída de los tres libros de Dios.

Gran parte del debate actual sobre la educación se centra en el nivel programático y político de la educación; se centra en el qué y el cómo de la educación, así como en las últimas técnicas y tecnologías educativas. En el próximo capítulo nos centraremos en la pregunta más básica, menos planteada y más importante: ¿Por qué educar?

BIBLIOGRAFÍA

Sobre Sam Higginbottom:

Hess, Gary R. 1967. *Sam Higginbottom of Allahabad: Pioneer of Point Four to India*. Charlottesville: The University Press of Virginia.

Higginbottom, Sam. 1921. *The Gospel and the Plow: Or, The Old Gospel and Modern Farming in Ancient India*. New York: The Macmillan Company.

Sam Higginbottom, Farmer: An Autobiography. New York: Charles Scribner's Sons, 1949.

Sobre William Carey:

Mangalwadi, Vishal, and Ruth Mangalwadi. 1999. *The Legacy of William Carey: A Model for the Transformation of a Culture*. Mussoorie, UA: Good Books.

En español: *Un modelo de transformación cultural: El legado de William Carey en la India*, Editorial Peniel.

Sobre por qué el cristianismo perdió los Estados Unidos:

Grant, Edward. 2001. *God and Reason in the Middle Ages*. Cambridge University Press.

Marseden, George M. 2006. *Fundamentalism and American Culture.* Oxford University Press.

Noll, Mark A. 1994. *The Scandal of the Evangelical Mind.* Grand Rapids: Eerdmans.

Sobre el papel de la razón en la educación cristiana:

Cochrane, Charles Norris. 1940. *Christianity and Classical Culture.* Oxford University Press.

Scott, David Hill. "A Vision of Veritas: What Christian Scholarship Can Learn from the Puritan's [*sic*] 'Technology' of Integrating Truth," *LeadershipU, http://www.leaderu.com/aip/docs/scott.html.*

Sobre la teología bíblica y la creación del mundo moderno:

Mangalwadi, Vishal. 2011. *The Book That Made Your World: How the Bible Created the Soul of Western Civilization.* Nashville: Thomas Nelson.

En español: *El libro que dio forma al mundo: Como la Biblia creó el alma de la civilización occidental,* Nashville, Thomas Nelson.

GUÍA DE ESTUDIO

SESIÓN 4a: Seminario: ¿educación o escolarización religiosa?

SABER:

- **Conocimiento**—¿Qué declara esta sección?
  - William Carey fue un misionero que vivió en una época en la que los cristianos operaban desde una cosmovisión bíblica. Haga una lista de:
  - Lo que hizo Carey
  - Lo que enseñó Carey
  - Mencione los tres libros del escudo de Harvard
  - Mencione algunos cristianos que ayudaron a establecer el marco para la filosofía y el sistema educativo estadounidense
  - Como teólogo, Galileo estudió la Palabra de Dios. ¿Qué pasajes informaron su decisión de desafiar el paradigma dominante de la Iglesia y el papa?

- **Entendimiento**—¿Qué significa?
  - Hoy pensamos que los misioneros llevan a cabo una labor «espiritual», es decir, evangelizan, establecen iglesias e instruyen en cosas «espirituales». ¿Por qué Carey y otros misioneros de su generación abrazaron una agenda más amplia?
  - Comente los tres libros del escudo de Harvard. ¿Qué revelaba cada uno? ¿Cómo se relacionaron entre sí?
  - ¿Por qué y cómo el cristianismo ha perdido EE.UU.?
  - ¿Qué relación hay entre la Palabra de Dios y la razón? ¿Por qué ambas son importantes?
  - ¿Cómo desafió Galileo, teólogo y científico, a la Iglesia y al papa?
  - Por lo general, pensamos en términos de la revelación de Dios. ¿Cómo ha *ocultado* Dios las cosas? ¿Por qué?

HACER:

- **Sabiduría**—¿Cómo se aplica?
  - Escriba un poema, ensayo, blog o artículo de periódico que comente los tres libros y por qué es esencial restaurarlos como base de la educación.

SESIÓN 4b: Fragmentación del conocimiento: del modernismo al posmodernismo

SABER:

- **Conocimiento**—¿Qué declara esta sección?
  - ¿Por qué dijo C. S. Lewis: «Creo en el cristianismo como creo en el sol naciente»?

- **Entendimiento**—¿Qué significa esto?
  - ¿Qué significa la locución «la teología es la reina de la ciencia»?
  - ¿Cómo se convirtió el don de Dios del uso de la razón en mero racionalismo?
  - ¿Qué sucedió cuando los «cristianos» modernos comenzaron a aceptar los supuestos evolucionistas y a rechazar la autoridad de las Escrituras sobre la humanidad?
  - ¿Qué pasó cuando los cristianos «fundamentalistas» se rebelaron contra el modernismo y rechazaron la razón?

- Comente lo que la posmodernidad ha hecho a las universidades actuales por lo que respecta a la «compartimentación» del conocimiento.
- ¿Cómo contribuyeron las ideas sobre la educación de escuelas bíblicas y seminarios a desintegrar las universidades actuales?

HACER:

- **Sabiduría**—¿Cómo se aplica?
  - ¿Cuál es la cosa más importante sobre la educación que ha aprendido del capítulo de Vishal Mangalwadi?
  - ¿Cómo afectará esto a su contribución para reformar la educación? Sea específico.

5

¿EL PORQUÉ DE LA EDUCACIÓN? EL OBJETO PERDIDO DEL APRENDIZAJE

Christian Overman

Los seguidores de Cristo en los Estados Unidos y otros países[1] se están dando cuenta de que los fundamentos bíblicos de la ley, el gobierno civil, la economía, la familia y el género —que antes proporcionaban luces de acceso a puerto comúnmente aceptadas por la sociedad—han sido sustituidos. El movimiento incesante hacia la secularización de la sociedad y la privatización del cristianismo que tuvo lugar en el siglo XX fue enormemente exitoso, y se aceleró en gran medida a través de las escuelas primarias y secundarias.

La formación de las naciones comienza en la mente de los niños. Las ideas que dan forma a la nación, adquiridas en las escuelas primarias y secundarias, no se sienten inmediatamente a nivel nacional porque hace falta tiempo para que las pequeñas bellotas se conviertan en robles gigantes. Pero crecerán. Y, como se ha dicho muchas veces, «las ideas acarrean consecuencias».

Este capítulo es un llamado a la acción para los que plantan ideas que conforman la nación en las mentes de los jóvenes, por diseño o por defecto: *educadores de primaria y secundaria*. Incluye a maestros y directores de escuela, instructores de escuela dominical y demás personal de iglesia que interactúan con estudiantes de edades comprendidas entre cuatro y dieciocho años. También incluye a los padres, que educan a sus hijos diariamente por defecto o diseño, y a los pastores, que educan desde el púlpito.

Es hora de restaurar el objeto perdido del aprendizaje. Este propósito se ha descuidado durante 150 años en los EE.UU. y reclama

---

1. Escribo como ciudadano estadounidense, pero la historia es similar en otros países influidos por la Reforma.

139

ser restaurado, tanto en EE.UU. como en otras partes del mundo. Esto se puede hacer si primeramente comprendemos lo que se ha perdido y luego damos los pasos necesarios para restaurar el objeto perdido de manera *sistémica, intencional* y *repetible*.

No será una solución fácil y rápida. Pero debemos comenzar por hacer modificaciones en miles de escuelas e iglesias sin más demora.

Albert Einstein dijo una vez: «La formulación de un problema suele ser más esencial que su solución». Con esto en mente, comencemos por plantear el problema, para comprender mejor lo que se ha perdido antes de considerar cómo se puede recuperar.

¿Pueden ser neutrales las escuelas secularizadas?

Antes del siglo XX las escuelas estadounidenses eran predominantemente cristianas tanto en su enfoque como en sus costumbres. Esto se evidencia en la práctica común de lectura de la Biblia y oración dirigida por los maestros, así como en los textos académicos usados, que contenían abundantes pasajes de las Escrituras y referencias a Jesucristo, el pecado y la salvación. Estos textos incluían *El libro de ortografía estadounidense* de Noah Webster (1822), considerado el libro de ortografía estándar en las escuelas del país; *The National Reader* (1828), una gramática escolar común del idioma inglés (1871); y el popular *McGuffey Readers*, que vendió al menos 120 millones de copias entre 1836 y 1960.[2]

Quizás la evidencia más notable de que el pensamiento cristiano se mezclaba abiertamente con la educación en los Estados Unidos antes del siglo XX se encuentra en el *Diccionario Estadounidense de la Lengua Inglesa,* de Noah Webster (1828). Webster tardó 28 años en completar esta obra magna. Está llena de referencias a la Biblia y definiciones de palabras bíblicas, ya que este «Padre de la erudición y la educación estadounidenses» estandarizó el idioma inglés para todos los ciudadanos del país. Webster también fue uno de los padres fundadores de los Estados Unidos.

Cuando EE.UU. hizo la transición de las escuelas cristianas no reguladas a un sistema escolar estatal centralizado a fines del siglo

---

2. Otros textos incluían The English Reader (1825), The National Reader (1828), The Young Scholar's Manual (1830), The National Spelling-Book (1858), y The American Preceptor (1811).

XIX, el teólogo A. A. Hodge, de Princeton, escribió: «Es evidente que a través de este plan, si se lleva a cabo de manera coherente y persistente en todas las partes del país, el sistema de educación popular nacional estadounidense será el instrumento más amplio y eficiente para propagar el ateísmo que el mundo haya conocido jamás».[3]

Mi único comentario sobre la declaración de Hodge (además de aplaudir que reconociera el peligro de que el gobierno civil rija las escuelas) es que la situación actual ha ido mucho más lejos.

Algunos se resistirán a las palabras de Hodge, insistiendo en que la educación estatal es neutral cuando se trata de cuestiones de fe. Pero la cuestión de no mezclar la fe con la educación debe examinarse cuidadosamente. La cuestión no estriba en si se va a permitir que la fe se mezcle con la educación, sino en *¿qué fe* se va a mezclar? El hecho es que la fe se mezcla a diario con las escuelas públicas. Solo que es un *tipo* de fe diferente al que comúnmente se mezcló con las escuelas de EE.UU. por unos 300 años después de la Reforma.

En las escuelas estatales de EE.UU. ya no se permite enseñar a los alumnos que Dios dan a la humanidad a través de la Biblia. Ya no está permitido enseñar a los alumnos que la Biblia proporciona normas de orden social y moral. Sin embargo, se permite enseñar que la sociedad (o los individuos que la componen, e incluso uno mismo) *es* la que «establece» el orden social.

De modo que la gran cuestión es ésta: *si es un asunto religioso enseñar, o dar a entender, que la Biblia proporciona normas para el orden social y moral, ¿no lo es también enseñar, o insinuar, que no lo hace?*

Si es adoptar una postura religiosa afirmar que «Jesús es el Señor de todo, y que por Él y para Él todas las cosas existen», ¿no lo es también afirmar, en tantas o menos palabras, que «Cristo y la Biblia son irrelevantes para discutir temas de biología, física y matemáticas»? ¿No son *ambas* proclamas declaraciones religiosas?

Enseñar a los alumnos que Cristo y la Biblia son irrelevantes para la biología, la física y las matemáticas se puede trasmitir de

---

3. Hodge, A. A. 1887. *Popular Lectures on Theological Themes*. Presbyterian Board of Publication.

manera muy eficaz sin decírselo directamente. Un maestro no tiene que ponerse frente a una clase y declarar: «la Biblia no tiene nada que ver con este tema» para comunicar el mensaje de que el Libro es irrelevante.

Si pensamos que el sistema educativo actual de EE.UU. es religiosamente neutral, debemos repensarlo. Si las escuelas públicas adoctrinaran a los niños en el budismo, el islam o el animismo de los americanos nativos, muchos padres cristianos se llevarían las manos a la cabeza. Quizás. Pero cuando se trata de adoctrinar a los niños en la llamada «Fe común» de John Dewey, que él calificó de fe no teísta, los padres cristianos se muestran curiosamente pasivos.[4]

Al parecer, los padres cristianos piensan que el secularismo es «neutral» y que si sus hijos pueden aprender a leer y escribir lo suficientemente bien como para ingresar en la universidad, dejarán atrás la educación secularizada. Al parecer, los padres cristianos creen que si los maestros no se ponen delante de la clase y declaran: «La Biblia es un cuento de hadas», todo anda bien. Pero cuando los maestros no sitúan ni una sola materia académica en el contexto de un marco de referencia bíblico durante un período de 13 a 14 años, ¿son esos maestros realmente «neutrales»?[5]

No obstante, lo que más me preocupa del adoctrinamiento de los jóvenes cristianos en las escuelas secularizadas *no es* que se vuelvan *ateos*. Mi mayor preocupación es que se conviertan en *dualistas*. Un dualista es el que lee la Biblia, ora, asiste a la iglesia los domingos y, sin embargo, no establece ninguna conexión significativa entre la Palabra de Dios y lo que sucede en el lugar de trabajo de lunes a viernes porque piensa que la «fe» es un asunto personal y privado, mientras que el lugar de trabajo es público y, por tanto, «secular».

Los dualistas consideran la Biblia relevante para la vida personal o para los asuntos de la iglesia, pero no para lo que ocurre en el

---

4. John Dewey (1859-1952) fue la voz dominante de la educación estadounidense en el siglo XX. Dewey fue un importante defensor de la llamada educación «progresiva», ateo declarado y uno de los firmantes del *Manifiesto Humanista I*, en 1933. En su libro, *Una fe común*, Dewey explica su «fe no teísta» llamada «humanismo religioso».

5. Los padres cristianos también deben preguntarse si realmente lo que quieren para sus hijos es una educación «neutral». Como dijo Jonathan Lewis: «La neutralidad no es deseable, aunque fuera posible». Véase el artículo de Lewis, «The Neutrality Myths» en la edición de julio/agosto # 82 de la revista *Home School Enrichment*.

lugar de trabajo de lunes a viernes. Los dualistas no compaginan la cosmovisión bíblica con conducir un camión, pintar una casa o administrar un banco, porque no la compaginaron con la geografía, la literatura o los deportes. ¿Por qué vincular la Biblia con la vida en la ciudad? Construir casas, vender verduras y ejercer la abogacía son esfuerzos «seculares», ¿no es así? Pero, ¿dónde exactamente *está* este mundo «secular»?

La infección DSS (Dicotomía Sagrado-Secular)

Muchos cristianos se plantean la vida como si consistiera de dos compartimentos estancos, algo así:

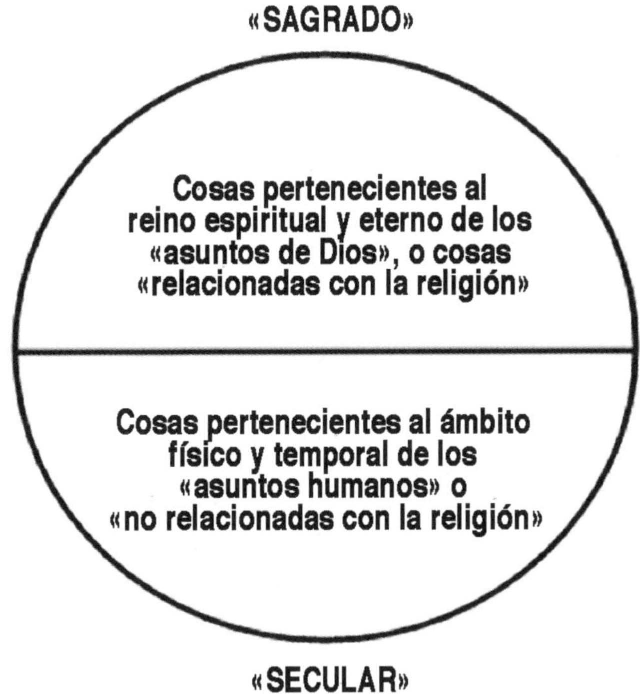

Un dualista vive como si existiera una división sagrado-secular (DSS). Las cosas «sagradas» de la vida incluyen el culto de adoración del domingo por la mañana, el estudio bíblico, la oración, el dar testimonio y los viajes misioneros. Estas son las cosas que tienen importancia *real* porque *realmente* importan a Dios. Estas cosas tienen que ver con las «cosas de arriba», en las que debemos poner nuestra mente; cosas relacionadas con la vertiente espiritual de la realidad que perduran por siempre.

Las cosas llamadas «seculares» no tienen tanta importancia porque no perduran. No son eternas. Entre las cosas «seculares» figuran cortar el césped, ganar dinero para mantener un techo y pagar la factura de la luz. Estas cosas son necesarias, pero no tan importantes para Dios. Caen en la categoría de las «cosas terrenales». Cosas que parecen volverse «extrañamente oscuras» a medida que nos centramos en Cristo. ¿No es así?

Permítanme que les sugiera una forma más bíblica de ver las cosas:

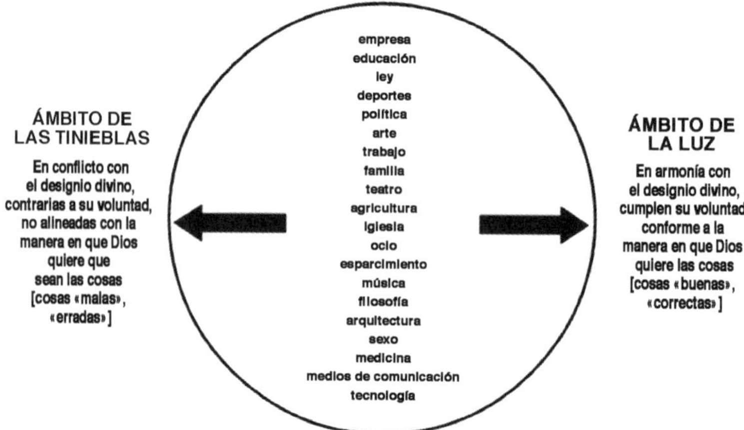

Según esta manera de ver las cosas, *cualquier* esfera de actividad humana puede estar en *armonía* con Dios o en *conflicto* con Él, *alineada* con Dios u *oponerse* a Él.[6] Podemos vivir como Dios quiere, con el bienestar general y la plenitud que solo provienen de vivir en armonía con Dios y sus propósitos (*shalom*), o a contracorriente de su voluntad. Hay contraste entre la luz y las tinieblas, el bien y el mal, lo correcto y lo incorrecto, en cualquier esfera de la vida.

---

6. Estoy en deuda con Albert Wolters por ideas similares vertidas en su libro: Wolters, Albert. 1985. *Creation Regained: Biblical Basics for a Reformational Worldview*. Grand Rapids: Eerdmans.

Por supuesto, no todas las cosas que hay en un mundo caído se pueden llamar «sagradas». Algunas cosas son profanas, no están sincronizadas con el Creador y con sus intenciones. Pero como dijo el poeta W dell Barry: «No hay lugares sagrados y profanos; solo hay lugares sagrados y profanados».[7]

Independientemente de la condición actual del mundo y del estado de cosas en él, Cristo es Señor *de todo* (Hechos 10:36) y, por tanto, su autoridad es ilimitada, sin fronteras. Como apunté en *Supuestos y estilos de vida*, «no hay ámbito que exista con independencia del gobierno y la autoridad soberana de Dios, Él es tan relevante para lo que sucede en el gobierno civil como para cómo funcionan los negocios, o la manera en que los miembros de la familia se relacionan entre sí… o la forma en que funciona una iglesia local. En resumen, Él es el Señor de todo, y no es menos importante en un esfera de actividad humana que en otra».[8]

Después de una dosis de secularismo de 13 a 14 años en la educación primaria y secundaria (incluso sin querer los maestros cristianos que nunca hablarían mal de la Biblia, pero deben guardar silencio sobre ella y ver cómo cada materia académica encaja en el panorama general de la realidad), los alumnos probablemente saldrán al final impregnados de dualismo y pensarán que la Biblia es relevante para la vida de la Iglesia y la piedad personal, pero no para la empresa, el derecho o la política, porque no lo fue para la historia, el álgebra o el fútbol. Esto representa un problema.

Y no es solo un problema en las escuelas. También es un problema en las iglesias. El dualismo impide que la Iglesia ayude a las personas a establecer conexiones reales entre el llamado mundo «secular» (donde la mayoría de nosotros pasa la mayor parte del tiempo) y la voluntad de Dios para aquí y ahora. Como lo expresó Dorothy Sayers en su ensayo «Por qué trabajar»:

En nada ha perdido la Iglesia tanto su dominio de la realidad como en su falta de comprensión y respeto de la vocación

---

7. "Segment: Wendell Berry on His Hopes for Humanity," November 29, 2013, https://billmoyers.com/segment/wendell-berry-on-his-hopes-for-humanity/.

8. Overman, Christian. *Supuestos y estilos de vida*, Editorial JUCUM, Tyler, Texas, 2014.Véase: http://www.biblicalworldview.com/bookstore.html.

secular. Ha permitido que el trabajo y la religión se conviertan en departamentos separados, y se asombra al descubrir que, como resutado de ello, el trabajo secular del mundo se convierte en un fin puramente egoísta y destructivo, y que la mayor parte de los trabajadores inteligentes del mundo se hayan vuelto irreligiosos, o al menos, se desinteresen en la religión.

Sayers sigue diciendo: «Pero ¿cabe acaso asombrarse? ¿Cómo puede alguien seguir interesado en una religión que parece no preocuparse por las nueve décimas partes de su vida?».[9]

¿Están contribuyendo las escuelas cristianas al problema?

Durante mis 14 años como director de un colegio cristiano, contraté a un buen número de maestros. Todos eran creyentes nacidos de nuevo, dedicados al Señor y a la enseñanza. Pero pocos llegaron a mi colegio con algún entendimiento de cómo la instrucción en sus aulas *promovería o disiparía* la DSS, la división sagrado-secular. En su mayor parte, la profundidad del problema no era captado por el radar. Lamentablemente, la razón por la que muchos maestros de escuela cristianos no están al tanto de este asunto se debe a que no fueron informados en los programas de formación de maestros en las universidades actuales, incluso en las llamadas universidades «cristianas».

Por lo general, la DSS se transmite sin saberlo y sin querer, como un virus. Un colegio cristiano puede contar con grandes oradores en la capilla, viajes misioneros, una «semana inspiradora de énfasis espiritual» y sólida enseñanza bíblica, pero si la instrucción académica que imparte en ciencias y matemáticas, y en el cultivo de destrezas musicales y deportivas, los libros de texto que se utilizan no «conectan los puntos» entre lo que los alumnos aprenden y el panorama más amplio de la intención de Dios para tales materias y habilidades, el dualismo se propagará por defecto.

Si tuviera hoy que considerar a qué colegio cristiano enviar a nuestros cuatro hijos, haría bien en hacer algunos deberes antes de inscribirlos, preguntando al director: «¿Qué capacitación específica han recibido sus maestros para diseñar el plan de las lecciones

---

9. Véase https://tnl.org/wp-content/uploads/Why-Work-Dorothy-Sayers.pdf.

que ayudarán a mis hijos a conocer el propósito e intención divinos para lo que enseñan sus maestros?».

Puede estar seguro de que más del 95 por ciento de maestros en la mayoría de las escuelas cristianas no han sido capacitados para desempeñar esa labor en sus estudios universitarios.

Basándome en cómo respondiera el director la anterior pregunta, haría bien en entrevistar a tres maestros, haciéndoles otra pregunta: «En las últimas dos semanas, ¿qué ha dicho o hecho específicamente en su tiempo de instrucción para poder ayudar a mi hijo o hija a comprender el propósito y la intención de Dios respecto a lo que está enseñando?».

Si tres maestros de escuela cristianos pudieran mostrarme un plan de enseñanza específico usado en las últimas dos semanas que ayudara a sus alumnos a entender cómo lo que están aprendiendo encaja en el propósito y las intenciones de Dios para ese tema, recomendaría a los padres que inscribieran a sus hijos sin demora y se lo diría a sus amigos. Hemos hallado un gran tesoro.

Cuando se trata de los libros de texto utilizados en las escuelas cristianas, la cosmovisión de los autores se manifestará por diseño o por defecto, ya sea a través de lo que *se dice* en el texto o de lo que *no se dice*. De nuevo, aquí no hay terreno neutral. La religión de los autores no se puede divorciar del texto, y esto incluye la religión de tipo no teísta, que domina los textos secularizados actuales.

Los libros de texto tienen tanto peso como los maestros, o más. Adolf Hitler entendió esto cuando declaró: «Dejenme controlar los libros de texto y controlaré el Estado».[10] Las mismas escuelas cristianas no dispuestas a contratar maestros no cristianos pueden restar importancia al uso de libros de texto que van en dirección opuesta. Esta es una violación del buen sentido educativo. Y el dualismo continuará propagándose si los libros de texto no presentan el tema en el contexto de una cosmovisión bíblica integral que conecte la asignatura con el propósito de Dios para el tema en sí.[11] No solo en las

---

10. Shirer, William L. 1960. *The Rise and Fall of the Third Reich*. New York: Simon & Schuster. Chapter 8.

11. Para libros excelentes que conectan la cosmovisión bíblica con la vocación, consúltese Darrow Miller: *Vida, trabajo y vocación; una teología bíblica del quehacer cotidiano*, Editorial JUCUM, Tyler, Texas, 2011.

escuelas cristianas, sino también en las iglesias, donde la DSS se perpetúa con el lenguaje usado a menudo, como: «servicio cristiano de tiempo completo», «laicos y clero» y la palabra «ministerio», reservada para la obra que pertenece a la iglesia reunida y sus programas.

Muchos padres cristianos que asistieron a escuelas dualistas (ya fueran estatales o privadas) no ven ningún problema en enviar a sus hijos a escuelas dualistas, porque a *ellos* (como padres) «les fue bien».

Pero yo me pregunto: *¿Les fue bien?*

¿Nos fue bien?

En mayor o menor medida, todos hemos sido infectados por la DSS. Pero el que una persona *se dé cuenta* de que ha sido infectada por la DSS ya es otra cuestión, y es lo que hace que sea tan difícil de curar. Si bien el ateísmo es fácil de detectar, el dualismo es mucho más sutil, como un parásito no detectado en el intestino. Aunque los cristianos creen que el ateísmo es el enemigo, tenemos el dualismo como compañero de cama no desenmascarado.

La idea perdida del «todo»

Permítanme presentar mi caso, comenzando por la desaparición del «holismo». Empiezo aquí porque para comprender la pérdida del dualismo antes debemos entender la decadencia del holismo.

No menos de 100 años después de la declaración profética de A. A. Hodge, Allan Bloom escribió *The Closing of the American Mind* (El cierre de la mente estadounidense). Bloom enseñó en la Universidad de Cornell, la Universidad de Toronto, la Universidad de Yale y la Universidad de Chicago. No era cristiano.[12] Sin embargo, en su libro Bloom observa lo siguiente:

> Prácticamente hablando, la Biblia era la única cultura común de los Estados Unidos, unía a los sencillos y los sofisticados, los ricos y los pobres, los jóvenes y los viejos, el modelo para contemplar el orden de todas las cosas, así como la clave del arte occidental, cuyas obras más importantes se inspiraron de una forma u otra en la Biblia, que proporcionó acceso a la gravedad de los libros. Con su desaparición gradual e inevitable, la idea misma de un

---

12. Bloom nació en una familia de inmigrantes judíos de segunda generación.

libro tan completo está desapareciendo. Los padres y las madres han perdido la idea de que la máxima aspiración que pueden tener para sus hijos es que sean sabios, como lo son los sacerdotes, profetas o filósofos. El éxito y la competencia especializada es lo único que pueden imaginar. Al contrario de lo que comúnmente se piensa, sin el libro se pierde incluso la idea del todo.[13]

Sería difícil encontrar un párrafo que explique el problema mejor que éste. Hemos perdido la *idea* misma de la *totalidad* de las cosas. Como observó Bloom, con la desaparición del «libro total» (la Biblia), se pierde *la idea del todo*. El dualismo y la consiguiente privatización del cristianismo y la secularización de la sociedad son consecuencias naturales de esta pérdida.

Puede que a algunos les cueste creerlo, pero en los EE.UU. antes de 1962, la lectura de la Biblia se practicaba comúnmente en las escuelas estatales. ¿Cómo fue esto posible? En parte porque Noah Webster (1758-1843), el padre fundador que estrenó el primer periódico diario en EE.UU. llamado el «maestro de escuela de la nación», sostuvo que «cualquier sistema educativo. . . que reduce la instrucción a las artes y las ciencias, y rechaza la ayuda de la religión para formar el carácter de los ciudadanos, es esencialmente deficiente». Cuando Webster escribió «religión», tenía en mente el cristianismo. En la misma carta, escribió: «No hay verdad más evidente para mi mente que la religión cristiana debe formar la base de cualquier gobierno destinado a asegurar los derechos y privilegios de un pueblo libre».[14] Webster también declaró que la Biblia es «ese libro que el benevolente Creador ha proporcionado con el propósito expreso de guiar a la razón humana por la senda segura, y el único libro que puede remediar, o esencialmente mitigar, los males de un mundo licencioso».[15]

Si bien uno se puede cuestionar la afirmación de Allan Bloom, de que era «inevitable» que la visión bíblica del orden de todas las cosas desapareciera de la plaza pública, el hecho es que *así ha sido*.

---

13. Bloom, Allan. 1987. *The Closing of the American Mind: How Higher Education Has Failed Democracy and Impoverished the Souls of Today's Students*. New York: Simon & Schuster. 58.
14. Ambas citas son de una carta escrita a David McClure el 25 de octubre de 1836.
15. Warfel, Harry R. ed. 1953. *Letters of Noah Webster*. New York: Library Publishers. 453–57.

Hoy está confinada a las cuatro paredes de ciertas iglesias y a la vida privada de ciertas personas.

¿Por qué importa esto? *Porque a todos nos afecta su pérdida.* En los últimos años, algunos ciudadanos estadounidenses han disparado a transeúntes en centros comerciales, a extraños en los cines y a niños pequeños en las aulas. La policía ha sufrido emboscadas en las calles. Los ahorros de la jubilación de miles se han desvanecido debido a esquemas tóxicos desarrollados por astutos graduados en las aulas de la Liga Ivy. En muchos países las juntas escolares locales exigen que se adopte el espectro de demandas LGBTQ como política para los colegios, por lo que los alumnos que se «identifican a sí mismos» como niñas ahora pueden usar los baños de las niñas. Los hombres que se identifican a sí mismos como mujeres pueden utilizar las instalaciones para mujeres fuera de los centros educativos. ¿Hemos perdido la cordura? Como poco, somos naciones «con problemas». Y profundamente divididas. ¿No tendrá todo esto que ver con la pérdida de la visión bíblica del «orden de todas las cosas»?

¡Heme una vez más evocando los efectos negativos del dualismo! Pero, antes de continuar, permítanme decir unas palabras sobre su ortografía.

No hace mucho, recibí un correo electrónico de alguien informándome que la palabra *holístico* (en inglés *holistic*) no se escribe con *w*. En el pasado, el corrector ortográfico de mi computadora me informaba incesantemente de esto. Pero solucioné el molesto problema agregando *wholistic* al diccionario de la computadora. De modo que ahora se escribe con *w*. El honor que merece su acuñación pertenece a Darrow Miller y Bob Moffitt, cofundadores de la Alianza para el Discipulado de las Naciones. En el libro de Miller, *Vida, trabajo y vocación*, escribe: «*Wholism* expresa la totalidad de la Palabra de Dios a todo hombre en todo el mundo. Nosotros [Miller y Moffitt] reconocemos que *wholism* es una palabra acuñada. Pero la preferimos a la palabra más comúnmente utilizada, *holismo*, que ha sido adoptada por el movimiento Nueva Era».[16] Yo sigo su ejemplo.

---

16. Miller, Darrow L. *Vida, trabajo y vocación; una teología bíblica del quehacer cotidiano*, Editorial JUCUM, Tyler, Texas, 2011.

Permítanme comentar un poco la base bíblica del holismo. Recurro a las Escrituras porque, como Webster, las acepto como Palabra de Dios y plomada invariable de la *auténtica verdad*. Sobre esa premisa descansa todo este capítulo.

Dios hizo todas las cosas, posee todas las cosas y sostiene todas las cosas

El punto de partida sencillo, pero profundo, del holismo es la creación de Dios de todo el reino material y espiritual. Sin Él, *nada existiría*. Pero como creo que la mayoría de las personas que leen este capítulo aceptan esta premisa, no me detendré aquí en ella. Baste con decir: «En el principio creó Dios los cielos y la tierra» (Génesis 1:1). El universo no es un accidente. La tierra y todo lo que contiene no surgió a través de una serie de «sucesos» aleatorios y no planificados.

No obstante, una cosa que no se suele comentar es el título de *propiedad* perenne de Dios sobre todas las cosas, incluso después de la entrada del pecado en el mundo. No se puede exagerar la importancia de esto. Porque si nos equivocamos en la cuestión de la propiedad, tal error marcará gran diferencia en nuestra forma de ver el mundo.

Mi mentor, el Dr. Albert E. Greene Jr., aludió a este problema cuando escribió: «Un descarrilamiento sutil ocurre a menudo en el pensamiento cristiano en el punto de la Caída. Tendemos a pensar que cuando el hombre pecó, Dios simplemente renunció a su creación como si hubiera hecho una chapuza y dejó que Satanás hiciera lo que quisiera con ella. Nada más lejos de la verdad».[17]

El mundo y todas las cosas que contiene pertenecen a Dios tanto *después* como *antes* de la caída. La caída no cambió la soberanía de Dios. Él no solo lo hizo todo al principio y continúa sustentándolo todo, es, además *dueño* de todo, y esto tiene enormes ramificaciones para los seres humanos. Cuando cortamos el césped, estamos cortando *su* césped. Cuando clavamos un clavo, es *su* metal lo que clavamos. Cuando examinamos una gota de agua bajo

---

17. Green, Albert, Jr. *Ten Touchstones of Distinctly Christian Thought*, 3, 10. Medina, WA: Alta Vista College.

un microscopio, es *su* creación lo que estamos examinando. Él nos habla a través de lo que observamos todos los días.[18]

El planeta Tierra, y todo lo que contiene, no pertenece a Satanás. Las Escrituras nos dicen claramente: «De Jehová es la tierra y su plenitud, el mundo y los que en él habitan» (Salmo 24:1). Como dijo Abraham Kuyper, fundador de la Universidad Libre de Ámsterdam y ex primer ministro de los Países Bajos, «No hay un centímetro cuadrado en el ámbito de la existencia humana sobre el que Cristo, soberano sobre todo, no reclame: ¡Es mío!».[19]

Aunque el diablo puede actuar como si fuera el dueño de todo, no es así. Nunca ha creado nada en su existencia. Solo distorsiona y destruye lo que Dios ha hecho. En Lucas 4:5–6, cuando Satanás le ofreció a Jesús «todos los reinos del mundo» si le adoraba, ¿fue acaso una oferta legítima? Considere la fuente.[20] Más sobre esto más adelante.

Hebreos 1:3 declara que Cristo sostiene todas las cosas por la palabra de su poder. ¡*Todas las cosas*! Lo visible y lo invisible, lo temporal y lo eterno, lo material y lo espiritual, son continuamente sostenidos por Él. La creación (palabra mucho más indicada que «naturaleza») recibió la existencia a través de un acto premeditado de Dios. Sin embargo, ¡el hecho mismo de que toda la creación *siga* hoy existiendo es tan maravilloso como su primera aparición!

No es que Dios lo hiciera todo antes en un momento, y ahora funcione bastante bien por sí solo, obedeciendo a las llamadas leyes «naturales». Mire por la ventana una vez más. El presente es tan magnífico como el principio; la existencia continua del universo es tan asombrosa como su primera aparición. Cristo perpetúa la totalidad a través de la «palabra-obra» (hebreo: *dabhar*) constante de su voz.

18. A través de su creación, Dios no solo habla a los que creen en Él, sino también a los no creyentes de todas las tribus y naciones de la tierra. No hay lugar en la tierra donde no se escuche la voz de Dios ni ningún grupo lingüístico que no la entienda. Véase Romanos 1:20, Salmo 19:1–4 y Salmo 97:6.
19. Para leer más sobre Kuyper y su famosa cita, véase "The Postmodern Maze," Christian History Institute, https://christianhistoryinstitute.org/magazine/article/the-postmodern-maze.
20. Hay más evidencia de que el planeta tierra no fue entregado a Satanás en la Caída en Génesis 9:1-3, donde, después del diluvio, Dios les dice a Noé y a sus hijos que toda bestia, ave y pez les temerá. «En vuestra mano son entregados», les dijo Dios. No les dio cosas que fueran de Satanás. Aunque éste ejerce un poder temporal en la tierra, no es dueño de ella.

El Dr. Erik Strandness, autor de *The Director's Cut*,[21] ha hecho la perspicaz observación de que podríamos mejor afirmar que el universo no ha sido creado *ex nihilo* (es decir, de la nada) sino *ex cōgitātiō* (del pensamiento). El Dr. Strandness señala que la creación solo es cognoscible porque surgió del *pensamiento* de Dios, no de la *nada*. El pensamiento habla al pensamiento. Y a través de su creación habla el Creador. Cada día. Cada hora. A todas las generaciones, en todos los rincones del planeta. Como exclama el salmista en el Salmo 19:2–4a, «Un día emite palabra a otro día, y una noche a otra noche declara sabiduría. No hay lenguaje, ni palabras, ni es oída su voz. Por toda la tierra salió su voz, y hasta el extremo del mundo sus palabras».

El caso es que, si no fuera por la «voz» continua, sobrenatural, sustentadora de la creación del Dios Todopoderoso que lo mantiene todo, la «naturaleza» ya no existiría. Por lo que respecta a cómo la mayoría de la gente piensa en lo «natural» y lo «sobrenatural», lo «natural» ha llegado a significar «el funcionamiento normal de un sistema de autogobierno», mientras que lo «sobrenatural» alude a «la interferencia de Dios en ese sistema». Pero Colosenses 1:16-17 declara: «Porque en él [*en Cristo*] fueron creadas *todas* las cosas, las que hay en los cielos y las que hay en la tierra, visibles e invisibles; sean tronos, sean dominios, sean principados, sean potestades; todo fue creado por medio de él y para él. Y él es antes de *todas* las cosas, y *todas las cosas en él subsisten*» (énfasis añadido).

Dios creó a los seres humanos con la idea de que desempeñaran un papel y una función específicos

En Génesis 1:26-28, vemos exactamente lo que Dios tenía en mente para los seres humanos cuando creó a Adán y Eva. Permítanme repetirlo para que puedan sopesar lo que realmente afirma Génesis 1:26-28: *Vemos el papel y la función específicos que Dios tenía en mente para los humanos cuando nos creó.*

¿Qué *papel* tenía Dios en mente para los humanos antes de crear a Adán y Eva? ¿Qué *propósito* tenía en mente para nosotros? ¿Qué *intención* había detrás de su creación de los seres humanos?

---

21. Strandness, Erik L. 2014. *The Director's Cut: Finding God's Screenplay on the Cutting Room Floor.* Bloomington, IN: West Bow Press.

Específicamente, Dios tenía en mente el *gobierno de su creación* cuando dijo: «Hagamos al hombre a nuestra imagen, conforme a nuestra semejanza. Y *señoree. . . sobre toda la tierra*» (énfasis añadido).

Albert Wolters, en su ensayo «El mandato fundamental: "Sometan la tierra"»[22] asegura que es «casi imposible exagerar la importancia de este primer y fundamental mandato de Dios a los seres humanos». Wolters lo denomina «la primera y fundamental ley de la historia». Esta primera mención del propósito —que afirma Wolters «toda revelación posterior presupone»—se suele llamar «el mandato cultural». Yo lo llamaré simplemente «la Primera Comisión».

Wolters señala además que «el hombre debe ser fructífero *para* multiplicarse, debe multiplicarse *para* llenar la tierra, y debe llenar la tierra *para* someterla». Y luego agrega que fuimos creados a imagen y semejanza de Dios *para poder cumplir este mandato.*

El Salmo 115:16 declara: «Los cielos son los cielos de Jehová; y ha dado la tierra a los hijos de los hombres». El Mensaje lo expone de esta manera: «Los cielos de los cielos son para Dios, pero Él nos ha puesto a cargo de la tierra».

Deténgase a pensar profundamente en esto. *Fuimos creados para gobernar el Planeta azul y todo lo que contiene.* Esto incluye agua (tanto salada como dulce), aire, electricidad, ondas sonoras, luz, plomo, uranio, plata, caucho, arces, dinero, peces, aves, vacas, zanahorias, cobre, dedos, pulgares, brazos, pies, bienes raíces, batatas (o boniatos), soja y todos sus derivados, plásticos y tintes (gracias, Dr. George Washington Carver); así como imágenes digitales, teléfonos inteligentes, libros electrónicos, barcos, automóviles, aviones, pegamento, papel, anticongelante, lápices, helados y pasteles.

Los seres humanos también fueron creados para gobernar *sistemas* completos, porque sin *sistemas* la gobernanza sobre las cosas no puede tener lugar: los sistemas civiles, los sistemas legales y los sistemas económicos son todos necesarios. Pero seré muy claro en esto.

---

22. Wolters, Albert M. 1999. "The Foundational Command: 'Subdue the Earth,'" *Year of Jubilee, Cultural Mandate, Worldview.* Potchefstroom, South Africa: Institute for Reformational Studies, 27–34.

No estoy sugiriendo ningún tipo de gobierno político de la Iglesia sobre el Estado. La segunda venida de Cristo abordará este asunto. Tampoco estoy sugiriendo que se imponga algún tipo de «ley Sharia» cristiana, o que los cristianos tomen el control exclusivo de todas las instituciones culturales.[23] No obstante, como seguidores individuales de Cristo, todos debemos «ocuparnos» hasta que Él vuelva. Esto, ciertamente, incluye aplicar el gobierno de Dios a nuestras múltiples ocupaciones a medida que vivimos las implicaciones de nuestra fe en el contexto del trabajo diario, ya sea en el hogar o en la plaza pública.

Dios creó a los seres humanos con el propósito expreso de gobernar sobre todo lo que Él creó y sostiene (véase Salmo 8). Esto requiere economistas, jueces y legisladores. El propósito general de Dios para que los seres humanos gobiernen bien sobre *todas las cosas* proporciona un propósito extraordinario para la educación y un incentivo notable para el aprendizaje.

El trabajo que vale la pena hacer es *cualquier* gasto de energía, mental o física, remunerado o no, que administra correctamente las cosas de Dios y le da gloria al emplear los dones y destrezas que Dios nos ha concedido para beneficio de los demás, o nos prepara para hacerlo.

No hay lugar en el trono de Cristo para dos

Cuando digo que Satanás no es dueño del planeta tierra ni de nada que en él haya, algunos podrían pensar: «¡Puede que Satanás no sea el *dueño*, pero seguro que lo *dirige*!». Pero, ¿qué «dirige» Satanás?

En efecto, en Juan 14:30 Jesús se refiere a Satanás como «gobernador de este mundo». Y en 1 Juan 5:19 vemos que «el mundo entero está bajo el maligno». Pero, ¿de qué «mundo» habla aquí la Escritura?

La palabra mundo, traducida de la griega *kosmos*, tiene significados diferentes en las Escrituras, según el contexto. Puede significar: (1) *el reino físico de la creación*, como en Romanos 1:20 («Porque

---

23. Este miedo es un cuco o coco que a menudo se denomina con los términos *teología del dominio y dominionismo*. Estos términos se atribuyen a la socióloga Sara Diamond, quien se supone que los acuñó en 1989. No obstante, como señalan Gagnon y Humphrey en el número del 6 de abril de 2016 de *Christianity Today*, incluso el periodista judío Stanley Kurtz lo ha calificado de «disparate conspirativo». Lisa Miller calificó tal acusación de dominionismo de «*The paranoid mot du jour*» (La palabra paranoica del día). Robert George, de Princeton, ha manifestado: «La versión izquierdista religiosa contemporánea de acoso según McCarthy (senador estadounidense) es difamar a sus oponentes etiquetándolos de "dominionista"».

las cosas invisibles de él, su eterno poder y deidad, se hacen claramente visibles desde la creación del mundo, siendo entendidas por medio de las cosas hechas») o (2) *regiones pobladas*, como en Romanos 1:8 («Vuestra fe se divulga por todo el mundo [*kosmos*]") o (3) *la raza humana en general*, como en Juan 1:29 («¡He aquí el Cordero de Dios, que quita el pecado del mundo [*kosmos*]!»).

Pero *kosmos* («mundo») también puede referirse a *un sistema de pensamiento y comportamiento contrario a la voluntad y los caminos de Dios*. Vemos esto en 1 Juan 2:15-16: «No améis al mundo [*kosmos*], ni las cosas que están en el mundo [*kosmos*]. Si alguno ama al mundo [*kosmos*], el amor del Padre no está en él. Porque todo lo que hay en el mundo [*kosmos*], los deseos de la carne, los deseos de los ojos, y la vanagloria de la vida, no proviene del Padre, sino del mundo [*kosmos*]». Juan define aquí el «mundo» como un sistema de pensamiento y acción gobernado por la concupiscencia de la carne, la concupiscencia de los ojos y el orgullo de la vida. *Éste* es el «mundo» que no debemos amar. *Éste* es el «mundo »al que Jesús no pertenecía (Juan 8:23); *éste* es el «mundo» al que sus seguidores tampoco deben pertenecer (Juan 17:14-16), y *éste* es el «mundo» que Satanás gobierna. Este «mundo» es diferente del que tanto amó Dios, como se proclama en Juan 3:16. Éstas son distintas acepciones de la palabra «mundo». Obviamente, si un versículo nos dice que «no amemos al mundo, y otro que «tanto amó Dios al mundo», debemos concluir que la palabra «mundo» significa dos cosas distintas.

Satanás no es el rey del planeta tierra. Cierto, es gobernador del sistema *mundano* que se opone a la voluntad y los caminos de Dios. Como se mencionó anteriormente, sospecho que la descarada oferta de Satanás a Cristo en la cima del monte (Lucas 4:5-7), de entregarle todos los reinos del mundo si tan solo se inclinaba y le adoraba, fue descabelladamente audaz y falsa. Lucifer actúa como si fuera el dueño del planeta tierra, pero solo hay un dueño y solo un Rey. Su nombre es Jesús. De hecho, Satanás es el «príncipe de la potestad del aire» (Efesios 2:2), pero este príncipe no es rey. No hay lugar en el trono para dos. La autoridad de Cristo se extiende sobre *todo* el cielo y *toda* la tierra ahora mismo. Si nos equivocamos, es fácil caer en el dualismo.

El gobierno de Cristo prevalece sobre *todos*. El dominio del Rey (es decir, su *reino*) no conoce fronteras. Cristo es el Señor de todo, en todo tiempo, en todas partes, tanto en el cielo como en la tierra, al mismo tiempo, ahora mismo (Hechos 10:36). Pero, ¿significa esto que todo lo que sucede en el planeta tierra es voluntad suya?

Cuando oigo a los cristianos decir «Dios tiene el control», debo preguntarme qué significa realmente esta declaración. ¿Queremos decir que Dios *hace* que suceda todo lo que sucede en el planeta tierra? ¿Es voluntad suya *todo* lo que sucede? No puedo leer la Biblia y sacar esta conclusión. ¿Por qué nos enseña Jesús a orar al Padre: «Hágase tu voluntad en la tierra como en el cielo», si ya se hubiera estado haciendo su voluntad?

Así pues, ¿cómo reconciliamos el omnipresente gobierno de Dios aquí y ahora con todos los hechos impíos que se cometen en el planeta tierra todos los días? ¿Y por qué hay tanto sufrimiento en este mundo si Dios continuamente sostiene todas las cosas? Si todo le pertenece, ¿por qué permite que sigan ocurriendo cosas dolorosas o malas?

Es posible que esta respuesta no satisfaga a todos, pero a mí sí: Dios tiene el control absoluto, pero no lo controla de manera absoluta.

¿Qué significa esto? Significa que Dios tiene el poder y la autoridad para hacer lo que le plazca, cuando quiera. Si lo desea, puede hacer que un burro hable. Puede hacer flotar la cabeza de un hacha. Puede convertir balas en burbujas. Pero el Dios de la Biblia no controla todas las cosas absolutamente todo el tiempo. La gravedad funciona de igual modo en todos nosotros, y no se suspende cuando un cristiano se lanza por un acantilado. Las personas no son marionetas colgadas de los hilos de Dios. Podemos violar su voluntad y lo hacemos. A veces actuamos de manera que Dios no quiere que actuemos. En eso consiste el *pecado*.

Sin embargo, aunque tenemos la *capacidad* de violar la autoridad de Dios, no se nos ha concedido el *derecho* de hacerlo. Cuando los seres humanos ignoran a Dios y actúan en contra de su voluntad, no nos atrevemos a decir: «Dios está en control». Pero cuando actúan en contra de su voluntad, esto no niega que Cristo siga siendo Señor de todo, todo el tiempo, en todas partes. En *este* sentido, Él tiene «total control». No *hacemos* a Cristo Señor; ¡Él *es* el Señor! A nosotros nos corresponde reconocer su autoridad, aceptarla y abrazarla.

Sin embargo, aunque la gente no lo acepte, la autoridad de Cristo reina sobre todos, todo el tiempo, en todas partes. Su autoridad es inclusiva, no selectiva. Se aplica tanto a la vida personal como a la vida pública. Tanto a lo que sucede en la Iglesia como en el ámbito civil. Se aplica tanto a lo que sucede en nuestra familia como en nuestro lugar de trabajo. Se aplica tanto a los no cristianos como a los cristianos. Los mandamientos bíblicos contra el robo, el asesinato y el adulterio (Mateo 19:16-19) no son solo para los creyentes.

Jesús es el Señor de todo, ya se someta o no a Él la gente. ¡Incluso los demonios saben que hay un solo Dios y tiemblan! (Santiago 2:19). Si *ellos* lo saben, podemos estar seguros de que su *jefe* también lo sabe.

La autoridad de Cristo se proyecta sobre *toda* la humanidad. No hay división entre lo público y lo privado, ni distinción entre cristianos y no cristianos cuando se trata de la *jurisdicción* de la autoridad de Cristo. Ningún ser humano se la puede «imponer» a nadie. Simplemente lo es. Como la gravedad.

Las «segundas creaciones» glorifican a Dios cuando están bien hechas

Vivimos en el mundo *de Dios*, incluso en su estado caído y quebrado. Estamos rodeados de la creación de Dios, y tomamos las cosas de Dios en nuestras manos cuando hacemos y damos forma a cualquier cosa. No solo lo creó Él desde su pensamiento, al principio, sino que lo posee y lo sostiene todo ahora. Y nos comisionó para administrarlo *todo*, aun en su condición caída y destrozada. Debemos «cuidar y mantener» las cosas como solo lo pueden hacer los portadores de la imagen de Dios.

Por habernos designado cuidadores de la tierra, estamos diseñados para hacer «segundas creaciones» a partir de la « primera creación» de Dios, aunque nuestras creaciones en muchos casos no siempre duraran. Un buen chef crea obras de arte culinario que no duran más de unas horas. Esto glorifica a Dios de forma *innata*, porque una buena comida es resultado de la imagen del chef, se dé cuenta o no. El chef es un «segundo creador» que gobierna bien el salmón, el arroz pilaf y el queso azul. Y mediante este acto de imitación, Dios es glorificado, aunque el chef no se dé cuenta.

Al usar el término «creación segunda», no quiero dar a entender que las creaciones de los seres humanos sean «de segunda categoría». Simplemente quiero decir que están hechas *a partir* de los materiales primarios de Dios. Dios inició todas las cosas, y los seres humanos hechos a su imagen y semejanza «crean» cosas a partir de algo que Dios antes materializó. *Hacemos algo de ello*. Y creo que Dios se deleita en vernos hacer esto.

Como encargados de la tierra, por Él designados, cumplimos el propósito de Dios para nosotros de gobernar sobre todas las cosas cuando cortamos el césped, cortamos el pelo, arreglamos automóviles y negociamos la venta de una casa. Cumplimos la intención de Dios para nosotros cuando creamos una buena legislación, tocamos el violín o escribimos un libro, gobernando bien las palabras, los sonidos y las ideas. Es un gran honor para nosotros gobernar sus cosas. Y por medio de nuestra imitación, cuando nuestras «segundas creaciones» se alinean bien con la naturaleza y el carácter de Dios, Él es glorificado.

Esto es aplicable a *todas* las formas legítimas de trabajo, ya sea la fabricación de automóviles, bombillas o computadoras. Ya sea construir carreteras, rascacielos o muebles. Tapar cavidades dentales. Lavar la ropa. Alimentar a la familia… y el perro. Gobernar bien *todas* las cosas para gloria de Dios es nuestro llamado y honor, por haber sido designados gobernantes suyos en la tierra.

Si pensamos que el planeta tierra es una «creación de Dios ahora repudiada» y creemos que Satanás es el «el rey del planeta», entonces podemos pensar que nuestro único propósito en este planeta es contar a la gente cómo pueden ir al cielo cuando mueran. No estoy minimizando la importancia de la evangelización. Pero cuando miramos *toda* la creación de Dios «a la luz de su gloria y su gracia», como dice la canción, las cosas de la Tierra *no* se vuelven «extrañamente oscuras», sino todo lo contrario.

Cuando consideramos la tierra como «la buena creación de Dios ahora destrozada» y entendemos el papel y la tarea que Dios nos ha asignado en ella, entonces el evangelio es realmente más que nuestra salvación personal. Es el evangelio *del reino* (el dominio del Rey), que, de hecho, es el término que usa la Biblia para identificar el evangelio mismo. Desde luego, es una buena noticia que mi alma sea salvada del infierno, pero eso no agota *todo* el paquete de las buenas nuevas. Las buenas nuevas *del reino* es que Cristo restaura tanto las *cosas* como las *almas*. ¿Qué clase de «cosas?». ¡Las cosas de la tierra!

No estoy sugiriendo ni remotamente que todas las cosas serán completamente restauradas antes de que Cristo regrese. Pero está claro en las Escrituras que el «ministerio de reconciliación» que Cristo nos dio en la vida presente (2 Corintios 5:18; véanse versículos 17-20) no se limita a las almas de los hombres (Colosenses 1:16-20). Su dominio real no se limita a las «cosas espirituales». *Su dominio real es tan amplio como la creación.* El alcance de la reconciliación de Cristo se extiende a *toda la creación,* va mucho más allá del alma humana. El alcance de su redención se extiende a todo lo que fue afectado por la caída, y abarca toda la creación.

Colosenses 1:16–20 declara:

> Porque en él fueron creadas todas las cosas, las que hay en los cielos y las que hay en la tierra, visibles e invisibles; sean tronos, sean dominios, sean principados, sean potestades; todo fue creado por medio de él y para él. Y él es antes de todas las cosas, y todas las cosas en él subsisten; y él es la cabeza del cuerpo que es la iglesia, él que es el principio, el primogénito de entre los muertos, para que en todo tenga la preeminencia; por cuanto agradó al Padre que en él habitase toda plenitud, y por medio de él reconciliar consigo todas las cosas, así las que están en la tierra como las que están en los cielos, haciendo la paz mediante la sangre de su cruz.

¿Para reconciliar todas las *cosas*? ¿La empresa y los negocios? ¿El arte? ¿La vida civil? Sí, «para que *en todo Él sea preeminente*». El alcance de la reconciliación de Dios no solo incluye a las *personas*, sino también las *cosas*. ¡Las cosas *de la tierra*!

Las ideas que estoy exponiendo no son nuevas. Siguiendo la obra reformadora de Martín Lutero y Juan Calvino, los pioneros de lo que yo califico «educación integral», como Juan Amós Comenio (que no solo fue un educador innovador de primera clase, sino también obispo de la iglesia morava), John Alsted, William Ames y Alexander Richardson desarrollaron perspectivas de aprendizaje que marcaron un nuevo rumbo para la historia de la humanidad.

Todo ciudadano estadounidense puede estar agradecido por los conceptos bíblicamente fidedignos que desarrollaron estos reformadores educativos, porque las ideas que dieron forma a la nación, que ellos pusieron en marcha, sentaron las bases para algo extraordinario a seguir, algo que el mundo nunca había visto, y que duraría unos 300 años.

Una de esas ideas que conforman la historia se denomina el «Círculo de conocimiento puritano», que fue como sigue:

1. Dios, el Primer Creador, **inicia** todas las cosas mediante su creación primera de todo:

2. Los seres humanos **descubren** lo que Dios ha hecho, y este descubrimiento supone gran parte de lo que se trata en la educación:

3. Los seres humanos **imitan** a Dios haciendo «segundas creaciones» basadas en el descubrimiento y entendimiento de su creación primera:

4. Dios es **glorificado** cuando es imitado por medio de ocupaciones humanas de todo tipo:

De modo que el zapatero *imita* a Dios al hacer hermosas y funcionales «segundas creaciones» a partir de la creación primera de Dios. Los zapatos cubren las necesidades de las personas y glorifican al Primer Creador *imitándole*, llevando la gloria de Dios a Él mediante el círculo de la vocación. El fabricante de muebles *imita a Dios* haciendo «segundas creaciones» hermosas y funcionales a partir de la creación primera de Dios. Los muebles sirven a las necesidades de las personas y glorifican al Creador *imitándole*, devolviéndole su gloria a Dios por medio de la vocación. El banquero, el abogado y el hombre de negocios glorifican a Dios atendiendo a las necesidades económicas de las personas, trayendo justicia al mundo y creando empleo para la comunidad, *imitando a Dios a través de sus respectivas ocupaciones*. Y al hacerlo, Dios es glorificado y las comunidades pueden florecer.

El Dr. David Scott señala: «El énfasis en el uso (en el Círculo del conocimiento) encaja muy bien con la practicidad de la mente puritana, proporcionando base filosófica para la vocación profesional. . . El ser humano como artesano puede seguir los pasos del

Artista Divino. A través de este patrón circular del orden creado, la humanidad puede cumplir con su mandato cultural (Génesis 1:26-28) y devolver la gloria a Dios».[24]

No me cabe duda de que por esta razón el pastor puritano George Swinnock declaró: «El comerciante piadoso sabe que tanto su tienda como su capilla son tierra santa».[25] Hecha de manera correcta, con la actitud correcta, por las razones correctas, cualquier «segunda creación» que imite bien a Dios le glorificará y bendecirá a la humanidad. Esto es cierto tanto si se fabrican zapatos, como si se administran bancos o se crían hijos.

Esta forma de entender la «vocación» proporcionó un telón de fondo para el florecimiento temprano de los EE.UU. Recuperar tales ideas podría cambiar una vez más el curso de la historia. Como lo expresaron Gibbs y Morton, «Recuperar esto. . . sería como descubrir un nuevo continente o encontrar un nuevo elemento».[26]

Ideas como el Círculo de conocimiento puritano proporcionaron un propósito a la educación hace apenas unos siglos. John Milton, líder puritano, lo resumió bien en su ensayo «De la educación»: «El objeto [propósito] del aprendizaje es reparar las ruinas de nuestros primeros padres recuperando el recto conocimiento de Dios y a partir del mismo amarle, imitarle, asemejarnos a Él lo más que podamos encarnando en nuestras almas la verdadera virtud».[27]

Y en el mismo ensayo, Milton escribió: «Yo llamo educación completa y generosa la que permite al hombre desempeñar con justicia, habilidad y magnanimidad todos los oficios tanto privados como públicos de la paz y la guerra».

No hay nada más holístico que esto.

«Ponga su mente en las cosas de arriba»

Pero algunos seguidores de Cristo podrán pensar: «¿No dice san Pablo: "Poned la mira en las cosas de arriba, no en las de la tierra"?».

24. Scott, David Hill. "A Vision of Veritas: What Christian Scholarship Can Learn from the Puritan's [sic] 'Technology' of Integrating Truth," *LeadershipU*, http://www.leaderu.com/aip/docs/scott.html.
25. Véase Ryken, op cit.
26. Stevens, R. Paul. 2010. *The Other Six Days: Vocation, Work, and Ministry in Biblical Perspective.* Grand Rapids: Eerdmans.
27. Milton, John. "Of Education," https://www.dartmouth.edu/~milton/reading_room/of_education/text.shtml.

En efecto, Pablo lo dice. Pero echemos un vistazo más de cerca al contexto de esta declaración en los primeros 15 versículos de Colosenses 3:

> Si, pues, habéis resucitado con Cristo, buscad las cosas de arriba, donde está Cristo sentado a la diestra de Dios. Poned la mira en las cosas de arriba, no en las de la tierra. Porque habéis muerto, y vuestra vida está escondida con Cristo en Dios. Cuando Cristo, vuestra vida, se manifieste, entonces vosotros también seréis manifestados con él en gloria.
>
> Haced morir, pues, lo terrenal en vosotros: fornicación, impureza, pasiones desordenadas, malos deseos y avaricia, que es idolatría; cosas por las cuales la ira de Dios viene sobre los hijos de desobediencia, en las cuales vosotros también anduvisteis en otro tiempo cuando vivíais en ellas. Pero ahora dejad también vosotros todas estas cosas: ira, enojo, malicia, blasfemia, palabras deshonestas de vuestra boca. No mintáis los unos a los otros, habiéndoos despojado del viejo hombre con sus hechos, y revestido del nuevo, el cual conforme a la imagen del que lo creó se va renovando hasta el conocimiento pleno, y revestido del nuevo, el cual conforme a la imagen del que lo creó se va renovando hasta el conocimiento pleno, donde no hay griego ni judío, circuncisión ni incircuncisión, bárbaro ni escita, siervo ni libre, sino que Cristo es el todo, y en todos. Vestíos, pues, como escogidos de Dios, santos y amados, de entrañable misericordia, de benignidad, de humildad, de mansedumbre, de paciencia; soportándoos unos a otros, y perdonándoos unos a otros si alguno tuviere queja contra otro. De la manera que Cristo os perdonó, así también hacedlo vosotros. Y sobre todas estas cosas vestíos de amor, que es el vínculo perfecto. Y la paz de Dios gobierne en vuestros corazones, a la que asimismo fuisteis llamados en un solo cuerpo; y sed agradecidos.

Cuando Pablo dice «buscad las cosas de *arriba*», el contexto deja claro que se refiere *entrañable misericordia, bondad, humildad, mansedumbre, paciencia, perdón, amor, paz y agradecimiento*. Estas son las «cosas de arriba». Cuando Pablo dice que no pongamos la mira en las cosas *terrenales*, no está hablando de pisos de madera, máquinas de cortar el césped y computadoras. No está hablando de banca, manufactura o servicio civil. Se refiere a la *fornicación, la inmundicia, pasiones desordenadas, malos deseos y codicia, idolatría, ira, malicia, blasfemia, lenguaje obsceno y mentira.*

Interpretar esto como una directiva para no comprometernos con el mundo material va en contra del papel designado como guardianes de la Tierra. Nuestro llamado único como humanos, para gobernar el planeta, cumplir su voluntad en la tierra como en el cielo, estar *en* el mundo pero no formar parte *de* él, ocuparnos hasta que Él regrese, requiere todo tipo de *trabajo.* Y la educación es fundamental para este fin.

Algunas personas pueden pensar que cuando Adán y Eva pecaron, perdieron la asignación de gobernar el planeta. Piensan que, como embajadores atrapados en un acto de traición, Adán y Eva fueron expulsados del jardín y destituidos de su cargo como viceregentes de Dios sobre el planeta. En este escenario, gobernar la tierra, o cuidar de la creación, ya no podría figurar en la descripción del trabajo de los seres humanos. Si este fuera el caso, nuestro trabajo ya no podría desempeñar la función gubernamental que Dios tenía en mente cuando creó a los seres humanos.

Desde luego, somos exiliados y extraños en un mundo caído. Esto se ha vuelto cada vez más evidente para los seguidores de Cristo, ahora necesitan un curso intensivo sobre cómo vivir como hijos de luz en Babilonia. No estamos sincronizados con el sistema mundial actual, porque el mundo caído no es como Dios lo creó originalmente. Este sistema mundial actual es ajeno a Él y a sus caminos, y en ocasiones hostil. El hecho de que toda la creación necesite restauración subraya la realidad de que el estado de cosas actual es ajeno al diseño original de Dios. Por eso la gente experimenta trabajo y sufrimiento en esta vida, y por eso los seguidores de Cristo son a veces golpeados en el camino (y arrojados a los leones). No estamos sincronizados con un sistema mundial que es cada vez más hostil a la fe (véase Hebreos 11), pero de todos modos estamos inmersos en «la carrera que tenemos por delante» (véase Hebreos 12), y el terreno por el que corremos es campo de Dios, incluso en su condición caída. ¡No hay otro lugar para correr la carrera!

Si aceptamos la noción de que la descripción de nuestro trabajo original, la primera comisión de Génesis 1:26-28, fue rescindida en la caída, o asumimos que no se aplica a la vida en «Babilonia», entonces tendremos dificultades para ver cómo nuestra tienda, como nuestra capilla, pueden ser «tierra santa». Pero Dios es el dueño de cada par de zapatos en cada zapatería del mundo. Y reclama su derecho sobre todos los clientes que cruzan sus puertas. Si esto es cierto, ¿cómo puede ser vender zapatos un trabajo «secular»? Todo es cosa de Dios. Su cuero. Sus cordones. Y nos llama a amar al prójimo imitándole creando buenos zapatos y vendiéndolos bien.

La asignación de Dios a los seres humanos es cuidar la tierra

El *trabajo*, en esencia, es un acto de gobernanza. Gobernanza sobre la madera, el metal, las vacas, el algodón y las zanahorias. Gobernanza sobre las ondas sonoras, las corrientes eléctricas y el viento. Gobernanza sobre teclados de computadora, fibra óptica e imágenes digitales. Gobernanza sobre las personas. Gobernanza sobre las cosas. Gobernanza sobre las ideas. La educación verdaderamente integral equipará a la próxima generación para participar bien en esta tarea.

Durante mis años como director de un colegio cristiano, no recuerdo ni una sola conversación con mis compañeros sobre cómo las escuelas podrían ser más intencionales para imaginar y equipar a la próxima generación para gobernar bien el planeta a través de las diversas ocupaciones designadas por Dios para los cuidadores de la tierra. El propósito general del aprendizaje había desaparecido de la conversación.

Una vez estuve hablando con un grupo de maestros y administradores de escuelas cristianas en una conferencia organizada por la asociación de escuelas cristianas más grande del mundo. La sala quedó suspensa cuando planteé una pregunta básica: «¿Cuál es el propósito de la educación?».

Antes de que alguien pudiera responder, respondí mi propia pregunta de esta manera: «El propósito de la educación es equipar a la próxima generación para gobernar bien este mundo material».

Dejé rondar al silencio. De pronto, alguien cerca de la primera fila rompió el silencio diciendo: «¿Le importaría repetirlo?».

Lo hice. Y luego les pregunté si alguien les había dicho esto antes. *No se levantó una sola mano.*

El Salmo 115:16 afirma claramente: «Los cielos son los cielos de Jehová; y ha dado la tierra a los hijos de los hombres». El Mensaje lo expresa de la siguiente manera: «Los cielos de los cielos son para Dios, pero Él nos ha puesto a cargo de la tierra». Sí, de Jehová es la tierra y su plenitud; el mundo, y los que en él habitan (Salmo 24:1), no obstante, ha puesto a los seres humanos a cargo de ella nombrándolos vice-regentes.

¡Un momento! ¿*De verdad*? ¿Quién está a cargo del planeta tierra?

Usted y yo. Y nuestros vecinos. Piénselo. Los seres humanos fueron creados con el deber expreso de gobernar sobre la tierra de Dios y todo lo que hay en ella.

Si Dios desea que los seres humanos gobiernen este mundo material, ¿no debe tener la educación el propósito de equipar a la próxima generación para hacerlo bien? *Esto* da sentido a la educación y propósito a los maestros. Sin embargo, pocos maestros cristianos han oído esto.

¿Por qué?

Les daré una pista: *¿Cuántos sermones han escuchado acerca de que Dios dio a los humanos el control del planeta tierra?*

La clara intención de Dios para los seres humanos es que cuiden la tierra. ¡Una tarea inmensa! Es así porque cuidar la tierra es una tarea tan amplia como la creación. Requiere ocupaciones variadas: carpintería, servicio civil, trabajo de alta tecnología y tareas del hogar. Implica trabajo físico (como el del paisajista Adán elucidado del jardín) y trabajo mental (como el del zoólogo Adán, poniendo nombre a los animales). Ambos tipos de trabajo tuvieron lugar antes de la caída.

¡El trabajo no es una maldición! Es una gran responsabilidad y privilegio, como cuidadores y modeladores de la creación de Dios. Nuestro Dios es un Dios que trabaja, y nosotros estamos hechos a su semejanza e imagen *para* poder llevar bien a cabo esta función. La maldición pronunciada por Dios después de que el pecado entrara en el mundo hizo, sin duda, que el trabajo resultara más difícil. Debido a la maldición, el trabajo suele ser arduo. Pero fue el *suelo* lo que fue maldecido. No el trabajo en sí.

Cuando se dice que los pastores y misioneros prestan «servicio cristiano a tiempo completo», y que los fontaneros hacen «trabajo secular», la implicación es clara: la fontanería no es un servicio cristiano a tiempo completo. Ni siquiera es un servicio cristiano *a tiempo parcial*. Pero para el fontanero seguidor de Cristo, ¿no es realmente la fontanería un servicio cristiano a tiempo completo?

¿Le *importa* al Señor la *fontanería* en el planeta tierra? ¿Quiere Dios que se haga bien? ¿No es el Señor el empleador principal del fontanero, como dijo Pablo a los esclavos en Colosenses 3, exhortándoles a hacer *todo* lo que hicieran «como para Él» (en el mismo capítulo donde Pablo dijo que no pusiéramos nuestro pensamiento en las cosas de la tierra)? De modo que si el fontanero Pedro trabaja para el Señor, haciendo algo que Él quiere que se haga en la tierra, ¿no está Pedro haciendo la «obra de Dios»? Esto puede parecer una herejía para algunos. La mayoría de los cristianos aceptarían la fontanería como «obra de Dios» solo si se hiciera a través de una organización misionera. Pero, como dijo Dorothy Sayers, «la única obra cristiana es el buen trabajo bien hecho».[28]

Circula la común idea entre los cristianos que creen en la Biblia que si una persona *realmente* desea a servir a Dios, la reparación de un sistema de alcantarillado no se puede comparar con el trabajo de un pastor o misionero. El hecho de distinguir entre los dos tipos de servicio es indicativo del grado de nuestro problema. Pero, como escribió Ray Bakke en *A Theology as Big as the City*: «Los cristianos son las únicas personas que pueden realmente debatir la salvación de las almas y la reconstrucción del sistema de alcantarillado de la ciudad en la misma frase».[29] Es decir, *deberíamos* poder hacerlo.

---

28. Véase Taylor, Justin. 2010. "The Only Christian Work Is Good Work Done Well unto God," *The Gospel Coalition*. https://www.thegospelcoalition.org/blogs/justin-taylor/the-only-christian-work-is-good-work-done-well-unto-god/.

29. Bakke, Ray. 1997. *A Theology as Big as the City*. Downers Grove: IVP. 34.

La mayoría de nosotros somos productos de una educación que reforzó la división sagrado-secular, ya fuera en las escuelas públicas o en las escuelas cristianas. Pensamos de manera dualista cuando no consideramos las dos tareas de la fontanería y la predicación como un todo, o cuando maximizamos la evangelización personal mientras minimizamos la fontanería.

No obstante, los dos esfuerzos son como las alas de un avión. Como dice mi amigo, el Dr. Al Erisman, autor de *The Accidental Executive*[30] y ex ejecutivo de la compañía Boeing: «¿Qué ala es más importante para el vuelo de un avión, la izquierda o la derecha?». Plantear esta pregunta no tiene sentido.

La evangelización y las buenas obras son ciertamente «dos alas del mismo avión». No *somos* salvos *por* las buenas obras, pero sí *para* hacer buenas obras. Efesios 2:8–10 afirma: «Porque por gracia sois salvos por medio de la fe; y esto no de vosotros, pues es don de Dios; *no por obras*, para que nadie se gloríe. Porque somos hechura suya, creados en Cristo Jesús *para buenas obras*, las cuales Dios preparó de antemano para que anduviésemos en ellas» (énfasis añadido). ¿Debían las buenas obras que Dios tenía preparadas para nosotros antes de crear a Adán y Eva limitarse al trabajo voluntario en la misión o ayudar a las viudas ancianas a comprar víveres? ¿Puede el trabajo de un fontanero que instala lavabos e inodoros ser incluido en la categoría de *buenas obras para las que fue creado*? El hecho de que el fontanero sea remunerado no supone ninguna diferencia. *Debe* cobrar por su trabajo.

La división entre lo sagrado y lo secular es profunda. Recuerdo haberle dicho a mi madre cuando tenía unos 12 años que solo había dos profesiones en la vida que valían la pena: ser pastor o misionero. Recuerdo la razón fundamental en que me apoyé para hacer esta declaración: la idea de que lo *único* que vale la pena hacer en esta vida es salvar almas, porque el alma es lo único que perdura eternamente. El mundo material estaba reservado para ser totalmente destruido —pensaba—. La eternidad en el cielo era lo único que importaba.

---

30. Erisman, Albert M. 2015. *The Accidental Executive: Lessons on Business, Faith, and Calling from the Life of Joseph*. Peabody, MA: Hendrickson Publishers.

En efecto, 2 Pedro 3:10 asegura que tanto la tierra como las obras que hay en ella serán quemadas. En este mismo capítulo, Pedro señala el diluvio de Génesis como el primer gran juicio de Dios. En ese juicio —nos informa Pedro— el mundo fue *destruido* por el agua. Pero la tierra no quedó inmersa en la nada. El juicio de Dios fue completo, sin embargo, la tierra dejó atrás ese juicio. El próximo gran juicio será por fuego. ¿Significa esto que la tierra quedará reducida a cenizas y escombros? En ese mismo capítulo, Pedro nos dice que habrá una tierra nueva (versículo 13). El juicio de Dios por el fuego será por fuego purificador. Pero no podemos concluir de 2 Pedro 3 que el juicio de Dios por fuego causará la *desaparición* del planeta tierra, como tampoco ocurrió en su primer juicio por agua. La Biblia habla de una tierra nueva con árboles, joyas y calles, donde habrá seres humanos, con cuerpos. Apocalipsis 21:24-26 habla de los «reyes de la tierra» (¿gobernadores de la tierra?) que llevan «la gloria y el honor de las naciones» a la Nueva Jerusalén. Parece que algunas cosas «terrenales» pasarán por el juicio de Dios por fuego. (Es un gran misterio, y los misterios se prestan a debate. No puedo comprenderlo todo. Dejaré los detalles en manos de Dios).

Cuando era niño, en la iglesia, cuando cantaba la letra de un himno como «Fija tus ojos en Cristo...y lo terrenal sin valor será», incluía los negocios, la escuela y el Gobierno civil en las «cosas de la tierra», junto con todo lo que tenía que ver con el mundo material.

Una de las canciones favoritas del grupo de jóvenes de mi iglesia era «Volaré lejos»: «Una feliz mañana, cuando mi vida concluya, volaré. A ese país, en la divina costa celestial, llegaré». Como el pájaro que sale de una jaula, el cielo era la meta, y llevar a otros conmigo era la única razón de mi existencia. De eso trata la Gran Comisión, en Mateo 28, ¿no es cierto?

Debido a que es un tema tan importante, debemos examinar más de cerca la Gran Comisión de Mateo 28 y ver cómo se relaciona con la Primera Comisión de Génesis 1.

¿Qué es exactamente la Gran Comisión?

El último mandamiento de Cristo en la tierra (Mateo 28:18-20) es más que una directiva para producir conversos. Es una directiva para enseñar a los conversos *a observar todas las cosas que Él ordenó*. ¿Dónde se deben observar esas cosas? Creo que es seguro afirmar que Cristo tenía en mente el planeta tierra, porque asegura: «Estoy con vosotros todos los días, hasta el fin del mundo». Presumiblemente, en la tierra. ¿Dónde se observa todo lo que Cristo ordenó que ocurriera? ¿En la Iglesia? Sí. ¿En casa? Sí. ¿En nuestra vida personal? Sí. Pero ¿qué ocurre más allá de las cuatro paredes de la iglesia y el hogar, como en el lugar de trabajo, donde pasamos la mayor parte de nuestras horas de vigilia?

Los cristianos ya están esparcidos como la sal por todo el espectro social en el *lugar de trabajo*. Es ahí donde tenemos las mejores oportunidades para «observar todo lo que Cristo nos ordenó», y encarnar lo que implican los mandamientos de Cristo en el contexto del trabajo diario. Es decir, en el contexto del servicio al cliente, marketing, cuestiones de salarios y beneficios, condiciones de trabajo, políticas de toma de decisiones, productos, producción, precios, contratos, relaciones empleado-empleador, relaciones entre compañeros de trabajo, política de contratación y despido, contabilidad, gestión, planificación estratégica, distribución de beneficios y servicio comunitario. ¿Tiene el evangelio del reino algo que decir sobre estas cosas? Por supuesto qué sí. Si bien alinearse con los mandatos de Cristo en algunas de estas áreas puede significar ser despedido, no es el mismo tipo de «despido» que experimentaron algunos de los primeros cristianos en la antigua Roma: fueron quemados vivos en la hoguera.

No obstante, la mayoría de los cristianos en Roma no fueron quemados vivos. Vivían su vida cotidiana de tal manera que la gente se asombraba de cómo podían afrontar los desafíos de la vida de manera tan diferente. Atenágoras refirió a Marco Aurelio la realidad de los cristianos de Roma de esta manera:

> Entre nosotros, empero, fácil es hallar gentes sencillas, artesanos y mujeres ancianas, que si de palabra no son capaces de poner de manifiesto la utilidad de su religión, la demuestran por las obras. Porque no se aprenden discursos de memoria, sino que manifiestan acciones buenas: no herir al que los hiere, no perseguir en

justicia al que los despoja, dar al que les pide y amar al prójimo como a sí mismos. Ahora bien, si no creyésemos que Dios exista para cuidar al género humano, ¿podríamos llevar vida tan pura? No es posible decirlo. Pero como estamos persuadidos de que hemos de dar cuenta de toda nuestra vida de aquí abajo a Dios, que nos ha creado a nosotros y al mundo, escogemos una vida moderada, caritativa y humilde.[31]

Los primeros seguidores de Cristo vivieron su fe en la vida cotidiana sin fanfarrias. Esto incluía su vida laboral, como observó Atenágoras. Se tomaron muy en serio las exhortaciones de Pablo, como él escribió a los creyentes en Tesalónica: «Y que procuréis tener tranquilidad, y ocuparos en vuestros negocios, y trabajar con vuestras manos de la manera que os hemos mandado, a fin de que os conduzcáis honradamente para con los de afuera» (1 Tesalonicenses 4:11-12).

Si los cristianos de hoy no aciertan a ver el valor de su trabajo más allá de alimentar a sus familias, encontrar oportunidades para evangelizar o ganar dinero para apoyar el trabajo de pastores y misioneros (todas ellas cosas válidas), perderemos una de las mejores oportunidades para demostrar el valor de nuestros principios a nuestros conciudadanos en la «Roma» actual.

Glorificamos a Dios en la tierra imitándole bien en nuestras ocupaciones diarias. Esta es, en pocas palabras, la «teología del trabajo». ¿Qué mejor oportunidad para estar *en* el mundo pero no formar parte del sistema mundano que en la realidad básica del trabajo cotidiano? Como subproducto, el mundo se puede «poner patas arriba», una vez más, como sucedió en los días de Pablo. Hace mucho que necesitamos otro cambio radical.

¿Son llamados los cristianos a cambiar la cultura? No por nuestras propias fuerzas, por supuesto, o por el «brazo de carne» (2 Crónicas 32:8). Pero si vivimos auténticamente nuestra fe en el contexto de la vida entera, incluida la vida laboral, permitiendo que la gracia de Cristo se exprese a través de nosotros, *influiremos* en la

---

31. Athenagoras. *A Plea Regarding Christians*. Citado por Richardson, Cyril C., ed. 1996. Early Christian Fathers. New York: Touchstone. 310.

cultura circundante. Si vivimos nuestra fe en el mundo, por la gracia de Dios, esto producirá un efecto en los demás y en nuestro medio ambiente. Los resultados dependen de Dios.

Si, como requiere la Gan Comisión, enseñamos a los conversos a obedecer todo lo que Cristo ordenó en el contexto de su vida privada, así como en su vida pública, no podrán evitar «dar sabor» a la cultura circundante. La historia de Roma lo confirma. En esto consiste ser sal y luz. Si los primeros cristianos hubieran privatizado su fe, nunca habrían sido arrojados a los leones.

Toda la vida adquiere un nuevo significado cuando se mira desde el contexto del marco de referencia bíblicamente informado de la cosmovisión bíblica. El llamado a administrar el espectro completo de la creación de Dios no es una cuestión de pulir latón en un barco que se hunde, sino de afirmar la buena creación de Dios, quebrada por la caída y necesitada del gobierno de seres humanos que imitan a Dios en la oficina y en la tienda.

¡Las ramificaciones que acarrea todo esto para la educación son enormes! La educación se convierte así en una cuestión de *imaginar y equipar a la próxima generación para gobernar bien sobre un mundo de Dios, bueno pero desbastado, de imitarle bien en la totalidad del aquí y ahora, tanto en público como en privado, en todo tipo de ocupaciones humanas, y por tanto, ocupándonos hasta que Él regrese.*

Este es el objeto perdido del aprendizaje. El propósito que ha llegado el tiempo de restaurar.

La educación es para cuidar la tierra

Permítanme recapitular los puntos principales hasta aquí:

La responsabilidad de gobierno del planeta tierra ha sido concedida a los seres humanos (Génesis 1:26-28), creados a imagen y semejanza de Dios para cumplir bien esta tarea. El planeta tierra no fue entregado a Satanás en la caída, sino sigue siendo plenamente posesión de Dios aun en su condición actual (Salmo 24:1). Cristo sigue manteniendo organizados todos los átomos del mundo material «por la palabra de su poder» (Hebreos 1:3), y la autoridad de Jesús gobierna todas las cosas, tanto las terrestres, como las legales, artísticas, agrícolas, industriales y civiles, no se limita a las «cosas espirituales» y las «de la Iglesia» (Hechos 10:36). Dios actúa ahora en el planeta tierra a través de su pueblo redimido para reconciliar todas las cosas consigo mismo. Entre otras, el alma humana y sistemas completos (2 Corintios 5:17-20 y Colosenses 1:16-20). Cuando imitamos bien a Dios por medio de «segundas creaciones», le devolvemos la gloria a través de las ocupaciones. Incluso en «Babilonia». O, quizás deberíamos decir, *especialmente* en Babilonia.

En los últimos años, Estados Unidos ha experimentado una mudanza: de ser una cultura post-cristiana a ser una cultura anti-cristiana, en muchos países va en aumento una cultura anticristiana. El desafío que ahora tenemos por delante es vivir auténticamente nuestra fe en Babilonia, sin «comer la carne del rey». Es decir, necesitamos una generación de varones como Daniel, que sepan vivir y trabajar *en* el mundo, sin ser parte *de* él.

Si esto es cierto, entonces Dallas Willard tiene razón cuando dice:

> Realmente no hay división entre lo sagrado y lo secular, excepto lo que nosotros hemos creado. Por eso, la división de roles y funciones legítimas de la vida humana en sagrados y seculares causa un daño incalculable a nuestra vida individual y a la causa de Cristo. La gente santa debe. . . asumir el mandato sagrado en la agricultura, la industria, el derecho, la educación, la banca y el periodismo con el mismo celo que antes se entregaran a la evangelización o a la obra pastoral y misionera.[32]

Esto no da lugar a la separación entre lo sagrado y lo secular que muchos piensan que realmente existe. Ciertamente *vivimos* en un mundo *secularizado*, donde Cristo es marginado, ignorado o completamente negado, pero este es un mundo de fantasía.

Así pues, ¿cuál es el propósito del aprendizaje? Insistimos: para que los seres humanos puedan dedicarse a gobernar bien las cosas

---

32. Willard, Dallas. 1988. *The Spirit of the Disciplines: Understanding How God Changes Lives*. New York: Harper Collins. 214. (*El espíritu de las disciplinas. ¿Cómo transforma Dios la vida?*. Nashville, Editorial Vida).

de la tierra mediante ocupaciones significativas, e imitar a Dios gobernando bien sobre *toda* la creación, aun en su condición fragmentada. Y repetimos, *especialmente* en su estado destrozado.

Se trata de alinear la agricultura, los negocios, el derecho, la economía y el periodismo con el Rey, por la gracia de Dios, para que se haga su voluntad en la tierra, como en el cielo, como oró Jesús. Para los estudiantes, se trata de alinear la pintura, el fútbol y la redacción de ensayos con el Rey. Y al hacerlo, el ámbito del reino de Cristo «llega» a la escuela.

Buscar primero el ámbito del reino Dios y comprender cómo el dominio del reino de Cristo conecta con todo lo que se estudia en la escuela, constituye en conjunto la mejor razón para la educación. Esta razón tiene la posibilidad de captar la imaginación de los estudiantes que se tambalean en los centros educativos, que ven poco propósito para sus estudios y tienen pocos incentivos para aprender. Aunque, en realidad son gobernadores de la tierra gracias a una asignación concebida por Dios antes de crear a los primeros seres humanos, la mayoría de los estudiantes no se dan cuenta de esto. Lamentablemente, la mayoría de los profesores tampoco son conscientes de ello.

El Mensaje traduce Proverbios 29:18a de esta manera: «Si la gente no puede ver lo que Dios está haciendo, se tambalea». La versión Reina Valera lo expresa de esta otra manera: «Sin profecía, el pueblo se desenfrena». Esto incluye a los estudiantes *y* los profesores. Si no encuentran *sentido*, la mayoría de los estudiantes a duras penas sobreviven. Y algunos, ni siquiera eso.

Por lo que respecta a la escuela, hay muchas cosas *qué* aprender. ¿A qué se debe, pues, la escasez? Lo que muchos estudiantes echan en falta es el *sentido*. El tipo de sentido que motiva. Más allá de las calificaciones, los sueldos futuros y los elogios.

Cuando yo era joven y estudiaba en un centro cristiano de secundaria, no acertaba a ver el panorama general y, por tanto, no podía conectar el propósito de Dios para mi vida con mi trabajo escolar diario. Quería servir al Señor, pero pensaba que solo los pastores y misioneros podían hacerlo. Y más adelante, no logré establecer conexión alguna entre la venta de zapatos (a lo que me dedicaba cuando era estudiante universitario) y el ámbito del reino de Dios. Fue así porque equiparaba el reino de Dios con la Iglesia y las cosas relacionadas con la Iglesia. No veía el ámbito del reino en la *totalidad* del mundo material. No entendía que vender zapatos formaba parte del reino de Dios.

¿Qué tiene que ver la venta de zapatos con el reino de Dios? Si separamos los dos, no entenderemos qué tiene que ver una cosa con la otra. *Vender zapatos también es obra de Dios.* Es necesario restaurar esta idea, y la educación cristiana puede desempeñar un papel importante en dicha restauración.

¿Cómo? Incrustando perfectamente las premisas bíblicas del trabajo, la economía y el florecimiento humano en el plan de estudios de la enseñanza primaria y secundaria, de manera que los alumnos puedan ver que *todo* lo que estudian encaja en el contexto de algo mucho más amplio.

¿Qué es una teología del trabajo, la economía y el florecimiento humano?

La expresión *florecimiento humano* no hace referencia aquí a cierto evangelio de la prosperidad, sino a una *vida abundante* (como Jesús dijo), con sentido, propósito y esperanza, acompañada de una satisfacción y plenitud profundas que solo pueden provenir de vivir como Dios desea. Se refiere a un bienestar e integridad completos, ya sean relacionales, económicos o de otro tipo, que surgen de andar en unidad con Dios y sus propósitos, de vivir alineados con el reino de la luz, donde las cosas son como deberían ser, tanto por lo que respecta a los individuos como a las naciones. La palabra que usa la Biblia para designar esto es *shalom*.[33]

Por razones de espacio no me es posible ofrecer más detalles aquí, pero la siguiente lista ayudará a presentar lo que quiero decir con «premisas bíblicas del trabajo, la economía y el florecimiento humano». Esta lista es un punto de partida, a partir de una lista más amplia de premisas titulada «99 verdades sobre el trabajo, la economía y el florecimiento

---

33. Véase el ensayo del Dr. Jonathan T. Pennington, *A Biblical Theology of Human Flourishing*, disponible a través del Institute for Faith, Work & Economics at http://www.tifwe.org.

humano», disponible en el sitio web de Worldview Matters® (http://
biblicalworldview.com/Godspleasure.html).[34]

1. Dios es el primer y mejor obrero (Génesis 1:1,31).
2. Dios ha seguido trabajando incluso después de su creación inicial de todas las cosas (Juan 5:17).
3. Dios es dueño de todas las cosas; el mundo material le «pertenece» (Salmo 24:1).
4. Dios determinó antes de la creación de Adán y Eva que los seres humanos gobernaran (administraran) todas las cosas en la tierra (Génesis 1:26-28).
5. El mundo material no ha sido abandonado por Dios, a pesar de la caída y la realidad de que elmundo está quebrado y necesitado de restauración (Génesis 3:21; Juan 3:17; Colosenses 1:19-20).
6. El dolor y el sufrimiento son realidades en un mundo caído, pero el trabajo en sí mismo no es una maldición. (Romanos 5:12; Efesios 2:10)
7. Dios creó a los seres humanos para que trabajas en (Génesis 1:26; 2:15).
8. Los seres humanos son obra de Dios, creados para hacer las buenas obras que Él concibió de antemano que hiciesen, incluso antes de que Adán y Eva fueran creados (Génesis 1:26-28; Salmo 8:3-8; Efesios 2:10).
9. La Palabra de Dios proporciona una guía para todo tipo de trabajo bueno y prepara a las personas para hacerlo de manera correcta (2 Timoteo 3:16-17).
10. El buen trabajo es para la gloria de Dios, y el trabajo que glorifica a Dios es verdaderamente bueno. (Efesios 2:10; 2 Timoteo 3:16-17).
11. Haga su trabajo como si estuviera trabajando para el Señor, aunque no le paguen por ello. (Colosenses 3:22-24).
12. Las personas que usan los dones y destrezas que Dios les ha concedido en su trabajo destacarán y recibirán el reconocimiento de otros por su labor (Proverbios 22:29; Mateo 25:14-29).

---

34. Véase http://biblicalworldview.com/Godspleasure.html.

13. De más estima es el buen nombre que las muchas riquezas (Proverbios 22:1; 28:6).

14. El derecho a la propiedad privada debe ser protegido sin prejuicios ni favoritismos (Éxodo 20:15; 22:1-15; Deuteronomio 19:14; Proverbios 22:28; 31:16-24; 1 Reyes 4:25; Ezequiel 46:18; Miqueas 4:4; Mateo 20:15).

15. Las personas que tienen derechos o responsabilidades legales sobre la propiedad tendrán mayor incentivo para ocuparse de sus cosas y se preocuparán más por su pérdida o abuso (Lucas 15:1-14; Juan 10:12-13).

16. Los que hacen un trabajo deben participar de la recompensa (Proverbios 27:18; 31:31; 1 Timoteo 5:18; 2 Timoteo 2:6).

17. Los contratos deben cumplirse y hacerse cumplir de manera imparcial, independientemente de la situación económica de cualquiera de las partes (Éxodo 22:9; Levítico 19:15; Proverbios 29:14; Gálatas 3:15; Santiago 2:8–9).

18. Los que derrochan recursos son imprudentes y tal actitud conduce a la necesidad (Proverbios 21:20; Lucas 15:13-16).

19. Dios desprecia las medidas falsas, y las ganancias obtenidas con engaño le son abominables, pero se deleita en las valoraciones honestas (Levítico 19:36; Proverbios 11:1; 16:11; 20:10; Amós 8:4-8).

20. Crear valor añadido que genere ganancias por encima de los costos (es decir, que produzca beneficios) puede beneficiar tanto a los productores como a los consumidores y permitir que los unos bendigan a los otros (Proverbios 13:11; 14:23; 31:10–31).

21. Poseer poco dinero, pero respetar al Señor, es mejor que tener grandes riquezas y no tenerle en cuenta (Salmo 37:16; Proverbios 15:16).

22. La pereza conduce a la pobreza, pero la diligencia y la disciplina la mantienen a raya (Proverbios 6:6-11; 10:4; 12:11; 13:4; 24:30-34).

23. 23Con la riqueza viene la responsabilidad de usarla correctamente (Proverbios 3:9-10; 1 Timoteo 6:17-19).
24. Dios ama al dador alegre, en el trabajo y en otros lugares (2 Corintios 9:7).
25. 25.Dios desea hacer su voluntad en la tierra como se hace en el cielo, y por su gracia obrará a través de los redimidos para llevar su luz a todas las esferas de la vida (Mateo 28:18-20; 5:14-16; Lucas 11:2).

Situar el estudio de asignaturas o materias en el panorama general del trabajo y el florecimiento humano no es ciencia espacial. Pero requiere cierta reflexión por parte de los profesores. Permítanme poner tres ejemplos breves de cómo presentar asignaturas académicas en el contexto del panorama general del trabajo y el florecimiento humano:

1. Un maestro de tercer grado prepara una unidad didáctica sobre la comunidad local y la policía. El maestro hace las siguientes preguntas para ayudar a los alumnos a conectar los puntos entre la actividad policial y el panorama general:
   - ¿Cómo cree que Dios ve el trabajo de la policía? ¿Por qué?
   - ¿Qué relación tiene el trabajo de un policía con la Primera Comisión de Génesis 1:26-28?
   - ¿Cómo se puede glorificar a Dios en la policía? ¿Cómo se le puede deshonrar?

2. Un profesor de ciencias de secundaria prepara una unidad didáctica sobre el mar que incluye el tema de los peces. El maestro hace las siguientes preguntas para ayudar a los alumnos a conectar los peces con el panorama general:
   - ¿Cómo encajan los peces en el propósito de Dios para los seres humanos?
   - ¿Qué responsabilidad tienen los seres humanos para con los peces?
   - ¿Por qué cree que Dios creó los peces?

3. Un profesor de literatura de secundaria prepara una unidad didáctica sobre *Macbeth*, de Shakespeare. El maestro hace las siguientes preguntas para ayudar a los alumnos a relacionar esta obra con el panorama general:

- ¿Qué hay de malo en la ambición humana? ¿Qué tiene de bueno la ambición humana?
- ¿Qué cambios concretos en el pensamiento de Macbeth habría tenido que hacer para poder glorificar a Dios a través de su obra?
- ¿Cómo se relaciona el caso de Macbeth con su labor actual como alumno?

Hay muchas más formas de «contextualizar» los temas académicos, pero los ejemplos anteriores proporcionan algunas ideas.

Vuelta a los conceptos básicos

Cuando los alumnos resuelven problemas de aritmética, gobiernan una parte de las cosas de Dios que llamamos «matemáticas». Cuando crean una obra de arte, gobiernan una parte de las cosas de Dios que llamamos «papel», «carboncillo» y «acuarela». Cuando escriben un ensayo, gobiernan una parte de las cosas de Dios que llamamos «lenguaje» y «lógica». Cuando juegan al fútbol, gobiernan una parte de las cosas buenas de Dios que llamamos «piernas y pies», por no mencionar los balones y la portería. Cuando hacen experimentos científicos, dominan una parte de las cosas buenas de Dios que llamamos «productos químicos» y «electricidad».

Cuando los alumnos despliegan todo lo que aprenden en la escuela en el contexto más amplio de la intención de Dios para los seres humanos y su diseño para el mundo que nos rodea, la educación adquiere un sentido y un propósito extraordinarios.

Como se mencionó anteriormente, esta visión de la educación no es nueva. Los educadores del siglo XVII en el norte de Europa y las islas británicas, como Juan Comenio y William Ames, sostenían opiniones similares. Su enfoque educativo sentó las bases para Harvard y Yale en el Nuevo Mundo y allanó el camino para que floreciera una nueva nación, tanto espiritual como económicamente.

El desafío actual es que nuestras universidades ya no capacitan a los maestros con el mismo propósito que motivó a los primeros reformadores de la educación. Para Comenio y sus colegas, no existía división entre lo sagrado y lo secular. No hubo compartimentación de la vida entre «las cosas de Dios» y «las cosas de la tierra», con un espacio de separación en medio.

Comenio trató de armonizar los tres «libros» que él creía que eran esenciales para llevar a cabo una auténtica educación: (1) el libro de la Palabra de Dios (la «revelación especial» de la Biblia), (2) el libro de las obras de Dios (la «revelación general» de la creación), y (3) el libro de la razón humana.

Hay pruebas que respaldan la creencia de que los tres libros que aparecen en el escudo de Harvard son esos tres «libros» que Comenio consideró esenciales para el aprendizaje: *la razón humana sometida a la Palabra de Dios y sus obras.*

A continuación se muestra el escudo original de Harvard del siglo XVII:

Rodeando el escudo en latín aparece el lema original de Harvard: *Christo, Veritas et Ecclesiae*, «Cristo, Verdad e Iglesia». En el escudo verá los dos libros superiores (la Palabra de Dios y las obras de Dios), ambos de cara al espectador, mientras que el libro inferior (la razón humana) aparece invertido. Una «flecha» sobre el libro inferior apunta a los dos libros superiores.

Considere estas palabras de *Una historia de la Universidad de Harvard, desde su fundación, en el año 1636, hasta la revolución estadounidense*, por Benjamin Peirce, publicada en 1833. Al final de este capítulo, encontrará «Reglas y preceptos observados en la institución». Las reglas n.° 2 y n.° 3 son:

(2) Que cada estudiante sea claramente instruido, y se le presione seriamente a considerar con detenimiento, que el fin principal de su vida y estudios es *conocer a Dios y a Jesucristo, que es la vida eterna*, Juan. xvii. 3. y por tanto, poner a Cristo en la base, como único fundamento de todo conocimiento y aprendizaje sólidos. Y puesto que solo el Señor da la sabiduría, que cada uno se proponga seriamente, mediante la oración en secreto, procurarla de él. Prov. ii.3. (3) Todos se ejercitarán de tal manera en la lectura de la Escritura dos veces al día, que estarán dispuestos a dejar constancia de su competencia en la misma, tanto en las observaciones teóricas del lenguaje y la lógica, como en las verdades prácticas y espirituales, según requiera su Tutor, con arreglo a su capacidad; sabiendo que *la asimilación de la palabra alumbra, da entendimiento a los sencillos*. Salmo cxix. 130. (Énfasis en el original).

A continuación se muestra el escudo de Harvard tal como aparece actualmente:

Tenga en cuenta que el libro inferior (la razón humana) ya no está volcado hacia los otros dos. La flecha que apuntaba hacia arriba, al libro de la Palabra de Dios y el libro de las obras de Dios, ha sido removida, y el lema latino, *Verdad por Cristo y la Iglesia*, ha desaparecido. Aunque *Veritas* («la verdad») todavía aparece, ciertamente no es la misma *Veritas* que los fundadores tenían en mente. El lema, reemplazado por una corona de laurel griega, es bastante elocuente.

Yale fue establecida en 1701 por un grupo de pastores que juntaron sus libros para formar la primera biblioteca. El propósito de la nueva escuela era que «la juventud pudiera ser instruida en las Artes y las Ciencias, para que, por la bendición de Dios, fueran aptos para el empleo público tanto en la Iglesia como en el Estado Civil». Aquí no hay distinción sagrado-secular.

No estoy sugiriendo que los puritanos lo hicieran bien en todos los aspectos.[35] Lo que sí sugiero es que recuperemos el propósito perdido del aprendizaje que los motivó. Fue un propósito convincente que dio un significado extraordinario al aprendizaje y un incentivo a los estudiantes, como Jonathan Edwards, quien se graduó de Yale en 1721. Fue teólogo, pastor, misionero a los nativos americanos y tercer presidente de la Universidad de Princeton. Entre su progenie se encuentran decenas de pastores y misioneros, 120 profesores universitarios, 110 abogados, 60 autores, 30 jueces, 13 rectores de colegios o universidades, 3 congresistas y 1 vicepresidente de los Estados Unidos.

Este tipo de personas tenían un propósito convincente que contribuyó en gran medida a la «visión del orden del conjunto de cosas» que una vez uniera a los Estados de América, como señaló Allan Bloom en 1987, pero que desde entonces ha desaparecido de la plaza pública. Creo que eso se debe a que hemos olvidado la *razón de ser* de Harvard y Yale y perdido el *propósito* mismo del aprendizaje.

Pero no es solo el propósito perdido del aprendizaje; es el propósito perdido de la *vida*.

La restauración del propósito perdido del aprendizaje debe hacerse de una manera (1) *sistémica*, (2) *intencional* y (3) *repetible*.

---

35. Los puritanos tenían sus problemas, pero hicieron bien más cosas de las que comúnmente se les da crédito. Para más información sobre este tema, consulte *Worldly Saints: The Puritans As They Really Were* por Leland Ryken. Véase también, *The Puritan Gift* de Ken y William Hopper. Los hermanos Hopper sostienen que las maneras puritanas trajeron consigo un nivel de prosperidad comercial y económica en los Estados Unidos que el mundo nunca había visto y que duró casi 300 años.

Por **sistémica**, me refiero a una manera que incorpora la teología del trabajo, la economía y el florecimiento humano a *planes ya existentes*, en matemáticas, ciencias, historia, literatura, arte y deporte, recurriendo a un enfoque *integral* en lugar de agregar otra «clase» o «asignatura».

Por **intencional**, me refiero a que incorpore una teología específica del trabajo, la economía y el florecimiento humano en *los resultados, normas y puntos de referencia escritos de la escuela* con la misma intencionalidad que cualquier otro objetivo académico.

Por **repetible**, quiero decir de una manera que cualquier maestro cristiano pueda lograr con una cantidad razonable de tiempo de preparación, de manera consecuente y práctica, que se pueda transmitir a otros maestros con una cantidad razonable de capacitación.

Hay formas específicas en las que los maestros pueden lograr los anteriores objetivos. Por razones de espacio no puedo explicarlos aquí, pero para los que deseen investigar más sobre cómo se puede hacer esto, consulte la información sobre el Proyecto Worklife Restoration and Advancement, conocido como «WRAP»: *http://bmwplan.blogspot .com /2018/02/creating-and-maintaining-distinctly.html.*

Es hora de rectificar el rumbo. Por el presente escrito hago un llamamiento a todas las escuelas primarias y secundarias que se denominan «cristianas» a participar en este desafío mediante la incorporación de las premisas bíblicas del trabajo, la economía y el florecimiento humano en el plan de estudios estándar de primaria y secundaria, de preescolar a secundaria, escuelas de ladrillo y mortero, en línea, en el hogar, dominicales o clandestinas de manera sistémica, intencional y repetible, por la gracia de Dios.

¿Está dispuesto a unirse a Worldview Matters® en esta causa? Puede ver un video animado de cuatro minutos que resume gran parte de lo que aquí hemos escrito, en *https://youtu.be/v9ux8UeqYFM.*

Como educador preocupado, abuelo de 12 y ciudadano durante setenta años, me veo obligado a pronunciarme sobre la gravedad de la realidad de nuestra nación y otras naciones. La «izquierda» y la «derecha» están en guerra. Al mismo tiempo, los jóvenes abandonan en masa la Iglesia como nunca antes hicieron.

Nuestro derrotero actual tiene un final doloroso. Si seguimos excluyendo al Señor, ello provocará el declive de la nación. De eso no hay duda. Solo hay una manera de «hacer que las naciones sean grandes», y es a su manera. Sorprendentemente, es la única forma que la mayoría de nuestros ciudadanos (y líderes) no toleraran.

Hice un video animado sobre todo esto, y no es precisamente un plato de buen gusto. Es bastante desagradable de ver. Contiene algunas palabras difíciles para los pastores, para la Iglesia, para los padres, para las escuelas estatales y para las escuelas cristianas.

Un amigo, después de ver este video, titulado *No muy lejos*, me escribió: «El impacto del video es demonizar a las escuelas, a los administradores y en torno al 50 por ciento de los maestros y muchos administradores de escuelas que afirman ser evangélicos». No estaba contento con lo que había creado. Otro amigo me preguntó: «¿Cómo podemos ayudar a los evangélicos que tienen hijos en escuelas públicas, o que son maestros o administradores de escuelas públicas, a "oír" este mensaje y no sentirse condenados, indefensos o enojados?».

¡Es una gran pregunta!

Ciertamente, Dios llama a los cristianos a servir en las escuelas estatales con lo mismo que eligió a José para servir en la corte del faraón y a Daniel para servir en Babilonia. Si usted es uno de los «elegidos», ¡no es un demonio! Pero ¿está funcionando como un José, un Daniel o una Ester donde Dios le ha colocado? Éste es el tipo de maestros y administradores cristianos que hoy necesitamos en las escuelas estatales. Si trabaja dentro del sistema de escuelas públicas, ya es hora de hablar.

Si usted es una de esas personas dedicadas, puede que pase tiempo en un «foso de leones», a menos que guarde silencio y se mantenga pasivo cuando llegue el momento de hablar. Cuando lo haga, recuerde a Ester, que estuvo en el lugar correcto «en una hora como esta». No obstante, puede que su desenlace no sea tan agradable como el de Ester.

Si nuestras iglesias estuvieran instruyendo, equipando y apoyando a maestros y administradores cristianos para ser *como* Daniel y Ester en las escuelas estatales, sería fantástico. Pero las iglesias no lo están haciendo, pese a que varias generaciones anteriores sí lo hicieron.

Me parece que si el 50 por ciento de los maestros y administradores de las escuelas estatales fueran cristianos evangélicos (dudo de esta cifra), ya habríamos visto una corrección de rumbo. Pero el hecho incontrastable es que no es posible reformar un sistema basado en premisas falsas.

¿Deben los educadores cristianos abandonar las escuelas estatales? Mi respuesta abreviada es: «*Haga lo que el Señor le muestre que debe hacer*». Si Dios le llama a trabajar en una escuela estatal, prepárese para hacer lo correcto, como lo hizo Daniel. (Y oré también como lo hizo Daniel). La pregunta más importante, cuando se trata de educar niños cristianos, tiene que ver con las iglesias.

El hecho es que la mayoría de las iglesias están tan infectadas con la DSS como las escuelas. La mayoría de los jóvenes en hogares e iglesias cristianas piensan más como sus libros de texto secularizados que conforme a la Biblia. Tiene sentido el que una dosis de secularismo de 13 años de duración a través de la secularización de las escuelas contribuya de manera importante a la secularización de la sociedad. ¿Cómo podría no ser así?

Sí, hay algún Daniel y Ester en nuestras escuelas estatales. Sin embargo, Barna nos informa que el porcentaje de los que forman la «Generación Z» (los nacidos en 1999 o después) que se declaran ateos es el doble que el de la población adulta y solo el 63 por ciento de los adolescentes que se declaran cristianos creen que Jesús es el Hijo del único Dios verdadero. (¿Cómo define la generación Z el vocablo «cristiano»?).

¿Hemos perdido la guerra cultural? Si queremos decir «¿hemos perdido el consenso cristiano?», la respuesta es un rotundo *sí*.

Una «nueva normalidad» está impregnando nuestras escuelas y la cultura en general. Algunos jóvenes nadan contra corriente, pero pocos son capaces de soportar la resaca. Ya es bastante difícil si no se asiste a las escuelas secularizadas. El «consenso cristiano» anterior a 1960 existió hace mucho en una galaxia lejana. La secularización de los centros educativos (tanto del modelo estatal como del modelo «cristiano») ha jugado un papel importante en este desarrollo.

Esta es la conclusión: «Ha llegado ya el momento de que Dios juzgue a todos, y de que empiece por juzgar a su propio pueblo» (1 Pedro 4:17, Traducción en lenguaje actual).

La esperanza para el futuro está en el pueblo de Dios. Pero la Iglesia no puede eludir la prueba del Señor en el proceso. *Estamos inmersos en ella.*

Gracia y paz para usted.

Arriba y adelante.

La comprensión teológica no significa nada si no se aplica. Esto es cierto para la teología de la educación. La implicación teológica de la educación surgida de la Reforma y extendida por los puritanos a lo que se convertiría en los Estados Unidos de América, se manifestó en los hogares como educación en casa. El próximo capítulo ha sido escrito por Scott y Kimberly Allen sobre su experiencia como familia educativa en el hogar.

BIBLIOGRAFÍA

Para un curso completo sobre teología del trabajo y el florecimiento humano redactados para alumnos de secundaria, pero accesibles para adultos de todas las edades, recomendamos el texto electrónico *God's Pleasure at Work & The Difference One Life Can Make: An Introduction to Faith, Work and Purpose.* Véase http://maximizemeaning.blogspot.com.

Le insto a ver el breve video animado mencionado anteriormente, *No muy lejos:* https://youtu.be/Igd74KblPvU.

Allen, Scott D. 2011. *Entre lo sagrado y lo secular.* Editorial JUCUM, Tyler, Texas, 2013.

Scott David Allen *¿Por qué la Justicia social no es Justicia bíblica: Un toque de atención a los evangélicos y a todos los cristianos,* Editorial JUCUM, Tyler, Texas 2022.

Beckett, John. Disfrutando los lunes, Editorial CLIE, Barcelona 2018.

Crouch, Andy. *Crear cultura*. Sal Terrae, Bilbao 2010.

Eldred, Ken. *Una vida Integrada*. Elevate Faith 2016.

Erisman, Albert M. *The Accidental Executive: Lessons on Business, Faith, and Calling from the Life of Joseph*. Peabody, MA: Hendrickson Publishers 2015.

Fikkert, Bryan, and Steve Corbett. *Cuando ayudar hace daño*. Audible Studios on Brilliance Audio; Unabridged edición 2018.

Keller, Tim, with Katherine Leary Alsdorf. *Toda buena obra*. Barcelona, Publicaciones Andamio 208.

Mangalwadi, Vishal. *Verdad y transformación*, Editorial JUCUM, Tyler, Texas, 2011.

Miller, Darrow L., con Marit Newton. *Vida, trabajo y vocación*, Editorial JUCUM, Tyler, Texas, 2011.

Nelson, Tom. *Trabajo y redención*, Medellín, Poiema Publicaciones 2017.

Overman, Christian. *Supuestos y estilos de vida*, Editorial JUCUM, Tyler, Texas, 2014.)

Overman, Christian, with Chris Hare. *God's Pleasure at Work & The Difference One Life Can Make: An Introduction to Faith, Work and Purpose*. Pennsauken, NJ: BookBaby 2016.

Peabody, Larry. *Job-Shadowing Daniel*. Parker, CO: Outskirts Press 2010.

Pearcey, Nancy.*Verdad total*, Editorial JUCUM, Tyler, Texas, 2014.

Schultz, Glen. *Kingdom Education*. Nashville: Nashville, Lifeway 2018.

Self, Charlie. *Flourishing Churches & Communities*. Grand Rapids: Christian's Library Press 2012.

Sherman, Amy L. *El llamado del reino*. Proyecto Nehemíah f 2020

Sherman, Doug, and William Hendricks. *Your Work Matters to God*. Colorado Springs, CO: NavPress 1987.

Stevens, R. Paul. *Vocación trabajo y ministerio*. Barcelona, Publicaciones Andamio

Strandness, Erik. *The Director's Cut*. Bloomington, IN: Westbow Press 2014.

Theology of Work Project. *Theology of Work Bible Commentary* (5 Volumes). Peabody, MA: Hendrickson Publishers 2015.

Veith, Gene Edward Jr.*God at Work*. Wheaton, IL: Crossway 2002.

Ward, Mark L. Jr. *Biblical Worldview: Creation, Fall, Redemption*.Greenville, SC: BJU Press ed.2015.

Whelchel, Hugh. *How Then Should We Work*. Bloomington, IN: Westbow Press 2012.

Wolters, Albert. 1985. *La creación Pecuperada.* Medellín Poiema Publicaciones 2015.

GUÍA DE ESTUDIO

SESIÓN 5a:¿El porqué de la educación? El objeto perdido del aprendizaje

SABER:

- **Conocimiento**—¿Qué declara esta sección?
  - ¿Cuándo se plantaron las semillas para secularizar la nación y privatizar la fe?
  - Explique el concepto de la división entre lo sagrado y lo secular.

- **Entendimiento**— ¿Qué significa?
  - ¿Cómo responde usted a la cita de A. A. Hodge?
  - La base de la educación patrocinada por el Estado es una fe atea y anti-teísta, dice el capítulo. ¿Cuáles son las consecuencias?
  - ¿Dónde ve el residuo del pensamiento dualista en su propia vida? ¿Y en su iglesia?
  - ¿Cómo afecta la DSS a las escuelas «cristianas»? ¿Cómo contribuye a producir cristianos dualistas?
  - Mencione algunas preguntas básicas que un padre o un abuelo podría hacer a los maestros y administradores para determinar si hay dualismo en un centro educativo.

HACER:

- **Sabiduría**—¿Cómo se aplica?
  - ¿Ha asumido usted que la educación patrocinada por el Estado es «neutral»?
  - Si es así, tómese un tiempo para reflexionar sobre lo que lo revelado en esta sección ha significado en su vida y en la vida de sus hijos y/o nietos. ¿Cómo le afectará esta información en el futuro?
  - Escriba un breve plan para ayudar a otros en su círculo a ver que la educación patrocinada por el Estado aplica una agenda destructiva para moldear la mente de los niños. Puede ser algo tan sencillo como invitarles a leer este libro.

SESIÓN 5b: La idea perdida del «todo»

SABER:

- **Conocimiento**—¿Qué declara esta sección?
    - ¿Qué concepto se perdió cuando la sociedad abandonó la Biblia?
    - ¿Qué declara la Biblia (Génesis 1:26-28) que es el propósito de la existencia del ser humano sobre la tierra?

- **Entendimiento**— ¿Qué significa?
    - Comente por qué es importante la pérdida del conjunto.
    - Comente la distinción que hace el Dr. Erik Strandness al declarar que Dios no creó *ex nihilo* (de la nada) sino *ex cōgitātiō* (fuera del pensamiento). ¿Está de acuerdo o en desacuerdo? ¿Por qué?
    - ¿Qué es el Mandato Cultural?
    - ¿Cómo puede la educación ayudar a los niños a prepararse para gobernar cuando sean adultos?

HACER:

- **Sabiduría**—¿Cómo se aplica?
    - ¿Qué incluye su ámbito de gobernanza?
    - Mencione, específicamente, cinco cosas que puede hacer para desarrollar su capacidad de gobierno. ¿Qué puede empezar a hacer hoy y cómo?

SESIÓN 5c: No hay lugar en el trono de Cristo para dos

SABER:

- **Conocimiento**—¿Qué declara esta sección?

    - Mencione los cuatro usos que se hace de la palabra *kosmos* en el Nuevo Testamento.
    - Comente el alcance de cuidar la tierra, tal como lo describe el Dr. Overman.

- **Entendimiento**—¿Qué significa esto?

- ¿Qué relación tiene el significado de *kosmos* como sistema de pensamiento y comportamiento con la educación?
- Parafrasee la declaración aclaratoria del Dr. Overman: «Dios tiene el control absoluto, pero no controla todas las cosas de manera absoluta». ¿Le parece útil esta distinción? ¿Cómo?
- Parafrasee la idea y el alcance de los seres humanos como administradores de la creación.
- ¿Qué relación tiene el concepto puritano del Círculo de conocimiento con la educación?

HACER:

- **Sabiduría**—¿Cómo se aplica?
  - Mencione cuatro o cinco formas en las que puede aplicar lo que ha aprendido en esta sección. Luego elija una y «llévela a cabo».

SESIÓN 5d: Dios ha asignado a los seres humanos cuidar la tierra

SABER:

- **Conocimiento**—¿Qué declara esta sección?
  - Según el Dr. Overman, ¿cuál es el objeto de la educación? Especifíquelo exactamente.
  - ¿Qué da a la vida y a la educación un sentido perdurable?

- **Entendimiento**—¿Qué significa esto?
  - ¿Cómo ha influido la división sagrado/secular de nuestro pensamiento en su visión del trabajo/vocación? ¿Y en su visión de la educación?
  - Hasta ahora, ¿cómo ha entendido usted la Gran Comisión?
  - ¿Cómo definiría la Gran Comisión ahora?
  - Elija una de las 25 premisas de florecimiento humano que le resulte particularmente llamativa. Comente por qué es importante para usted.
  - Comente cómo contextualizaría la educación en el panorama general de la Comisión Cultural y de la Gran Comisión.

HACER:

- **Sabiduría**—¿Cómo se aplica?
    - ¿Está de acuerdo con el objeto (o propósito) de la educación declarado por el Dr. Overman?
    - En caso afirmativo, ¿cómo manifiesta este propósito en su rol de educador?
    - Si no es así, ¿qué declaración de propósito propone?

6

CONSIDERE EN ORACIÓN LA EDUCACIÓN EN EL HOGAR

Scott y Kimberly Allen

En una hermosa y cálida noche del sur de California, mi esposa y yo salimos a dar un paseo con un amigo mío de la universidad, Don McLean y su esposa, Christine. Ambos se habían suscrito en la organización internacional de ayuda al desarrollo Fundación contra el hambre después de terminar sus estudios y trabajaron dos años en Bolivia. Nosotros también nos habíamos incorporado a Fundación contra el hambre, y servimos dos años en Japón. Ambas parejas habíamos regresado a EE.UU., teníamos niños pequeños y nuestras familias iban creciendo.

Don y Christine habían optado recientemente por la educación en el hogar, lo cual era un concepto extraño para mí. Mientras crecía en un pequeño pueblo de Oregón, en la década de 1970, nadie educaba a sus hijos en el hogar. Como todos los demás, asistí a escuelas públicas desde el jardín de infancia hasta la secundaria. Era lo único que conocía. La educación en el hogar se antojaba exótica, incluso extrema.

Mientras charlábamos, pregunté a Don por qué él y Christine habían tomado esta decisión. Bromeé preguntándoles si se habían hecho miembros de alguna iglesia fundamentalista marginal.

Don hizo una pausa y respondió a mi pregunta haciéndome otra que resultó ser un punto de inflexión importante en mi vida y en la vida de mi esposa e hijos. De hecho, las repercusiones de esa sencilla pregunta pueden influir en generaciones:

«Scott, ¿quién tiene la responsabilidad principal de educar a los hijos?».

No recuerdo cómo reaccione, aunque probablemente, lo primero que pensé fuera: «el Estado» o «las escuelas públicas». Pero casi de inmediato supe que tales respuestas no eran correctas. Respondí: «Supongo que Kim y yo la tenemos».

Don sonrió. Él sabía, igual que yo, que la Biblia es muy clara en este punto.

> Y estas palabras que yo te mando hoy, estarán sobre tu corazón; y las repetirás a tus hijos, y hablarás de ellas estando en tu casa, y andando por el camino, y al acostarte, y cuando te levantes. (Deuteronomio 6:6–7).
>
> Instruye al niño en su camino, y aun cuando fuere viejo no se apartará de él (Proverbios 22:6).
>
> Y vosotros, padres, no provoquéis a ira a vuestros hijos, *sino criadlos en disciplina y amonestación del Señor.* (Efesios 6:4, énfasis añadido).

Al día siguiente, hablé con Kimberly. Como de costumbre, ya iba por delante. Ella también había sentido el llamado a educar a nuestros hijos en casa y le emocionaba la idea. Pero de pronto entró en acción mi vertiente práctica. ¿Podremos *permitirnos* educar en casa a nuestros hijos? Nos costaría el plan de estudios, pero más aún, la pérdida de ingresos, porque Kimberly no podría tener un empleo formal. Apenas llegábamos a fin de mes con mis ingresos limitados como miembro del personal de un ministerio cristiano. Los números no cuadraban. Pero Kimberly estaba dispuesta a dar el paso de fe antes que yo. Ella me animó a confiar en que si Dios nos estaba llamando a hacer este viaje, Él proveería. . . y tenía razón.

La decisión que tomamos esa cálida noche en el sur de California con la ayuda de nuestros queridos amigos resultó ser una de las mejores de nuestra vida.

Lecciones aprendidas

Desde hace más de veinte años hemos educado en casa a nuestros cinco hijos, tres de los cuales ya se han graduado en la universidad, y he aquí algunas de las lecciones más importantes que hemos aprendido al transitar este camino.

La educación como estilo de vida

La educación en el hogar nos enseñó la diferencia entre la escolarización y la educación. La escolarización es una actividad; la educación es un estilo de vida, un esfuerzo de por vida. Al principio, reservamos un tiempo durante el día para «escolarizar» formalmente a los niños. Sin embargo, con el paso del tiempo, el aprendizaje ocupó el resto del día y llenó toda nuestra vida. A nuestra familia le empezó a gustar aprender de una forma novedosa.

Comenzábamos el día con lectura de la Biblia, comentarios y oración. Las comidas se convirtieron en momentos importantes para el aprendizaje y el debate. Por la noche, Kim comenzó a procurarme libros para leérselos a los niños, y esto se convirtió en una pasión para mí y una actividad favorita para ellos. Cuando finalmente llegamos a la trilogía de *El señor de los anillos*, de Tolkien, quise leerla una y otra vez. Los debates que iniciaron los tiempos de lectura fueron preciosos para todos nosotros. Rápidamente descubrimos que cada aspecto de la vida brindaba increíbles oportunidades de aprendizaje.

Kimberly y yo descubrimos una nueva forma de pensar en la escuela y la educación, y realmente, lo que significa ser una familia. En muchos aspectos, la educación en el hogar es mucho más que «educación». Para nosotros, se trató de redescubrir lo que enseña la Biblia acerca de la familia. Ahora, los abuelos, tías, tíos, amigos y miembros de la iglesia no son simplemente miembros o amigos de la familia, sino educadores potenciales de nuestros hijos que pueden ofrecerles increíbles experiencias de vida y sabiduría.

La educación se convirtió en un estilo de vida alegre, que añadió tremendo sentido y propósito a nuestro hogar.

Una educación centrada y saturada en Dios

La educación en el hogar permite situar a Dios en el mismo centro y fundamento de la educación, exactamente donde le corresponde. «Porque en él fueron creadas todas las cosas, las que hay en los cielos y las que hay en la tierra, visibles e invisibles; sean tronos, sean dominios, sean principados, sean potestades; todo fue creado por medio de él y para él» (Colosenses 1:16). Por cuanto esto es cierto, nada puede entenderse correctamente sin Dios.

Las escuelas públicas suelen imponer una separación estricta entre «religión» y educación. Las creencias religiosas se consideran opción personal, no pública. Uno es libre de adorar a cualquier dios que elija en la privacidad de su hogar, iglesia, sinagoga, templo o mezquita, pero no en el aula o en la plaza pública. En la práctica, asignaturas como álgebra, literatura, biología e historia se enseñan de forma estrictamente secular. El Dios de Génesis 1:1 no influye en absoluto.

Después de doce años de este tipo de educación pública, a la mayoría de los jóvenes cristianos se les inculca firmemente una mentalidad deísta, sagrada- secular. Dios queda relegado a la parte personal, privada y «espiritual» de nuestra vida. Después de todo, durante doce años Él no tuvo nada que ver con las materias que se enseñaban y muy poco con la vida más allá de la iglesia y la devoción privada. Esta forma de adoctrinamiento no ha hecho más que empeorar desde mis días en las escuelas públicas de Oregón.

De hecho, en la actualidad la educación pública inculca activamente no una cosmovisión estrictamente secular, como en mis días de estudiante, sino una ideología casi religiosa conocida en los círculos académicos como teoría social crítica, que mezcla supuestos posmodernos y neo-marxistas. En efecto, las escuelas públicas han abandonado la pretensión de neutralidad religiosa y promueven el ateísmo. Esta fe es distinta e incompatible con el cristianismo bíblico y su concepción de la realidad última, el poder, la autoridad, la naturaleza humana, la moral (particularmente por lo que respecta al matrimonio, la familia y la sexualidad), la epistemología y mucho más.[1]

Por el contrario, los educadores en el hogar tienen la libertad de colocar al Dios vivo y verdadero en el centro de todo, donde le corresponde. Esta libertad nos ayudó a Kimberly y a mí a pensar de otra manera acerca de las asignaturas académicas. Desarrollamos una cosmovisión bíblica que comenzó dando respuestas bíblicas

---

1. Para leer más acerca de este tema, recomendamos el libro de Scott Allen *Por qué Justicia bíblica no es. justicia social: Un toque de atención a los evangélicos y a todos los cristianos* (Editorial JUCUM, Tyler, Texas, 2022). En este libro, Scott denomina a esa cosmovisión religiosa «justicia social ideológica».

a las preguntas más fundamentales: ¿Qué es en última instancia lo real? ¿Qué es la verdad? ¿Qué es la bondad? ¿Quiénes somos? ¿Cómo debemos relacionarnos con los demás y con la creación? ¿Por qué existe el mal? ¿Cómo hemos de responder a él? ¿Qué hay después de la muerte? En resumen, nos preparamos para pensar bíblicamente sobre *todas las cosas*. Esto no solo impactó a nuestros hijos durante los años de enseñanza en el hogar, sino también en sus años universitarios y de posgrado. La cosmovisión bíblica estaba tan profundamente arraigada en ellos que cuando la voz altisonante del mundo llegó a sus oídos más adelante, contaban con una base sólida en qué apoyarse. Para uno formado en una supuesta división entre lo sagrado y lo secular, este nuevo enfoque del conocimiento resultó transformador.

Evangelización y discipulado

La educación en el hogar nos proporcionó una forma muy natural de evangelizar y discipular a nuestros hijos. Cuando ponemos a Dios en el centro de la vida y la educación, obtenemos una oportunidad maravillosa para mostrar el aspecto que ofrece una fe viva y activa ante nuestros hijos, quienes, por tanto, son más propensos a enamorarse de Jesús y dedicar sus vidas a su servicio.

Cuando nuestros hijos nos observan tratando de vivir la fe cristiana día tras día, a veces cometiendo errores, a veces fallando, pero suplicando misericordia y perdón y apoyándonos en la misericordia de Dios, nueva cada mañana, comienzan a conocer a Dios de una manera real y de forma personal.

Afortunadamente, la educación en el hogar también difumina la línea entre educación y discipulado. Permite vincular la educación, el discipulado, la instrucción en el autogobierno virtuoso y la formación del carácter en un todo sin fisuras. La educación abarca toda la vida y brinda un sinfín de oportunidades para formar y convertir a los hijos en discípulos apasionados. Dios llama a su Iglesia a compartir el evangelio con los no creyentes para guiarles a imitar a Cristo, con objeto de influir y bendecir a naciones enteras. El hogar es donde debe comenzar este proceso. ¿Cómo podemos evangelizar y discipular a nuestra nación si pasamos por alto la célula social más básica en la que podemos influir? La reforma de la Iglesia y el avivamiento de la nación deben comenzar en la familia. Este fue siempre el designio de Dios. Solo que lo perdimos de vista.

La educación en el hogar concede espacio a los niños para que se conviertan en aprendices motivados

La educación pública obedece a lo que algunos llaman un «modelo de fábrica». Por actuar con gran número de niños, se ve obligada a tratarlos más o menos de la misma manera a medida que avanzan en el sistema. A los hijos les queda poco tiempo para explorar áreas de interés particular o descubrir sus intereses y dones únicos.

En cambio, la educación en el hogar permite a los niños sumergirse profundamente en áreas de interés particulares. Esta flexibilidad les permite desarrollar su amor natural y divino por el aprendizaje y, con el tiempo, desarrollar capacidades para convertirse en aprendices motivados.

Al mismo tiempo, como no tratan con treinta niños a la vez, los padres pueden descubrir más profundamente los intereses, dones y desafíos de sus hijos, guiarlos y ayudarles a crecer en esas áreas.

Nuestro hijo mayor combate contra la dislexia. Cuando Kimberly y yo nos dimos cuenta de ello, ahondamos profundamente en las desventajas de esta condición para poder ayudar mejor a nuestro hijo. Descubrimos que, si bien la dislexia hace que sea muy difícil (o en algunos casos, casi imposible) aprender a leer utilizando un enfoque tradicional basado en la fonética, quienes la padecen tienden a ser muy creativos y tienen habilidades asombrosas para ver las cosas desde una perspectiva diferente. Teniendo esto en cuenta, ayudamos a nuestro hijo a mejorar su lectura con enfoques específicos para disléxicos. También le animamos a aprovechar su gran creatividad y pensamiento innovador. Comenzamos a ver la dislexia no como una discapacidad, sino como una *destreza potencial* que Dios nos había concedido. La educación en el hogar nos permitió dedicar más atención a nuestro hijo. Esto, desde luego, no es posible bajo un modelo de fábrica.

Flexibilidady simplicidad

La educación en el hogar simplificó nuestra vida de muchas maneras. Tuvimos libertad para establecer la agenda y el horario de nuestros hijos. Si queríamos hacer un «paseo o visitar» a una estación de bomberos, museo, negocio local o proyecto de servicio cierto día en particular, no teníamos que negociar con el sistema educativo, los maestros y los administradores para obtener su aprobación. No hicimos campañas interminables de recaudación de fondos para actividades extracurriculares. No tuvimos que revisar constantemente los planes de estudio en busca de material falso y censurable, y luego negociar con los burócratas educativos para excusar a nuestros hijos de ser expuestos al mismo.

La educación en el hogar también nos ha permitido determinar el *momento* adecuado para que nuestros hijos sean expuestos a ideas como el darwinismo, la posmodernidad, el secularismo y las opiniones seculares sobre la sexualidad, la raza, el género y la ideología más inclusiva de la justicia social. La educación en el hogar nos permitió nutrirlos profundamente durante sus años de escuela primaria con lo que es bueno, bello y verdadero, y proteger su inocencia. Pero a medida que iban madurando en la fe en sus años de escuela secundaria, les presentamos tales temas difíciles comparándolos y contrastándolos con la enseñanza bíblica.

Por el contrario, en las escuelas públicas los maestros y los compañeros determinan cuándo deben nuestros hijos aprender estas cosas. Desafortunadamente, se les introduce a esas cosas cada vez más temprano. A nuestros hijos en las escuelas públicas se les enseña ideas falsas y no bíblicas a edad muy temprana, y los padres luchan por superar todo ello en las pocas horas que pasan juntos en casa o en la iglesia.

A medida que fuimos creciendo en nuestro rol de educadores en el hogar, Kimberly y yo comenzamos a ver muy pronto frutos en la vida de nuestros hijos. A medida que nutríamos su curiosidad innata de aprender y conocer al Dios vivo y verdadero, por su gracia su fe se hizo profunda, sincera y vibrante.

Obstáculos comunes

He aquí algunos comunes obstáculos que han de sortear las personas que consideran la educación en el hogar, y ánimo para superarlos.

No me llevo bien con mis hijos

Esta barrera es quizás la más frecuente. «No podría educar a mis hijos en casa». «¡Somos tan distintos! Acabamos irritándonos unos a otros».

Es un auténtico desafío. Entendemos. Como todos los demás, nuestros hijos son personas caídas inclinadas al egoísmo y el egocentrismo. Pueden ser perezosos, quisquillosos, malhumorados, fastidiosos y, a veces, imposibles. (Por cierto, nosotros también). Pero la idea de que no me llevo bien con mis hijos, por lo cual, los enviaré a la escuela pública puede ser una estrategia para evitar algo que Dios quiere que afrontemos.

Seamos sinceros. Siempre es más difícil practicar nuestra fe cristiana con quienes nos conocen íntimamente. No podemos ocultar nuestros fallos o complejos. Sin embargo, Dios quiere que a través de esas mismas relaciones practiquemos la obediencia, nos amemos unos a otros, nos perdonemos, nos confesemos nuestros pecados y defectos, y tengamos misericordia los unos de los otros. Los padres deben tomar la iniciativa en estas áreas. Cuando surge un conflicto o tensión, debemos practicar la enseñanza bíblica sobre la reconciliación, confesar nuestros fracasos, mal genio, arrebatos de ira y otros defectos o pecados. Debemos pedir a Dios fuerza para crecer en estas áreas de debilidad. El ejemplo de humildad y transparencia se convierte en una gran lección para nuestros hijos. Aprenden con nuestro ejemplo imperfecto, pero progresivo, en qué consiste vivir la vida cristiana.

En lugar de percibir los conflictos con los hijos como un obstáculo, ¿por qué no verlos como una oportunidad para poner nuestra fe en práctica y aplicarla a las relaciones más básicas? Los pasos sencillos de obediencia a los mandamientos bíblicos de amar, confesar, confrontar y perdonar rinden dividendos de por vida. Si estas actitudes se pueden aprender en la familia, también se pueden practicar en las relaciones fuera del hogar.

Presión de grupo de familiares y amigos

Aunque el número de personas que educan en el hogar crece rápidamente, todavía forman una comunidad relativamente pequeña. Muy a menudo, las personas más cercanas, familiares, amigos y, a veces, incluso los líderes de iglesia, no lo entenderán. Muchos criticarán nuestra elección. Es probable que algunos la desaprueben.

Se puede responder simplemente afirmando que están intentando educar en el hogar durante un año por vez. Si resulta que no funciona, siempre pueden cambiar. La mayoría de la gente entenderá este extremo y reconocerá la libertad que tienen de intentarlo. Luego, si deciden continuar, a medida que pase cada año, y sus hijos y familia exhiban los beneficios de la educación en el hogar, será menos probable que tales personas critiquen su elección.

Socialización

Un obstáculo muy común es la pregunta: «¿Cómo se socializarán adecuadamente sus hijos si no conviven con sus compañeros de escuela?». Esto refleja la idea errónea de que la educación en el hogar es una educación «solitaria». No favorecemos un enfoque de la educación a solas, con un niño solo, aislado en una habitación con una computadora.

La educación en el hogar, idealmente, se realiza en comunidad, junto con hermanos, miembros de la familia extendida y otras familias que también hacen escuela en el hogar. Los padres trabajarán en redes o cooperativas para compartir la responsabilidad de la enseñanza en función de sus aptitudes o experiencia particulares. A medida que la educación en el hogar va creciendo, las oportunidades de conectarse y trabajar con otras familias que siguen la misma pauta también aumentan. En muchos lugares, la comunidad educativa en el hogar es vibrante y los educadores novatos tienen la oportunidad de establecer relaciones de cooperación con otros educadores en sus zonas respectivas. No obstante, se debe buscar el apoyo de otras personas, como abuelos, tíos o tías.

La idea de que los niños educados en casa no son socializados es simplemente falsa. *Son* socializados, pero de una manera diferente a sus compañeros de la escuela pública. Su grupo puede incluir no solo a otros niños, o jóvenes, sino también a bebés recién nacidos, jóvenes adultos y personas mayores. Lo normal es que se acostumbren a relacionarse con una amplia variedad de personas, e incluso de distinta procedencia cultural. Sí, ¡los niños educados en el hogar son, de hecho, socializados!

Pero recordemos que la *forma* en que se socializan los hijos es fundamental. Sus amigos y mentores más cercanos deben ser los que refuercen sus creencias y valores bíblicos en vez de alejarles de ellos. La educación en el hogar proporciona un entorno para hacer esto posible. Como dice la Biblia: «Con sabiduría se edificará la casa, y con prudencia se afirmará» (Proverbios 24:3).

No nos lo podemos permitir

Esta fue una de mis primeras reacciones a la idea de educar en el hogar. Hay un costo real y puede parecer difícil, si no imposible, ver cómo aumentan los gastos. El costo principal es la pérdida de ingresos del cónyuge, que es el principal educador en el hogar.

Instamos encarecidamente a las parejas recién casadas a confeccionar el presupuesto familiar en base al salario de un solo progenitor para que su cónyuge pueda dedicarse a educar en el hogar a tiempo completo. Esto puede parecer imposible, pero se debe considerar simplificar el estilo de vida, elegir una casa o automóvil menos costosos, o renunciar a cosas que antes se hacían, como asistir a un gimnasio o tener conexión a televisión por cable. Los costos materiales son reales, pero comparados con la recompensa que se recoge en la vida familiar, la calidad de la educación y el desarrollo del carácter de sus hijos a largo plazo, obviamente compensa.

Aunque no vea la manera de dar el paso de educar en el hogar en el aspecto económico, le animo a dar un paso de fe en oración y pedirle a Dios provisión. Descubrirá que, como en nuestro caso, Él responde a la oración. Para nosotros, la provisión del Señor llegó de manera inesperada, y edificó nuestra fe, casi todos los días, y cada año, como el maná caído del cielo. Si Dios le ha llamado, Él proveerá.

No soy un educador experto

Mucha gente piensa: «¿Quién soy yo para creer que puedo hacer mejor trabajo en educar a mi hijo que alguien que ha estudiado pedagogía? Debería dejar esa tarea a los expertos». Nuestros maestros merecen todo respeto y aprecio por su preparación y arduo trabajo, pero la idea de que uno no tiene capacidad para enseñar a sus propios hijos es falsa. En muchos aspectos, está mucho *mejor* equipado para enseñarles. Los conoce íntimamente. Conoce sus puntos fuertes y débiles. Puede adaptar su educación en consecuencia, y ayudarles a crecer en áreas donde muestran gran potencial.

A medida que los niños avanzan en los años de secundaria y preparatoria, puede apoyarse en alternativas curriculares sobresalientes de educación en el hogar, particularmente en matemáticas, ciencias, escritura y lengua o gramática, a menudo con tutorías en video. Las cooperativas también son increíblemente útiles. Apóyese en otros padres que tengan especial experiencia en humanidades, ciencias, matemáticas, etc. Enseñe sus puntos fuertes y permita que otros compartan los suyos, así como sus conocimientos. Se sorprenderá de la cantidad de personas capacitadas que hay en su círculo social una vez que comience a buscarlas.

No es necesario ser un experto en un tema determinado. Solo necesita estar un paso por delante de sus hijos. A medida que avance en el plan de estudios con ellos, tendrá que leer y estudiar anticipadamente, y refrescar su enseñanza en esas materias. En el proceso, estará más preparado, y será más capaz de apreciar prontamente la alegría y la emoción de aprender mientras se prepara para enseñar a sus hijos lo que ha aprendido.

Considere en oración la educación en el hogar

La educación en el hogar no es tarea fácil, pero hemos visto que da frutos maravillosos en nuestros hijos y nuestra familia. Forja vínculos profundos entre nosotros y nuestros hijos, y entre ellos mismos. En nuestro viaje de educación en el hogar, porque eso es lo que es, un viaje, todos hemos crecido más profundamente en la fe y el conocimiento de la verdad bíblica que se aplica a todos los ámbitos de la vida.

Ciertamente, la educación en el hogar no es para todos. Hay otras opciones excelentes, por ejemplo colegios cristianos privados, o incluso algunas escuelas públicas o autónomas. Pero al considerar la opción educativa para sus hijos, en el hogar, hágalo en oración y cautelosamente. No deje que los obstáculos le asusten. Dé un paso de fe y obediencia y observe cómo Dios bendice su decisión y abre caminos que no parecían posibles.

Si bien somos defensores de la educación en el hogar, entendemos y respetamos que no todos lo sean. Simplemente queremos animarle a buscar al Señor, cultivar sus propias convicciones y vivir conforme a ellas, sin juzgar las de los demás.

Romanos 14:1–22 proporciona instrucciones útiles en esta área. He aquí algunas conclusiones clave parafraseadas:

> No discuta tocante a asuntos controvertidos. ¿Quién es usted para juzgar al siervo ajeno? Para su propio amo los sirvientes permanecen en pie o caen. Y se mantendrán firmes, porque el Señor puede sostenerlos.
>
> Dejemos de juzgarnos unos a otros. Más bien decidamos no poner ningún obstáculo o piedra de tropiezo en el camino de los hermanos.
>
> Esfuércese por hacer lo conducente a la paz y la edificación mutua. Crealo que crea acerca de estas cosas, manténgalo entre usted y Dios.

Pero recordemos que según va la familia, así va la nación. Quizás lo más grande que cualquiera de nosotros puede hacer para discipular su comunidad y nación es criar a sus hijos de manera que Dios ocupe el centro e impartirles una fe profunda, virtudes bíblicas y capacidad de autogobierno.

Jonathan Edwards (1703-1758) destaca entre los mejores teólogos, pastores e intelectuales que ha producido Estados Unidos. Desempeñó un papel primordial en el Primer Gran Avivamiento, fue autor de muchos libros, predicó innumerables sermones e inspiró a generaciones de misioneros. Con todo, su mayor legado lo comparte con su esposa, Sarah: la asombrosa influencia que su piadosa prole ejerció en EE.UU. a lo largo de muchas generaciones. Jonathan y Sarah Edwards son un excelente ejemplo de cómo Dios puede usar la institución única y pluri-generacional de la familia para bendecir a toda una nación. En un periodo de 150 años, de esta pareja surgieron:

- Trece rectores y sesenta y cinco profesores universitarios
- Cien abogados y treinta jueces
- Sesenta y seis médicos
- Tres senadores de los EE.UU., tres gobernadores estatales, tres alcaldes de grandes ciudades y un vicepresidente de los EE.UU.
- Líderes de la banca, el comercio y la industria
- Más de cien misioneros transculturales.[2]

Este tipo de influencia configuradora de cultura no ocurrió por accidente. Fue fruto de un matrimonio edificado sobre las enseñanzas de la Biblia. ¿Podría su familia provocar un impacto similar en su nación? Los esposos que adoptan esta visión creen que la educación de sus hijos es la misión más importante de su vida.

Los hijos son herencia del Señor... «Como saetas en manos del valiente» (Salmo 127:3, 4). Las flechas o saetas son armas de guerra. Los hijos son comparados con las flechas en una batalla contra el enemigo. La batalla se libra por el avance del reino de Dios y el discipulado de las naciones. Nuestro enemigo es Satanás.

¿Por qué flechas?

Con una espada, un soldado solo puede atacar hasta donde puede alcanzar. Pero con una flecha bien hecha puede golpear a un enemigo mucho más allá. Asimismo, nuestros hijos deberían superarnos con creces en madurez piadosa e impacto en el reino de Cristo. Y sus hijos deberían avanzar aún más allá.

Que ésta sea su visión para la educación de sus hijos: levantar una generación de siervos guerreros que avancen audazmente contra el enemigo en todas las esferas de la sociedad.

---

2. Philip Lancaster, *Family Man, Family Leader: Biblical Fatherhood as the Key to a Thriving Family* (San Antonio: The Vision Forum, Inc., 2003), 148.

La comprensión teológica no significa nada si no se aplica. Esto es cierto tocante a la teología del gobierno, la ciencia, la salud pública, la educación, etc. Si bien Martín Lutero quería reformar la Iglesia, Juan Calvino entendió que la tarea de la Iglesia no solo consistía en enseñar sólidos principios bíblicos, sino aplicar el entendimiento teológico a todas las esferas de la vida. El siguiente capítulo es un estudio de cómo el mundo bíblico y la visión de la vida, puestos de relieve a través de las enseñanzas de Calvino sobre todo el consejo de Dios, transformó Ginebra y después el norte de Europa y sentó las bases para la experiencia estadounidense.

GUÍA DE ESTUDIO

SESIÓN 6: Educación en el hogar

SABER:

- **Conocimiento**—¿Qué declara este capítulo?
  - ¿Qué pasajes de las Escrituras hablan de la relación entre padres e hijos?
  - ¿Cuál es el punto integrador de la educación patrocinada por el Estado? ¿Y de la educación en el hogar?
  - ¿Cuáles son algunos obstáculos para la educación en el hogar?

- **Entendimiento**—¿Qué significa?
  - ¿Quién tiene la responsabilidad principal de educar a sus hijos? ¿Está de acuerdo o en desacuerdo con la postura del autor sobre este tema? ¿Por qué?
  - ¿Qué implica la expresión «modelo de fábrica»? ¿Es esta una expresión acertada o inadecuada? ¿Por qué?
  - ¿Por qué es tan importante el punto de integración que se elige para educar a los hijos?
  - ¿Qué suele inculcar en los niños la educación patrocinada por el Estado?
  - ¿Qué consecuencias se manifiestan en la sociedad?
  - Mencione algunas ventajas que ve en la educación en el hogar

HACER:

- Si está convencido de que la educación de los niños es más responsabilidad de los padres que del Estado, ¿qué cosas concretas va a hacer para fomentarla en su familia o comunidad?

7

JUAN CALVINO EN GINEBRA: UN MISIONERO EDIFICA UNA NACIÓN

Thomas A. Bloomer

Ginebra, ubicada al pie de los Alpes, en el cruce de varias rutas importantes, ha sido foco de influencia —lo fue antes del apogeo del Imperio Romano—, y comercialización de bienes e ideas procedentes de toda Europa. Esta pequeña ciudad antaño, es hoy en realidad la capital diplomática del mundo, ya que el 70 por ciento del trabajo de las Naciones Unidas se realiza en ella, e instituciones poderosas como la Organización Mundial del Comercio tienen allí su sede. Su historia compone un rico tapiz con todos los elementos de una película de gran éxito: violencia, corrupción, intriga y coraje ante el gran riesgo y la injusticia. En Ginebra podemos aprender lecciones importantes sobre el proceso de discipular a una nación, y prestar atención a advertencias de suma importancia de lo que sucede cuando la Iglesia falla en cumplir su mandato.

Durante la Edad Media, Ginebra fue una ciudad salvaje. Sus calles estaban abarrotadas de gente, ya que muchos viajeros de toda Europa pasaban por ella camino a Francia, Italia, Alemania o Austria. Con más posadas per cápita que otras ciudades de su tiempo, la localidad estaba llena de mercachifle o vendedor ambulante, delincuentes menores, refugiados políticos, espías y pescadores del lago Leman. La embriaguez era común y las casas de prostitución hacían un buen negocio. Sus ferias fueron especialmente famosas; durante esos eventos, la ciudad estaba abierta de par en par y abarrotada de gente.

No obstante, cuando comenzó el siglo XVI, la competencia francesa redujo notablemente la asistencia a las ferias y las murallas de la ciudad se deterioraron. La gente empobreció, la familia se desmoronó y el futuro parecía sombrío. Ginebra fue tildada la ciudad más maloliente de Europa.

Buena parte de la responsabilidad recaía en la Iglesia Romana. En toda Europa la gente se alejaba disgustada por la corrupción y la hipocresía. La Iglesia vendía literalmente la salvación, ya que había que pagar grandes sumas de dinero para escapar del infierno. En Ginebra, los sacerdotes no solo eran inmorales, sino que además dirigían casas de prostitución. Al perder su pureza, la Iglesia perdió su poder y, por tanto, derrochó su autoridad y su liderazgo. De hecho, la gente expulsó al obispo de la ciudad en 1530, y la mayoría de los nobles se fueron con él. El vacío moral y espiritual pronto tuvo importantes consecuencias políticas y económicas. Ginebra atravesó una grave crisis.

Los europeos se hacían preguntas de vida o muerte: «¿Cómo podremos vivir? ¿Hay una mejor manera de cuidar de nuestras familias? ¿De administrar la economía? ¿De cuidar de los pobres? ¿Qué educación daremos a nuestros hijos? ¿Cómo nos defenderemos? ¿Qué responsabilidad recae sobre cada ciudadano?». Como en muchos países del mundo actual, se necesitaban soluciones para gobernar, para administrar la economía, la defensa, la escuela, la vida familiar y la moral. La gente preguntaba y la Iglesia no tenía respuestas.

A medida que la Iglesia se corrompía y se volvía gravosa para las personas, en toda Europa brotaron síntomas de un cristianismo más bíblico. Las creencias subyacentes del movimiento reformador radicaban en que la Biblia debe ser la fuente de autoridad para moldear cada aspecto de la vida y el fundamento de la verdad para comunidades y naciones enteras. Un paso vital en este sentido fue que la gente dispusiera de la Palabra de Dios en su idioma y en sus hogares. Desgraciadamente, no sorprende que la resistencia a este estado de cosas proviniera de la propia Iglesia Católica, que a su vez incitó al Estado a perseguir a esos creyentes. Obligados a huir de sus hogares, los protestantes extendieron el movimiento por Europa a medida que se reubicaban.

William Farel, evangelista francés pelirrojo y de mal genio, entró en el vacío que había en Ginebra en 1531. Su estrategia fue sencilla, pero muy efectiva: llegar a una ciudad, provocar escándalo, hacer que todos se agitaran y luego salir corriendo. Su estrategia consistió en asegurarse que todos estuvieran lo suficientemente enojados como para hablar de la nueva religión de los reformadores protestantes.

Una vez, se detuvo para asistir a una misa y se enojó tanto ante lo que el sacerdote estaba predicando que subió al estrado, empujó al sacerdote fuera del púlpito y comenzó a predicar él mismo. En otra ocasión vio a unos sacerdotes al frente de una procesión con reliquias a la orilla del río. Corrió y empujó a los sacerdotes y las reliquias, que cayeron al agua. Fue literalmente expulsado de Ginebra por los monjes de la catedral.

Farel siempre se las arreglaba para huir justo a tiempo. ¡Un buen sentido del tiempo es crucial para este tipo de estrategia ministerial!

Después que lo expulsaran de Ginebra, un compañero de trabajo de Farel, el francés Antoine Froment, abrió una escuela para enseñar a los niños a leer utilizando el texto de la Biblia. Muchos adultos querían aprender a leer, por lo que también acudieron a su escuela. Froment se emocionó tanto que un día de 1534 llegó a la plaza del mercado, se subió a una mesa y empezó a predicar. Algunas autoridades se acercaron a escucharle, y dejándose llevar por su entusiasmo Froment gritó: «¡Hay que reformar la Iglesia para reformar la nación!». Esto ofendió tanto a las autoridades que fue arrestado y expulsado de la ciudad.

Cuando el obispo fue expulsado de Ginebra, se marcharon tantos líderes eclesiásticos y políticos que se produjo un vacío de liderazgo en la ciudad. Los empresarios cuya salvación se basaba en la Reforma emigraron a la ciudad; comenzaron a reunirse en grupos pequeños para estudiar y orar. La sencillez y el estilo de vida disciplinado de los reformadores protestantes contrastaban con la corrupción de la Iglesia y la nobleza. El liderazgo de la ciudad recayó en los nuevos líderes. Finalmente, el 26 de agosto de 1535, los electores de la ciudad de Ginebra votaron por unanimidad para convertirse en una ciudad protestante reformada. Y aceptaron la condición de que había que enseñar a leer a todos los niños de la ciudad. Una consecuencia de su decisión fue que Ginebra quedó bajo la protección de los señores de Berna, protestantes convencidos que siguieron siendo mentores de los líderes de la ciudad.

Una vez que se tomó la decisión, los reformadores procedieron a destruir todas las vidrieras y estatuas de la catedral. Pensaron que la gente había adorado sus imágenes, por lo que fueron consideradas objeto de idolatría y destruidas.

Pero a diferencia de la Reforma luterana, no creyeron que todos los ciudadanos se convirtieran automáticamente en cristianos solo porque los electores votaran que la ciudad fuera protestante. Los reformadores franceses creían que todo adulto tenía que hacer un compromiso personal con Cristo para ser salvo. Para asegurar que todas las personas tuvieran la oportunidad de responder a Cristo, se hizo un esfuerzo continuo y sostenido durante muchos años para proclamar el evangelio, incluso en las calles y mercados.

Si bien los electores habían sido unánimes en decidir que Ginebra se convirtiera en una ciudad protestante, hubo un intenso debate entre la población. Muchos resistieron a Calvino, otros se mostraron resentidos con los refugiados que traía consigo y algunos siguieron siendo católicos. Es difícil apreciar la importancia que revistió esta decisión para la ciudad. Como católicos, la gente corría el riesgo de ser excomulgada y condenada eternamente si la nueva religión los alejaba de Dios y su verdad.

Cuando finalmente fue aceptada la Reforma, resultó evidente que la ciudad necesitaba urgentemente un pastor-maestro. Farel sabía que era un evangelista apostólico, pero no el constructor que se necesitaba para reconstruir el país. Cuando se enteró de que Juan Calvino estaba en la ciudad, Farel fue de inmediato a visitarle.

Calvino y Farel estudiaban en la facultad de teología de la Universidad de París cuando estalló la Reforma. Ambos habían sido monjes agustinos y, como muchos otros lectores del Nuevo Testamento, resolvieron que la Iglesia Romana de entonces no era en absoluto bíblica en sus costumbres, y tuvieron que huir de Francia para salvar sus vidas.

Después de partir, Calvino se sorprendió al enterarse que las autoridades proclamaban que los protestantes no solo no tenían la verdad, sino que eran rebeldes contra la Iglesia, que no tenían creencias coherentes. Dado que no había ninguna defensa escrita de la fe protestante en la Europa francesa, esta versión de los hechos empezó a ganar aceptación. Entonces Calvino se propuso declarar claramente lo que creían los protestantes, y escribió el libro *Institución de la religión cristiana*. Lo escribió para la memoria de sus amigos, como disculpa en un momento de intenso conflicto, y para que muchos se volvieran a la Biblia y a la fe viva en Cristo. Pensar que Calvino fuera un teólogo en una torre de marfil es subestimarlo seriamente.

En 1536, a los 27 años, Calvino pasó por Ginebra y Farel se lo encontró en una posada junto al lago. Farel le habló del estado de cosas en la ciudad le invitó unirse a él para reconstruir el país. Calvino tenía una salud delicada y lo único que ambicionaba por ese tiempo era proseguir sus estudios. Le dijo a Farel: «No puedo aceptar tal propuesta. Necesito descansar y estudiar». Farel se enojó mucho, señaló a Calvino con su largo y huesudo dedo de evangelista y tronó: «¡Que Dios te maldiga a ti y a tus estudios si no trabajas en la obra a la que te ha llamado!». Esta maldición y amenaza causó tal impresión en Calvino que la recordó hasta el final de su vida. Decidió quedarse y dedicó su vida a la obra de Dios en Ginebra.

No se puede culpar a Calvino por dudar en aceptar el reto de Farel. Ginebra era un lugar muy difícil para ministrar por muchas razones. Las autoridades de la ciudad, influidas por los protestantes luteranos, creían que la Iglesia debía ser regida por el Estado, hasta el punto de definir quién era cristiano, podía tomar la comunión o ser sacerdote. Por el contrario, los líderes de la Reforma francesa creían que hay distintas esferas en la sociedad, y que cada una debía tomar sus propias decisiones. Enseñaban que el Estado tenía el derecho y la obligación de defender al pueblo y recaudar impuestos para las necesidades comunes de la sociedad, y que la Iglesia estaba sujeta a su autoridad solo en aspectos claramente definidos.

Veinte años después de convertirse en una ciudad protestante, las autoridades todavía querían ejercer la prerrogativa de tomar decisiones sobre la Iglesia. Calvino tuvo que discutir con ellas durante todos esos años a fin de establecer el principio de que la Iglesia debía dirigir sus propios asuntos. También quería que ésta desempeñara la importante función de *enseñar* a la sociedad y hacer que los individuos y las instituciones, incluido el Gobierno, fueran responsables ante la moral bíblica. Calvino no siempre tuvo razón en su forma de ver las cosas, pero su noble intento de reconstruir la ciudad sobre bases bíblicas hizo historia, de hecho, fue el primer intento de este tipo fuera de Israel.

Estas diferencias entre las dos vertientes de la teología de la Reforma colisionaron rápidamente. Dos años después de su llegada a la ciudad, las autoridades solicitaron a Calvino que diera la comunión a toda la población. Como teólogos franceses de la Reforma, Calvino y Farel se negaron, argumentando que, dado que algunos de sus ciudadanos vivían en pecado declarado, no podían dar la comunión a personas que ni siquiera pretendían ser cristianas. Las autoridades insistieron en que se sirviera la comunión a todos el domingo de Resurrección de 1538.

Calvino predicó ese día en la catedral, y Farel predicó en la segunda parroquia de la ciudad. Ambos enseñaron sobre el pecado y el juicio y procedieron a excomulgar públicamente a toda la población de Ginebra. Luego salieron de la ciudad, sabiendo que su ministerio había terminado en ella. Farel volvió a su casa en Neuchâtel y Calvino se fue a Estrasburgo a proseguir sus estudios.

Al principio, las autoridades se dijeron: «Bien, que se vayan», pero tres años después, en un momento delicado, fueron a visitar a Calvino y su esposa en Estrasburgo. Le explicaron que la ciudad estaba amenazada de ser invadida, lo que significaría un retorno al catolicismo, y la pérdida de todo por lo que se habían esforzado. Sabían que Calvino tenía una visión más clara y sólida para reconstruir la ciudad que el resto de los líderes, y solo él tenía influencia personal para movilizar a la gente para luchar y resistir una invasión. Las autoridades le pidieron que regresara y ayudara a salvar la ciudad.

Calvino sabía que el precio sería elevado, pero accedió y regresó a Ginebra. Cambiar una ciudad requiere un compromiso de por vida, y entregó el resto de sus días para que Ginebra fuera una ciudad asentada sobre principios bíblicos.

Cuando corrió la voz de que Juan Calvino había sido nombrado pastor principal de Ginebra, los protestantes de toda Europa se emocionaron. Era muy conocido por su *Institución* y la gente sabía que su ministerio en Ginebra podía ser una oportunidad histórica. En muchos países, los protestantes habían sido ejecutados o exiliados y despojados de sus tierras y posesiones. En otros, como Inglaterra y algunos de los cantones suizos, la Reforma parecía ir ganando terreno. Pero en Ginebra el orden social profundamente arraigado de la Iglesia y la nobleza fue derrocado, por lo que el vacío existente brindó una oportunidad única para que los reformadores reconstruyeran la ciudad sobre bases bíblicas.

Ginebra se convirtió rápidamente en una ciudad refugio para los protestantes. Sus calles se llenaron de italianos, ingleses y, especialmente, franceses. La población de la ciudad, que solo contaba con 5.000 habitantes antes de la Reforma, se duplicó rápidamente. Pasó a ser llamada la Roma protestante y «la ciudad asentada sobre una colina». Todos los protestantes de Europa miraban hacia Ginebra para ver qué se edificaría. Esta pequeña ciudad-estado fue el laboratorio, el proyecto piloto, para llevar a cabo la visión de una nación construida sobre principios bíblicos, asentada sobre la justicia, la paz y la prosperidad.

Aunque la ciudad era pequeña, su influencia se extendió por todas partes. Dos jóvenes holandeses profundamente convertidos fueron a visitar Ginebra y regresaron para transmitir un mensaje a Guillermo de Orange. Su visita explica por qué Holanda se hizo protestante y se convirtió a la nueva fe.

Otro ejemplo es Escocia. Cuando Mary, reina de Escocia, inició sus persecuciones, el número de refugiados protestantes procedentes de Escocia aumentó drásticamente. En 1556, la antigua capilla del obispo fue consagrada como iglesia para los refugiados de habla inglesa. John Knox, también refugiado, fue pastor de la congregación y predicó en esa iglesia por tres años. Estudió lo que estaba haciendo Calvino en la ciudad y lo importó a Escocia; la influencia de Ginebra pasó luego a la Inglaterra puritana y de allí a Estados Unidos.

La estrategia de los reformadores se basó en tres principios:

1. Predicar el evangelio a las personas, para que éstas fueran salvas y transformadas, y la Iglesia fuera restaurada a la pureza bíblica;

2. Enseñar a la ciudad, para que la gente supiera cómo vivir, las autoridades supieran gobernar y todos supieran trabajar en sus distintos campos; y

3. Rendir cuentas por las personas y el liderazgo en todas las esferas sociales, para que la enseñanza no solo fuera teórica sino aplicada a todos los ámbitos de la vida.

La base para reconstruir la ciudad fue la conversión individual, y que el pueblo pusiera su confianza en Dios. El segundo paso inmediato fue una estrategia educativa sistemática, diaria y a largo plazo. Se propusieron edificar una nación sobre principios bíblicos, por lo que Calvino y su equipo escrutaron las Escrituras e hicieron todo lo posible por aplicarlas a la situación de crisis vivida en la ciudad. Enseñaron en las iglesias, pero también a los líderes municipales para mostrar las verdades bíblicas a la sociedad. Calvino tenía experiencia legal, por lo que abordó las necesidades de la ciudad como abogado, no solo como pastor. Estaba dotado y capacitado para afrontar los problemas de manera integral y comprender los principios bíblicos necesarios para el fortalecimiento de la sociedad, por ejemplo, definir la estructura de gobierno y el papel de la Iglesia. Enseñó sobre una amplia gama de temas; examinó diversas esferas con cierto detalle, lo cual ilustra la profundidad y amplitud de su pensamiento y el influjo que su enseñanza tuvo en la ciudad.

La aplicación de los principios bíblicos tuvo lugar cuando los muros de la ciudad se derrumbaron literalmente. Los reformadores pidieron a toda la población que acudiera a reconstruirlos. Calvino advirtió a los ciudadanos que, si bien debían confiar en Dios, también eran responsables de hacer todo lo posible para protegerse. Ya no podrían esconderse detrás de un noble o de la Iglesia para buscar protección; necesitaban reconstruir las murallas, armarse y resistir a los opresores que amenazaban con invadirles. Los pastores también estuvieron presentes y ayudaron a reconstruir los muros piedra a piedra. Calvino enseñó a la gente a ser responsable y esforzarse para defenderse, pero también insistió en que solo Dios podía proteger a Ginebra, y les exhortó a confiar en el Señor por su protección.

Esta enseñanza sonó bien en la ciudad; la gente sabía que Suiza había nacido gracias a la unión de los ciudadanos para alistarse y armarse contra los ejércitos imperiales. Calvino enseñó que esta perspectiva era profundamente bíblica; de hecho, hasta hace muy poco en la historia del país, todos los varones suizos debían servir en el ejército y tener un rifle automático y municiones en casa. Si bien los suizos mantienen su neutralidad política en los conflictos internacionales, siempre han estado dispuestos a defenderse como nación. Es interesante notar que Suiza es la única nación donde todo hombre posee legalmente un arma cargada; ninguna otra nación en la historia ha confiado en sus ciudadanos hasta ese punto.

Una de las principales preocupaciones ministeriales de Calvino fue la familia. Muchos ginebrinos eran irresponsables, inclinados a la embriaguez y deshonestos. El desorden en sus vidas era la principal causa de pobreza e inmoralidad en la ciudad. Los reformadores empezaron a enseñar sobre la responsabilidad individual, que significaba, ante todo, cuidar de la propia familia. Se esperaba que cada cabeza de familia trabajara duro, pagara sus deudas, pagara sus diezmos y ahorrara dinero.

Pero no se trató meramente de enseñar a alcanzar la prosperidad y preservarla. Calvino enseñó que el trabajo del individuo es su culto personal. Hoy tendemos a creer que trabajar es lo que uno hace hasta el domingo, cuando asiste al culto de adoración. Pero Calvino enseñó que todos los creyentes —no solo los «trabajadores a tiempo completo»—, han sido llamados a ser santos. Por ejemplo, si eres zapatero, esa es tu vocación. Tienes que trabajar como para el Señor, ya que le estás ofreciendo esa actividad como acto de adoración. De ahí se desprende que si tu trabajo es tu adoración, debes hacerlo con la mayor integridad y excelencia. De hecho, cuando Max Weber, el gran economista alemán, inquirió en busca de las fuentes de la prosperidad occidental, hace un siglo, se fijó en la Ginebra de Calvino.

Otra fuente de prosperidad en Ginebra fue la enseñanza de Calvino sobre los principios financieros. Advirtió a los banqueros que no podían cobrar altas tasas de interés, ya que eso constituye pecado de usura, como indica la Biblia. Fijó las tasas de interés en el cuatro por ciento, para que los banqueros pudieran obtener un rendimiento justo de su dinero, pero la gente aún pudiera permitirse pedir dinero prestado e invertirlo. La tasa de interés del cuatro por ciento duró cuatro siglos en Suiza, y esa práctica fue a largo plazo una de las fuentes de la prosperidad suiza.

Algo asombroso que aconteció en Ginebra tuvo que ver con la educación. Los ciudadanos se comprometieron a educar a sus hijos a raíz de su decisión de convertirse en una ciudad protestante. Este compromiso resultó de la convicción de que la persona ha sido creada a imagen de Dios, y cada cual puede cultivar una relación directa con Él. La gente solo necesita leer la Biblia para descubrir cómo funciona. Una auténtica novedad en la historia de la humanidad fue que todos los niños del país aprendieron a leer. Lamentablemente, los educadores actuales han olvidado que la alfabetización universal es una idea bíblica.

Calvino también enseñó sobre el cuidado de los pobres. Se fundó una organización que se ocupó de los refugiados, las viudas y los huérfanos protestantes recién llegados. Cualquiera que *pudiera* trabajar *tenía* que trabajar; los pobres también eran considerados responsables (principio olvidado en demasiados países actuales). Se asegura que todas las organizaciones benéficas protestantes surgieron a partir de las organizaciones ginebrinas de Calvino, ya que fueron copiadas y adoptadas en todos los países protestantes.

En un intento por lograr que se rindiera cuentas para lidiar con la crisis de la familia, los reformadores establecieron una especie de tribunal ciudadano, organizado por el vecindario. Cualquier hombre que golpease a su esposa, o cualquier madre que descuidara a sus hijos, serían llevados ante un jurado de vecinos para pedirles cuentas.

Los excesos de estos tribunales son hoy mejor conocidos que el bien que hicieron, y es cierto que proporcionaron un procedimiento fácil para que las personas mezquinas saldaran cuentas con vecinos que no les agradaban. Pero Ginebra estaba en crisis y la gente no sabía cómo cuidar de la familia, ni trabajar y vivir moralmente. La invasión amenazaba, y Calvino sabía que para que la ciudad sobreviviera, no quedaba más opción que una pequeña ventana de oportunidad de enseñar al pueblo a convertirse en una ciudadanía unida y disciplinada capaz de cuidarse y defenderse.

La rendición de cuentas también se incorporó a la estructura gubernamental. Los reformadores estaban convencidos de la pecaminosidad humana, especialmente porque la gente había tenido experiencia personal del poder corruptor de la autoridad indolente. El rey de Francia, como monarca absoluto, podía matar y decidió dar muerte a los protestantes. Sabían que cualquier líder o estructura que no rindiera cuentas caería inevitablemente en el pecado, por lo que crearon un sistema de gobierno ahora llamado federalismo, según el cual el poder se divide en poder ejecutivo, legislativo y judicial del Estado. El poder judicial es especialmente importante y debe ser libre e independiente.

Se produjo una nueva división de poderes entre el Estado nacional o federal y los cantones (o estados) que componen la nación y las ciudades. El sistema federalista suizo proporcionó el modelo de Estado estadounidense diseñado a fines del siglo XVIII, pues también desconfiaban de un gobierno central todopoderoso luego de su experiencia con el rey de Inglaterra. Albert Gallatin, quien en realidad redactó gran parte de la constitución estadounidense mientras trabajaba para Thomas Jefferson, era originario de Ginebra.

La Iglesia también desempeñaba un papel definido en la nación: enseñaba principios de moral y justicia y llamaba al pueblo y al gobierno a rendir cuentas si dichos principios eran violados. En siglos posteriores, la Iglesia abandonó este papel y los medios de comunicación ocuparon el vacío de responsabilidad que había quedado en las naciones occidentales.

Los economistas actuales saben que cualquier país donde se trabaje esforzadamente, se favorezca la estructura familiar, se cobren intereses razonables, se rija por sistemas legales y se rindan cuentas prosperará. El nivel económico comenzará a escalar en la primera generación, como sucedió en la Ginebra del siglo XVI. Actualmente, instituciones como el Fondo Monetario Internacional y el Banco Mundial enseñan estos principios a las naciones, pero fue Calvino el primero que tomó estas enseñanzas bíblicas y las aplicó en un contexto más moderno.

Lo que realmente acaeció en la Ginebra del siglo XVI fue que se enseñó a las gentes cómo debían vivir, lo que ilustra la diferencia entre avivamiento y reforma. En el avivamiento, mucha gente es salva, se fundan nuevas iglesias y los cristianos se comprometen. Pero a menudo el avivamiento se detiene ahí.

En la reforma, tienen lugar los mismos primeros pasos de conversión, plantación de iglesias y compromiso. Pero entonces alguien se da cuenta de que la gente no sabe cómo vivir conforme a las verdades bíblicas y necesita ser enseñada. Entonces se examina cada esfera de la vida nacional para ver cuál sea la alternativa bíblica a la forma cultural de hacer las cosas.

Juan Calvino no solo fue un teólogo. Estudió y enseñó teología para reconstruir la ciudad, por lo que fue esencialmente un constructor nacional apostólico. Forjó una cosmovisión bíblica, no porque le gustara discutir temas filosóficos, sino para que su nación adoptiva sobreviviera. Calvino, como el apóstol Pablo, también fue misionero. Los misioneros interesados en cumplir fielmente la voluntad de Dios no solo se comprometen a salvar almas, aunque este sea un primer paso crucial, sino a instruir a la nación. Las personas que realmente hacen la obra de Dios en las naciones suelen escribir la mejor teología.

Calvino fue un experto comunicador y utilizó eficazmente la tecnología del momento. Predicaba semanalmente en la catedral y enseñaba diariamente en la antigua capilla contigua instrucciones bíblicas para cada ámbito de la vida. En toda Europa, la gente se hacía las mismas preguntas que se hicieron en Ginebra y buscaba formas de vivir las verdades bíblicas. Tal interés había en todo el continente en lo que enseñaba que un escribiente en su clase tomaba notas y las llevaba directamente a la imprenta de Calvino. Las notas se compondrían, imprimirían y viajarían por Europa al cabo de una semana. ¡Difícilmente podemos publicar esto con tanta rapidez hoy, incluso disponiendo de computadoras e internet! Calvino y su equipo estaban completamente comprometidos con la instrucción de las naciones.

Los pueblos y aldeas de los alrededores pedían a Calvino y Farel que enviaran pastores y maestros para poder ellos también poner en práctica la Reforma. Pero no había nadie a quien enviar. El lugarteniente de Calvino, otro francés llamado Theodore de Beze (o «Beza» en algunas historias inglesas), inició una academia de formación para pastores en Lausana, pero hubo una división y parte de la academia se trasladó a Ginebra en 1559. Calvino tuvo que enseñar a los jóvenes ministros en formación desde una alcoba de la capilla. Rebautizado cómo «Auditorio de Calvino», siguió siendo aula de formación de los futuros ministros de Ginebra por dos siglos. Allí nació la Universidad de Ginebra.

El surgimiento de la división sagrado/secular

Cuando Calvino y su equipo apostólico francés llegaron a Ginebra en el siglo XVI, se forjó una poderosa enseñanza en el Espíritu. Pero tres generaciones después de la muerte del liderazgo apostólico, la Iglesia Protestante comenzó a enfriarse y volverse cada vez más formal y mortecina. Primeramente se toleró la injusticia, y después, se institucionalizó cuando el poder político volvió a caer en manos de unas pocas familias. Solo los hijos de los ricos podían acceder a la educación y los pobres pasaban hambre. Se dieron en la Iglesia Protestante algunas tendencias que se habían manifestado en la Iglesia Católica siglos antes: perdió su pureza y su poder.

La Ilustración, movimiento que aún nos acompaña, comenzó en el momento en que se repitió la historia. Ante la corrupción de la Iglesia, la gente volvió a buscar activamente un nuevo estilo de vida. Cuando la Iglesia abdicó de su función de instruir a las naciones, otros tomaron el testigo o la posta. La Ilustración fue provocada por un conjunto de enseñanzas específicas, ya que algunos hombres y mujeres resolvieron que las naciones necesitaban nueva enseñanza, nueva Luz. La Ilustración moldeó la fe de la Iglesia por generaciones. No solo se enseñó a las naciones desde Ginebra, sino que también se enseñó a la Iglesia desde esta ciudad.

Uno de los principales padres de la Ilustración fue el filósofo francés Voltaire. Solía viajar a Ginebra porque allí estaba ubicado el taller de su impresor. Después de exiliarse de París, compró un castillo en las afueras de Ginebra. Durante los veinte años que allí residió, su casa fue considerada la capital intelectual de Europa.

Bajo su influencia, la Iglesia aceptó las enseñanzas de la Ilustración, entre otras cosas que lo sobrenatural no existe, que los milagros no suceden, que Jesucristo no era realmente divino y que la Biblia no había sido realmente inspirada. Los seres humanos podían y debían descubrir la verdad sin ayuda divina, la ciencia fue la nueva religión que salvaría a la humanidad, y la paz y la prosperidad dependían únicamente de los esfuerzos humanos. Dios dejó de ser así realmente necesario, excepto como Primera Causa distante e impersonal que puso todo en movimiento y luego se apartó. La idea de que la Iglesia debía preocuparse solo por las almas de las personas en lugar de todos los aspectos de la vida y la sociedad surgió de la influencia del pensamiento de la Ilustración en la Iglesia.[1]

Podemos observar en Ginebra una importante advertencia a tener en cuenta: la Iglesia trata de dialogar con la cultura y luego, al aprender su idioma, se acomoda a ella, y finalmente es hecha cautiva. Es hoy una lección a la que debemos prestar atención. En el esfuerzo de «no ofender, ser amables, simpáticos», nunca debemos olvidar el mandato de modelar la cultura en vez de ser modelados por ella.

La reacción al racionalismo ordenado y disciplinado de la Ilustración llegó rápidamente en forma de romanticismo, o de

---

1. El acento en el poder de la mente humana se suele llamar racionalismo. Dio origen a la llamada era moderna durante los dos o tres últimos siglos. Para acceder a un resumen fidedigno de cómo la modernidad influyó en la Iglesia y las misiones, consulte el capítulo sobre la Ilustración en: Bosch, David. 1991. *Misión en Transformación: Cambios de paradigma en la teología de la misión*. Grand Rapids, Libros Desafío 2000.

elevación de la experiencia por encima de la razón como método último para conocer la realidad. En la segunda ola de refugiados protestantes franceses, un relojero llamado Rousseau llegaría a Ginebra. Tuvo un hijo llamado Jean-Jacques que reaccionó fuertemente contra la Iglesia de su tiempo y contra toda noción de ley o pecado.

No fue coincidencia que Rousseau naciera y viviera durante la primera parte de su vida a una calle a corta distancia de donde había vivido Calvino. Tomó el manto que Calvino usara para instruir a las naciones. Rousseau sigue siendo hoy un preceptor que enseña a los maestros del mundo. Prácticamente en cualquier país, inclusive en Asia, no se puede ser maestro de escuela a menos que uno se haya leído lo que dejó dicho Rousseau sobre la enseñanza a los niños.

El movimiento romántico, engendrado por Rousseau y otros, todavía ejerce gran influjo en la Iglesia de hoy. La idea de que la Iglesia está ahí para lograr mi realización personal, de que mi experiencia con Dios es la realidad fundamental de la vida y de que todo lo espontáneo es más espiritual que lo que se planifica, provienen directamente de las enseñanzas de Rousseau. Él también enseñó que no somos realmente pecadores, sino que nuestros problemas derivan del entorno, específicamente de las estructuras e instituciones sociales. Cuando los cristianos se sorprenden de la existencia del pecado, demuestran que están más influidos por Rousseau que por las verdades bíblicas.

Esta guerra de ideas del siglo XVIII pone de relieve el hecho de que hay esencialmente dos formas de conocer, sea cual sea la cosmovisión, religión o cultura: la racionalista y la romántica. Jesús nos previene contra estas dos tentaciones, representadas por los saduceos y los fariseos (véase Marcos 8 y Mateo 16). Lamentablemente, estos dos puntos de vista siguen siendo fundamentales para gran parte de la teología cristiana actual, a pesar de que Jesús nos anunciara estas creencias defectuosas hace dos mil años.

La tentación romántica (de los fariseos) es creer que el poder de Dios está sometido a mis deseos de salud, riqueza y prosperidad. La tentación racionalista (de los saduceos) es creer que Dios y sus caminos están sujetos a mi razón. A medida que avanzaba el siglo XVIII, estas dos formas de pensar se enseñaron a través del arte, la música, la arquitectura y la filosofía y se concentraron y difundieron a través de los sistemas universitarios, que instruyeron intensamente a las naciones y a la Iglesia. Ginebra fue uno de los lugares altos de transmisión de estas enseñanzas a las naciones.

Tras la corrupción teológica del siglo XVIII, un estudiante podía estudiar en la academia de Calvino para ser pastor protestante tres años sin haber leído la Biblia (excepto cuando estudiaba hebreo o se le asignaban algunos salmos). Durante tres años, los estudiantes aprendían filosofía griega y romana. La Iglesia se saturó del influjo de la filosofía racionalista ilustrada y a principios del siglo XIX se publicó en Ginebra una Biblia que, como la Biblia actual de los testigos de Jehová, cambió las referencias a Jesucristo como Hijo de Dios.

El cambio de pensamiento se reflejó hasta en la arquitectura. Influida por la filosofía griega, a finales del siglo XVIII se añadió un pórtico neoclásico, con columnas griegas, a la catedral donde había predicado Calvino.

En 1815 llegó a Ginebra un joven escocés llamado Robert Haldane. Después de visitar la ciudad en solitario, paseó algunos días por la ciudad con un estudiante de teología. Ese joven se estaba preparando para ser pastor protestante. Mientras Haldane pasaba tiempo con él, quedó consternado por su falta de conocimiento bíblico y su carencia de relación con Dios. Haldane decidió quedarse, alquiló un apartamento en el casco antiguo de la ciudad y comenzó a ofrecer estudios bíblicos.

Invitó a estudiantes de teología a su casa y estos se mostraron muy interesados porque nunca habían asistido a un estudio bíblico. Después descubrió que la mayoría de ellos ni siquiera habían leído la epístola a los romanos. Empezaron a convertirse, y luego, algunos de sus profesores también. El avivamiento comenzó en Ginebra. Cientos de personas fueron salvas, y miles cuando el avivamiento llegó al vecino cantón de Vaud.

Algunos de los conversos permanecieron en la Iglesia Reformada y otros fundaron nuevas iglesias, que aún se siguen llamando iglesias libres de Ginebra, con profunda visión misionera. Por ejemplo, concibieron un plan para llegar a todos los pueblos, aldeas y casas de campo franceses desde Ginebra. Reclutaron granjeros de las montañas del Jura que no podían trabajar en el invierno, llenaron sus mochilas con Nuevos Testamentos y fueron a entregarlos a Francia, de puerta en puerta. Visitaron todas las casas. También vendieron un calendario con consejos para las labores agrícolas y un versículo de la Biblia para cada día del año. La Francia del siglo XIX conoció mejor la Biblia que la Francia del siglo XX, gracias al avivamiento que comenzara en Ginebra y luego se extendiera por Francia. Además, muchas misiones a los países francófonos en África y el Pacífico se iniciaron a través de Ginebra.

Un joven, Henri Dunant, de la iglesia de mayor avivamiento, parecía estar más interesado en ganar dinero. Solía concebir planes de inversión, viajando al norte de África para tratar de encontrar minas en las que la gente pudiera invertir. Cuando regresó de uno de sus viajes, visitó un campo cubierto de soldados heridos y caídos en una batalla que acababa de librarse entre el ejército francés y el austriaco. Le dijeron que si alguien se atrevía a ayudarles o enterrarlos, le dispararían desde el bando contrario. Decidió hacer algo al respecto, por lo que dio testimonio de esa visita en la iglesia del avivamiento.

También publicó un panfleto, *Una visita a Solferino*, que escoció en la conciencia europea. Henri y unos amigos fundaron una organización que luego se convertiría en la Cruz Roja Internacional. Años después convocaron a las naciones en Ginebra, donde las 16 mayores potencias de ese tiempo firmaron el tratado conocido como la Convención de Ginebra.

Este tratado se basa en los principios bíblicos de la primera parte del libro de Amós, que muestran que a Dios le preocupa la conducta de la guerra, y especialmente el trato injusto a los prisioneros. La razón por la que hoy se procesa a criminales serbios de guerra es que a las naciones se les enseñó esta actitud desde Ginebra. Lamentablemente, ese fue el único aspecto que el avivamiento de Ginebra enseñó a las naciones.

Por lo que respecta a las leyes suizas, la Reforma ejerce hoy mayor influjo que el avivamiento, aunque la Reforma tuviera lugar casi tres siglos antes del avivamiento. Al darnos la Gran Comisión, Jesús dijo que habría conversiones individuales (Marcos 16:15) y que éstas debían discipular a las naciones (Mateo 28:20), por lo que el avivamiento solo cumple la mitad de la tarea que Él nos encomendó. El liderazgo apostólico debe aprovechar el celo de los nuevos conversos y enseñarles las implicaciones de su fe en cada área de su vida personal y en las esferas sociales en que sirven.

Los avivamientos ocurren regularmente en la historia de la Iglesia; la verdadera reforma es un proceso largo y costoso, y quizás por eso sea tan poco común. Puede ser que el enemigo temiera tanto otra Reforma en Ginebra en el siglo XIX que dio pasos específicos para reprimir el avivamiento con las enseñanzas de la Ilustración. Bajo esta influencia, la Iglesia avivada no creía tener mucho que decir acerca del Gobierno, la pobreza o la injusticia. Se retiró, y dejó un vacío en la enseñanza de las naciones. (Consúltese el libro de Vishal Mangalwadi, *Carey in India*, para un examen fascinante de la obra misionera pionera orientada a la Reforma de William Carey y la primera ola de misioneros en la India, que se inspiraron en las enseñanzas de la Reforma francesa en Ginebra. Mangalwadi contrasta la primera ola misionera que cambió la historia de la India con la segunda ola, más volcada en el avivamiento, que en su opinión no fue tan efectiva).

Además de esto, una nueva enseñanza en la Iglesia afirmó que se iba a producir un rapto en cualquier momento, por lo que los creyentes debían asegurarse de estar preparados y tratar de salvar todas las almas que pudieran. Estas enseñanzas si se absolutizan, pueden conducir a los cristianos a desentenderse de los asuntos de la nación. Los creyentes de ese tiempo se retiraron de las universidades, de la vida política y, sobre todo, de los medios de comunicación. Y más tarde se sorprendieron de que tales puestos estuvieran ocupados por paganos.

Ginebra siguió sosteniendo el manto de la unción para enseñar a las naciones. A principios del siglo XX, un joven revolucionario vino a estudiar a la ciudad. Pasó dos años estudiando y escribiendo en la biblioteca de la Universidad de Ginebra. Gran parte de la organización y planificación de su revolución tuvo lugar allí. Mientras tanto, tomó el manto de la enseñanza a las naciones.

Se llamaba Vladimir Ilich Lenin. Hasta 1989, el 80 por ciento de la población mundial fue adoctrinada en las ideas del que sería conocido como sistema marxista-leninista. No era un sistema muy inteligente y no funcionaba muy bien, pero sí estaba unificado, era coherente y cualquier país podía adoptarlo. Prescribió a sus seguidores lo que debían hacer con sus escuelas, su economía, su ejército y su sistema político, en cada ámbito de la vida. Países de todos los continentes adoptaron dicho sistema porque no conocían ninguna alternativa mejor.

Ginebra se transformó en una generación, ¿Qué podemos aprender de su historia sobre el importante tema del discipulado nacional?

La Iglesia respondió al vacío moral y espiritual de ese tiempo con la predicación del evangelio para instar a la conversión individual de toda una generación. Ello se combinó con la enseñanza intencional sobre cómo vivir la fe cristiana en cada ámbito de la vida y la sociedad.

La Iglesia oró y escudriñó las Escrituras en busca de verdades bíblicas para conformar cada esfera social y de manera proactiva transmitir esta enseñanza y responsabilidad moral a los líderes en cada esfera. La Iglesia no se escondió en los templos. Tuvo una presencia muy palpable en toda la ciudad.

Los líderes de la Iglesia, junto con sus homólogos en otros países, continuaron buscando a Dios sobre lo que Él estaba haciendo en todo el mundo tocante al discipulado de cada esfera de la vida en sus caminos. La Iglesia se comprometió profundamente con los pobres, se preocupó por las necesidades físicas inmediatas y se capacitó adquiriendo destrezas para hacer posible que los necesitados vivieran una vida piadosa y autosuficiente.

Para recoger los beneficios del estudio de la historia de Ginebra, también se deben analizar honestamente los errores que se cometieron para tratar de evitarlos en el futuro. Una categoría de errores tiene que ver con traspasar las líneas bíblicas de autoridad o dominios. Cada conflicto social se remonta a la cuestión de los dominios: ¿Quién tiene derecho a tomar las decisiones al respecto. En Ginebra, se dan varios ejemplos e ilustran este importante principio:

Los tribunales de barrio tenían por objeto ayudar a discipular a las familias. En cambio, demostraron los efectos negativos que se producen cuando la Iglesia traspasa sus límites y ejerce un grado inadecuado de autoridad en la vida de las personas.

Un tribunal castigó a un individuo porque no se quiso convertir, descalificándolo públicamente para un papel de liderazgo en otra esfera. Este tipo de actuaciones ponen de manifiesto dos tipos de equivocación. La Iglesia debe influir para la salvación; pero no ejercer control sobre el derecho personal a elegir. La Iglesia desempeña un papel en la enseñanza, pero no debe ejercer un control directo sobre las demás esferas sociales.

También hubo rigidez en la aplicación de los principios bíblicos, lo que condujo al legalismo en cuestiones externas como la vestimenta o las actividades de tiempo libre. Además, la Iglesia se centró casi exclusivamente en aplicar las verdades bíblicas a su ciudad, demostrando una comprensión deficiente de las misiones y perdiendo la oportunidad de extender el reino de Dios más allá.

A medida que fueron pasando los años después de la muerte de Calvino, sobrevino un súper-intelectualismo sobre la fe.

Aunque Calvino predicó sobre el sacerdocio de cada creyente y detestó la costumbre católica de buscar un sacerdote para la salvación, concedió demasiada autoridad al pastor protestante. Durante siglos se consideró que los pastores eran los que podían ejercer exclusivamente el ministerio. Ésta no era una vía para todos los creyentes.

Las naciones buscan hoy respuestas. Además, es mandato de Jesucristo y llamado de la Iglesia enseñar a las naciones. Si nos volvemos a alejar del mismo dejaremos otro vacío.

Siempre que la Iglesia deja un vacío, el enemigo se alegra mucho de poder llenarlo. Probablemente esté tratando de crear otro sistema para las naciones actualmente. Si es como sus esfuerzos recientes, será una mezcla de nacionalismo, chivo expiatorio racista, esperanza económica y temeroso alarmismo. Pero la próxima versión bien podría incluir un poder sobrenatural, y liberarse de la moral residual de la modernidad. No será agradable.

¿Estará preparada la Iglesia con una alternativa bíblica atractiva, inteligente? Las lecciones de Ginebra ayudarán a quienes se levanten para asumir este desafío.

GUÍA DE ESTUDIO

SESIÓN 7a: Juan Calvino en Ginebra: un misionero edifica una nación

SABER:

- **Conocimiento**—¿Qué declara esta sección?
    - Describa la ciudad de Ginebra antes de la Reforma Protestante.
    - Describa Ginebra después de la Reforma Protestante.
    - ¿Qué entendieron los reformadores sobre la naturaleza de la Biblia?
    - ¿Qué tres cosas marcaron la estrategia de los reformadores para reformar una ciudad y una nación?

- **Entendimiento**—¿Qué significa esto?
    - ¿Qué fue lo que produjo un cambio tan drástico en Ginebra?
    - ¿Qué clase de preguntas se estaban haciendo los europeos? ¿Qué similitudes ve con las que se hacen hoy en su país?
    - ¿Cómo respondió la Iglesia de la época de Calvino a las preguntas de la gente? ¿Es esa respuesta comparable a las que da la Iglesia actual?
    - ¿En qué sentido fue el púlpito de la Reforma lugar de enseñanza para toda la ciudad? ¿Qué se enseñó desde el púlpito?
    - ¿Cómo influyó la Reforma en la educación?

HACER:

- **Sabiduría**—¿Cómo se aplica?
  - Comente cómo puede contribuir la educación holística o integral al discipulado de una ciudad o nación. Pensando en su papel como padre, maestro, administrador escolar, etc., ¿qué conocimientos y experiencia puede usted aportar para ayudar a que sea esto posible en su comunidad?

SESIÓN 7b: El surgimiento de la división sagrado/secular

SABER:

- **Conocimiento**— ¿Qué declara esto?
  - Cuando la Iglesia perdió su vitalidad —y su visión de discipular o instruir a las naciones— en las generaciones posteriores a la Reforma, ¿qué movimientos asumieron esa tarea?

- **Entendimiento**— ¿Qué significa?
  - Comente la descripción que hace el Dr. Bloomer de los cuatro pasos del proceso por el que la Iglesia se vuelve como la cultura. ¿Cuáles son los paralelismos con la Iglesia actual?
  - Comente la diferencia entre un avivamiento y una reforma.
  - ¿Por qué tendemos a ver más avivamientos que reformas?
  - Según Bloomer, ¿qué deficiencias siguieron a la Reforma?
  - ¿Cree usted que estas deficiencias se siguen manifestando en la Iglesia actual?
  - ¿Qué papel debe desempeñar la Iglesia para «enseñar a las naciones»?

HACER:

- **Sabiduría**—¿Cómo se aplica?
  - Muchos países se hallan en un punto de inflexión, al igual que la Iglesia. Bloomer concluye su ensayo diciendo: «¿Estará preparada la Iglesia con una alternativa bíblica atractiva, inteligente?» ¿En qué ha contribuido este ensayo para animarle a aceptar tal desafío?

ÍNDICE TEMÁTICO

través de la educación en el hogar, 199-200

evolucionismo, evolucionista, 57, 134

ex nihilo, 153, 191

F

Fakkema, Mark, 33, 41, 111

familia/hogar, 85
como esfera de gobierno ordenada por Dios, 83-85, 116

Farel, William, 107, 213-216, 223

Federalismo, 221

Ferguson, Niall, 69

fideísmo, 60

Fondo Monetario Internacional, 222

florecimiento humano, 177

Franklin, Benjamin, 101

Froment, Antoine, 213

fundamentalismo, 133

G

Galileo, 50, 130, 136, 137

Gallatin, Albert, 221

gente del libro, 99

Ginebra, 70-71, 108
y la educación, 99

Ginebra Biblia, 100, 120, 208, 211-31

Ginebra Convención, 227

gnosticismo,

evangélico, 57, 60, 61, 78

gobernanza, de la Iglesia, 73

Gran Avivamiento, 71 112, 206

Gran Comisión, 65-66, 98, 120, 171

Greene, Dr. Albert E. Jr., 151

H

Haldane, Robert, 226

Hartlib, Samuel, 127

Harvard College/ Universidad, 54, 104, 127-28, 184

Harvard escudo, 54-55, 126-27, 137, 183

Harvard lema, original, 182

Higginbottom, Sam, 126, 130, 135

hiper-espiritualidad, 61

Hitler, Adolf, 147

Hobbes, Thomas, 127

Hodge, A. A., 141, 148, 190

«holísmo» desaparición de, 148-51
y creación, 151
vs. «holismo», 150

Hume, 59

I

identidad (humana), 44

Iglesia Católica Romana, 211-31

iglesias discipular

las naciones, 72

Iglesias libres de Ginebra, 227

Iglesia reformada, 226, 233

Ilustración la, 29, 36, 56-57, 132, 223-24, 228
deísta, 59
racionalismo ilustrado, 131

imagen de Dios/ portadores de su imagen, 68, 85-86, 132, 144, 154, 158, 159, 165, 174, 220

Imago Dei, 44, 65, 75

Institución de la religión cristiana, 215

irracionalismo, 58-61
razón verdad reemplazadas por el consuelo, 61

J

Jefferson, Thomas, 100, 221

Judeo-cristiana visión de la educación, 74

K

Kant, 59

Knox, Juan, 70-71, 96, 107-08, 112, 217

Kosmos (véase mundo, definición como palabra)

Kuyper, Abraham, 44, 152

L

L'Abri Fellowship, 17-18

ÍNDICE DE ESCRITURAS

Génesis
1 171
1:1 43,151, 198
1:1, 31 178
1:14 48
1:26–27 86, 178
1:26–28 43, 66, 75,
    153, 164, 167, 174,
    178, 180, 191
1:26–29 48
2:15 19-20 48, 178,
3:21 178
12:3 91
18:18 88
18:18-19 104

Éxodo
20:15 179
22:9 179

Levítico
19:15 179
19:36 179

Deuteronomio
4–6 83
6:6–7 196
6:7 88
19:14 179

Jueces
13:5 87
13:8–13 92

1 Samuel
16:7 92

1 Reyes
4:25 179
17:24 128

2 Crónicas
32:8 173

Nehemías
8:1–3 107
8:12 107
9 107

Job
12:7–12 21
32:8 110

Salmo
8 155
8:3–6 48,
8:3-8 178
8:4–6 86
8:6 130
19:1a 130
19:2–4a 48, 153
24:1 152, 168, 174,
    178
34:8 90
37:16 179
64:9 130
72:12 130
78:1–7 107
92:5 130
111:2 130
111:2–3 47
115:16 48, 154, 168
127:3a 104
127:3 85
127:3-4 207
127:3–5 90
139:14–15 86
139:16–17 87

Proverbios
1:19 9
1:4 85
3:9–10 180
4:23 92

6:6–11 179
10:4 179
11:1 179
12:11 179
13:4 179
13:11 179
14:23 179
15:16 179
16:11 179
18:21 94
20:10 179
21:20 179
22:1 179
22:6 88, 196
22:28 179
22:29 179
23:7 93
24:3 204
24:30–34 179
25:2 21, 47, 131
27:18 179
28:6 179
29:14 179
29:18a 176
31:10–31 179
31:16–24 179
31:26-28 94
31:31 179

Jeremías
1:5 85

Ezequiel
46:18 179

Amós
8:4–8 179

Miqueas
4:4 179

ACERCA DE LOS AUTORES

Darrow L. Miller, autor del capítulo 1, es cofundador de la Alianza para el Discipulado de las Naciones, autor y maestro destacado. Por más de 25 años, Darrow ha sido ponente en conferencias sobre temas como cristianismo y cultura, apologética, cosmovisión, pobreza y dignidad de la mujer. De 1981 a 2007, Darrow trabajó con Fundación contra el Hambre, siendo desde 1994 su vicepresidente. Antes de incorporarse a FH, Darrow formó parte del personal de L'Abri Fellowship (Suiza)por tres años, donde fue discipulado por Francis Schaeffer.

También fue pastor estudiantil en la Universidad del Norte de Arizona y dos años pastor de la comunidad Sherman Street Fellowship en la zona urbana de Denver. Además de obtener una licenciatura en educación de adultos por la Universidad Estatal de Arizona, Darrow realizó estudios de posgrado en filosofía, teología, apologética cristiana, estudios bíblicos y misiones en Estados Unidos, Israel y Suiza.

Darrow ha escrito numerosos ensayos, artículos, estudios bíblicos y libros, entre otros *Discipulando naciones: El poder de la verdad para transformar culturas*; *Opresión de la mujer, pobreza y desarrollo: Vindicación de la dignidad de la mujer para construir naciones sanas*; *El servicio: la vocación de todos los cristianos*; *Vida, trabajo y vocación: Una teología bíblica del quehacer cotidiano*; *La liberación del mundo: Una respuesta cristiana al islamismo radical y al fundamentalismo ateo*; *Recovering Our Mission: Making the Invisible Kingdom Visible*; *Sabiduría, guía para prosperar*, *A Toxic New Religion: Understanding the Postmodern, Neo-Marxist Faith that Seeks to Destroy the Judeo-Christian Culture of the West*. Darrow es el editor general de este compendio

Elizabeth L. Youmans, autora de los capítulos 2 y 3, ha trabajado en la educación cristiana estadounidense como maestra, administradora escolar, capacitadora de maestros, profesora de posgrado, redactora de planes de estudio y editora de The Noah Plan®, un plan de estudios de escuela diurna en el hogar (K-12, desde la guardería hasta el grado 12). La Dra. Youmans fundó y dirige actualmente Chrysalis International, instituto de educación cristiana en Orlando, Florida. Con treinta años de experiencia pionera a nivel local y nacional en la educación centrada en la Palabra, actualmente imparte la visión de la reforma educativa a nivel internacional cimentando sólidamente la enseñanza y el aprendizaje sobre la base de Cristo y su Palabra. En 2002, cuando una ONG internacional le desafió a crear un plan de estudios basado en principios para niños en riesgo de todo el mundo, diseñó y sigue escribiendo y editando el plan de estudios AMO®, un currículo infantil enriquecido con cursos de formación sobre cosmovisión para el hogar y la iglesia, traducido al español, portugués, francés, rumano, coreano y birmano para ser usado en todo el mundo.

Chrysalis International, Inc. es un instituto educativo sin fines de lucro que instruye a líderes cristianos en todo el mundo llamados a romper el ciclo de ignorancia y pobreza de ideas en la iglesia, enseñando a conocer y aplicar principios bíblicos en la educación y el autogobierno para transformar la cultura para Cristo.

Chrysalis también ofrece conferencias sobre la visión de la educación cristiana y programas de capacitación de maestros basados en un modelo de construcción nacional que pone a Cristo y su Palabra como base para renovar la mente, construir una cosmovisión bíblica y cristiana, e inspirar una nueva visión para transformar la educación. Además, Chrysalis sirve a líderes y fundadores de escuelas a través de consultas individualizadas y discipulado.

AMO Program: https://www.amoprogram.com/.

Chrysalis International, Inc. 263 Wexford Court, Altamonte Springs, FL 32714; Tel: 321-422-0739; *info@chrysalisinternational.org; https://www.chrysalisinternational.org/index.html.*

Vishal Mangalwadi, La revista *Christianity Today* ha comentado que Vishal Mangalwadi autor del capítulo 4, es «el intelectual cristiano más destacado de la India». Es conferenciante internacional, reformador social, columnista político y autor de 14 libros. Nacido y criado en la India, el Dr. Mangalwadi estudió filosofía en varias universidades, en L'Abri Fellowship, Suiza, y en ashrams hindúes.

En 1976, Vishal rechazó varias ofertas de trabajo en Occidente para regresar a la India, donde él y su esposa, Ruth, fundaron una comunidad para servir a los pobres de las zonas rurales. Su esfuerzo por transformar la India rural suscitó una oposición violenta, varios arrestos y la destrucción de su hogar y su comunidad. Vishal continuó trabajando a favor de la liberación de los campesinos y las castas inferiores en la sede nacional de dos partidos políticos. Su experiencia de primera mano de los males sociales le motivó a estudiar cómo Occidente se convirtió en una civilización relativamente justa, libre y próspera. *Verdad y transformación* es uno de los resultados de ese estudio.

En 2003, la Universidad Internacional William Carey honró la vida, el servicio y los libros de Vishal concediéndole el título de Doctor en Derecho. Vishal y Ruth tienen dos hijas y cinco nietos.

Entre sus muchos libros figuran: *El alma de Occidente — volumen 1: El asombroso impacto de la Biblia en el mundo. Editorial JUCUM, Tyler, Texas* (2019); *El libro que dio forma al mundo: Cómo la Biblia creó el alma de la civilización occidental*(2012); *Verdad y transformación: un manifiesto para naciones enfermas.* Editorial JUCUM, Tyler, Texas (2010); *Corruption versus True Spirituality—with Francis Schaeffer* (1998); *India: The Grand Experiment* (1997); *Missionary Conspiracy: Letters to a Postmodern Hindu* (1996); *What Liberates a Woman? The Story of Pandita Ramabai: A Builder of Modern India— with Nicol McNicol* (1996); y *Un modelo de transformación cultural: El legado de William Carey en la India— con Ruth Mangalwadi* (2011).

Christian Overman, autor del capítulo 5, es licenciado en Educación por la Universidad de Seattle Pacific, donde estudió con el Dr. Albert E. Greene Jr., con énfasis en la filosofía de la educación cristiana. Tiene el título de doctor en ministerio por la Universidad de Graduados de Bakke, con énfasis en la teología del trabajo. También estudió con Chuck Colson en su Programa Centurions. El Dr. Overman fue director de un colegio cristiano durante 14 años y es miembro adjunto de la facultad de la Seattle Pacific University. Ha impartido cursos sobre cosmovisión bíblica desde 1980 ante audiencias en Europa, África, Asia, América Central y del Sur y América del Norte. Es fundador de «Worldview Matters». Él y su esposa, Kathy (casados en 1970), residen cerca de Seattle, Washington, tienen cuatro hijos adultos y doce nietos.

Desde el año 2000, Worldview Matters® ha ayudado a los seguidores de Cristo a recuperarse del pensamiento secularizado y a establecer conexiones relevantes y significativas entre la cosmovisión bíblica y la vida cotidiana. Worldview Matters® ayuda a los seguidores de Cristo a vivir las implicaciones de la fe bíblica en el contexto del lugar de trabajo, con enfoque especial en la capacitaciónde educadores de escuelas primarias y secundarias sobre cómo incorporar las verdades bíblicas de la cosmovisión y la teología del trabajo al contenido de cursos académicos regulares.

Durante ocho años, el Dr. Overman fue director de investigación y desarrollo para el Instituto Bíblico de Cosmovisión Puyallup, Washington, una división de Cascade Christian Schools. Esta organización está dedicada a ayudar a los maestros de escuela a conectar las materias académicas con el panorama general de la cosmovisión bíblica, procurando que la asimilación de la cosmovisión bíblica sea parte de la cultura escolar cotidiana.

El Dr. Overman, conferenciante internacional, ha enseñado sobre el tema de la cosmovisión bíblica en Estados Unidos, América Central, Europa, Asia y África. Es autor de *Supuestos y estilos de vida*, Editorial JUCUM, Tyler Texas.

God's Pleasure at Work (El placer de Dios en el trabajo) y *The Difference One Life Can Make* (La diferencia que una vida puede hacer) y coautor con Don Johnson de *Making the Connections: How to Put Biblical Worldview Integration into Practice* (Establecer conexiones: Cómo poner en práctica la integración de la cosmovisión bíblica).

Worldview Matters® 2800 122nd Place NE, Bellevue, WA 98005; Tel: 425-246-5386; Fax: 206-267-9484; www.biblicalworldview. com.

Scott y Kimberly Allen, padres que educan en el hogar, son autores del capítulo 6 de este libro. Scott ha dedicado toda su carrera a desarrollar la comunidad cristiana, aliviar la pobreza y ministrar justicia. Su pasión es ayudar a los cristianos a comprender la cosmovisión bíblica como única base segura para vidas, comunidades y culturas saludables y florecientes.

Es cofundador y presidente de la Alianza para el Discipulado de las Naciones (www.disciplenations.org), un ministerio de discipulado internacional existente«para equipar a la Iglesia y desarrollar su máximo potencial como principal agente de Dios en la restauración, sanación y bendición de naciones quebrantadas». El ADN (DNA) opera en más de 100 países.

Después de prestar servicio a la organización de desarrollo Fundación contra el hambre Internacional durante 19 años en EE.UU. y Japón, Scott se asoció con sus amigos y mentores Darrow Miller y Bob Moffitt, para lanzar la Alianza para el Discipulado de las Naciones en 2008.

Scott es autor y coautor de varios libros, entre otros *Por qué la justicia social no es justicia bíblica: Un llamado urgente a los cristianos en tiempos de crisis*, Editorial JUCUM, Tyler, Texas, 2021. *Entre los sagrado y secular*, Editorial JUCUM, Tyler, Texas, 2013, coautor de *La familia base de la nación*, Editorial JUCUM, Tyler, Texas, Segunda edición 2018. *Por qué la justicia social no es la justicia bíblica*, Editorial JUCUM, Tyler, Texas 2022

Kimberly es esposa de Scott y orgullosa madre de cinco hijos educados en casa. Obtuvo su licenciatura en relaciones internacionales por la Universidad de Willamette, en Salem, Oregón, y prestó servicio tres años como misionera en Osaka, Japón, antes de casarse con Scott en 1992.

Disciple Nations Alliance, Secretariat Office, 1110 E. Missouri Ave., #393, Phoenix, Arizona 85014; Tel.: 602-386-4560; Fax: 602-386-4564; *info@disciplenations.org; https://www.disciplenations. org/*.

Tom Bloomer, autor del capítulo 7, estudió arqueología en la Universidad de Illinois (BA 1972) y trabajó como traductor de francés, vendedor de zapatos y pastor de jóvenes antes de incorporarse a Juventud con una Misión. Después de asistir a una Escuela de Evangelización en Lausana, en 1974, Tom y su esposa Cynthia, se unieron al ministerio de JUCUM en Francia, dirigieron la obra varios años y llegaron a ser líderes de base en Lausana. En 1983 respondieron a una llamada de Loren Cunningham y Howard Malmstadt para ayudar a desarrollar la Universidad de las Naciones (UofN, por sus siglas en inglés). Una maestría en misiología por Wheaton (1987) y varios años de experiencia intercultural resultaron invaluables, ya que Tom ayudó a coordinar, refinar y mejorar los cursos que se impartían en la UofN. Tom hizo un doctorado en teología de la educación porla Trinity International University en 1999 y fue rector internacional de la UofN de 2001 a 2018. Actualmente es rector emérito.

Enseñar la Palabra es la principal motivación ministerial de Tom; el desafío que tiene por delante es descubrir qué significa amar a Dios no solo con el corazón, el alma y todas las fuerzas, sino también con la mente. El libro de Tom, *Cinderella and her Sisters* fue publicado en francés en 2016, y en inglés en 2018. La versión inglesa está disponible en Amazon, tanto en rústica como en Kindle.

Tom es rector emérito internacional de la Universidad de las Naciones de JUCUM. Escribe en su blog: Educación, Jardinería y Vida (*https://tombloomer.com/*).

Universidad de las Naciones, https://uofn.edu/; https://www.facebook.com/UniversityoftheNations.

La *Alianza para el Discipulado de las Naciones* existe para servir a la iglesia y ayudarla a alcanzar su máximo potencial como agente principal de Dios para restaurar, sanar y bendecir naciones deterioradas. ADN resalta que Jesús es Rey, y su agenda principal se resume en hacer avanzar el reino de Dios enseñando a todas las naciones. El agente clave en esta tarea es la iglesia local, cuyo ministerio integral y representacional opera a propósito desde una cosmovisión bíblica.

Alianza para el Discipulado de las Naciones, Oficina de la secretaría, 1110 E. Missouri Ave., #393, Phoenix, Arizona 85014; Tel.: 602-386-4560; Fax: 602-386-4564; *info@disciplenations.org; https://www.disciplenations.org/.*